장면 구성과 인물 창조를 위한 희곡 읽기 2

장면 구성과 인물 창조를 위한 희곡 읽기 2

초판 1쇄 인쇄 | 2016년 11월 25일
초판 1쇄 발행 | 2016년 11월 30일

엮은이 | 한국드라마학회
펴낸이 | 지현구
펴낸곳 | 태학사
등 록 | 제406-2006-00008호
주 소 | 경기도 파주시 광인사길 223
전 화 | 마케팅부 (031) 955-7580~81 편집부 (031) 955-7585~89
전 송 | (031) 955-0910
전자우편 | thaehak4@chol.com
홈페이지 | www.thaehaksa.com

값은 뒤표지에 있습니다.

ISBN 978-89-5966-767-3 94680
ISBN 978-89-5966-766-6 (세트)

『장면구성과 인물창조를 위한 희곡읽기 2』 출간을 축하하며

각자 섬처럼 떨어져 연극을 공부해오던 학자들이 한 자리에 모여 스터디를 하고 그 결과를 책으로 묶어내는 일은 보람 있는 일이긴 하지만, 어렵기도 한 일이라고 생각합니다. 그러기에 책의 방향을 정하는 일부터 발표과정 그리고 편집하는 일까지 긴 여정을 고심하며 여기 이렇게 결과물이 나오기까지 많은 선생님들의 노고가 의미심장하게 느껴집니다.

자신의 관심영역에만 갇히기 쉬운 우리들이 시야의 경계를 차츰 열어가면서 국내외의 현대 희곡작품을 읽고 분석하고 토론하는 과정 자체가 소중하겠지요. 엄청난 양의 작품과 연구 자료는 언제 어디서나 접할 수 있지만, 뜻을 함께 하는 소그룹의 연구자들이 매달 모여 학문적 열정을 공유하고 토론하고 공감하는 일은 그리 빈번한 일이 아닐 테니까요.

한국드라마학회는 일 년 반의 대장정 끝에 2014년 12월에 『장면구성과 인물창조를 위한 희곡읽기』를 출간하였고, 이어서 2015년 9월부터 각 분야의 전문연구자들이 국내외 현대극작가의 대표작을 선별하여 1권에서 못 다한 연구를 심화 확장시키기 위하여 일 년간의 스터디를 진행하였습니다. 1권은 대중강연을 병행하며 관중이 호응을 바탕으로 작품분석이 이루어진데 반해, 이번 연구서는 연구자들의 심도 있는 토론을 유도해내기 위해 학회차원의 연구팀으로 이루어졌습니다.

그렇게 하여 모여진 결과물을 가지고 우리는 같은 학문분과의 연구자들과만 소통하는 것이 아니라 좀 더 폭넓은 대화를 시도하려 합니다. 한국드라마학회는 『장면구성과 인물창조를 위한 희곡읽기 2』를 내면서 현장에서 작업하는 연극예술인, 차세대 신진학자들, 학생, 연극에 관심 있는 다양한 사람들과도 소통할 수 있기를 소망합니다.

　　이 책이 나오기까지 스터디에 참여하시고 옥고를 정리하여 내주신 선생님들께 감사한 마음을 전합니다. 2015년 9월부터 스터디를 진행하신 이재민 선생님과 마지막 순간까지 책으로 엮어내느라 노고를 기울이신 남상식, 이인순, 장지연, 주현식, 하형주 편집위원 선생님들께 감사드립니다. 언제나 한국드라마학회의 연구결과를 출판하는데에 지원을 아끼시지 않는 태학사의 지현구 사장님과 편집진 분들께 학회를 대표하여 감사의 말씀을 드립니다.

2016년 11월
한국드라마학회장　이상란

서문

　20세기를 넘어서면서 우리 연극계는 엄청난 변화를 가졌다. 이 변화의 중심에는 후기구조주의라는 철학적 사유가 함께 하고 있다. 포스트모던 사유와 함께 창작된 현대희곡들은 이젠 더 이상 전통적 극작술로 이해한다는 것은 그 한계에 이르렀음을 많은 현장연극인들과 희곡을 가르치고, 공부하는 독자들 역시 인식하고 있다. 그래서인지, 최근 희곡 연구에 대한 다양한 책들이 많이 집필, 번역되어 출판되고 있다. 그럼에도 희곡의 적확한 해석이 부재하는 가운데, 한국드라마학회에서 2014년에 연극사에서 중요한 대표적인 희곡작품들을 분석해 출판한 『장면 구성과 인물 창조를 위한 희곡읽기』는 현장 예술인들과 희곡을 공부하는 독자들로부터 많은 관심을 받았다. 이러한 사랑과 함께 지속적인 희곡 연구를 통해 '희곡'에 대한 이해를 원하는 독자들의 요구는 "희곡읽기2"를 위한 연구모임을 가질 수 있는 원동력이 되었다. 그래서 2015년 봄부터 한국드라마학회에서 "희곡읽기2"를 출간하기 위한 연구모임을 가졌으며, "희곡읽기2" 역시 "희곡읽기1"과 마찬가지로 각 희곡의 전공자 한 사람의 발표를 듣고 질문과 논의를 거쳐 글을 완성해 총서로 엮기로 결정했다.

　이번에 다룬 작품들은 "희곡읽기1"에서와 달리 전통적 극작술의 흐름을 벗어난 희곡들이 많이 있어 지난번과 동일한 형식을 취할 수 없음을 세미나 과정에서 논의했다. 그래서 부조리극과 현대 희곡들에서는 각 희곡의 극작술을 분석하면서 희곡읽기에 집중하였다. 이번 희곡읽기 역시 연극사적으로 큰 획을 긋는 중요한 현대 희곡들을 다룬다는 점에서 그 의미는 남다르다 할 수 있다. 특히, 현대에서도 여전히 이미지 극으로서의 그 주요한 의미를 갖고 있는 장 주네(Jean Genet, 1910~1986)의 작품을 시작으로, 최근 세상을 달리한 이탈리아의 극작가, 다리오 포(Dario Fo, 1926~2016)의 〈미스테로 부포〉, 페터 바이스(Peter Weiss, 1916~1982)의 〈마라, 사드〉, 그리고 포스트모던 연극의 대표적 일상극의 작가인 미셸 비나베르(Michel Vinaver, 1927~)의 〈어느 여인의 초상〉과 일찍 생을 마감한 천재 작가 사라 케인(Sarah Kane, 1971~1998)의 〈폭파〉, 그리고 데이비드 헤어(David Hare, 1947~)의 〈철로〉 등이 있다. 또한 국내 희곡으로는 최인훈의 〈옛날 옛적에 훠어이 훠이〉, 이윤택의 〈문제적 인간 연산〉, 조광화의 〈남자충동〉, 박근형의 〈너무 놀라지 마라〉를 통해 최근 한국연극계의 주요한 작품들을 다룬다는 점에서 그 의미는 새롭다고 할 수 있다. 하지만, 이번 읽기에서 고선웅의 극작술이 필자의 사정으로 빠지게 되어 아쉬움으로 남는다.

바쁜 일정에도 원고를 내어주신 필자들, 그리고 이번 희곡읽기2 총서에 직접 참여하진 못하셨지만, 지속적으로 이 모임을 위해 시간을 내어 함께 해주시며 좋은 의견과 지원을 아끼지 않으셨던 이상란 회장님과 책임연구이사이신 남상식 선생님의 도움에 감사드린다. 또한 주현식 선생님은 원고들을 꼼꼼히 챙기며 출판사와의 직접적인 연락을 하시며 편집과정을 챙겨주셨으며, 그리고 어려운 상황에서도 편집위원으로 참여해주신 이인순 선생님, 장지연 선생님께도 모두 감사드린다. 더불어 이 책의 출판을 늘 그렇듯이 기꺼이 도와주신 태학사의 지현구 사장님과 최형필 이사님에게 감사드린다.

편집인 남상식, 이인순, 장지연, 주현식을 대신해서

하 형주 씀

6

차례

장 주네의 〈하녀들〉

이선형

1. 작가와 작품

사르트르(Sartre)에 의해 순교자로 추앙받은 도둑 출신의 작가 장 주네(Jean Genet, 1910~1986)는 그의 생애와 작가적 경력 그리고 줄기차게 추구한 악의 주제로 인해 매우 독특한 작가로 평가받고 있다. 그는 작가로 유명해졌음에도 도둑의 세계를 떠나지 않았고, 그의 작품들은 포르노그래피로 단죄되어 출판이 금지될 정도로 사회적 스캔들을 불러일으켰다. 도둑 세계에 대한 주네의 애정은 그의 반사회적 성향이 근본적이라는 점을 시사한다. 태생적으로 버려짐을 경험한 그는 몸 깊숙이 반골 기질이 새겨졌던 것이다. 그는 "비인간화는 자신의 깊은 경향(m'inhumaniser est ma tendance profonde)"[1]이라고 스스로 말한 적이 한다. 하지만 하류 인생을 전전하면서도 주네는 자신을 버렸던 사회에 아첨하거나 주류에 끼려고 발버둥 치지 않는다. 오히려 사람들에게 알려질수록 그의 행동은 대담해진다. 도둑질이 소극적인 사회적 반항이라면 이름이 알려진 뒤 부르주아의 사회 체계나 권력에 반항하면서 더욱 적극적이고 능동적인 반사회적 성향

---

1 Genet, Jean, *Notre-Dame-des-Fleurs*, Paris, Gallimard, coll. Folio, 1976, p.53.

을 드러냈던 것이다.

정신분석학의 관점에서 주네의 출생과 삶을 바라보면 사생아로서 아버지의 부재는 사회와 질서의 부재를 뜻하며 어머니의 부재는 대상관계의 결핍에 따른 애정결핍과 정신적 장애로 간주될 수 있다.[2] 규칙 세계와 대상관계의 부재가 곧 삶의 근원적 불안의 근원이라고 할 때, 주네가 반항과 도벽의 세계에 빠져든 것은 이러한 불안감을 해소하기 위한 하나의 방안이 아니었을까. 그런데 이처럼 도둑이나 동성애 등 불법과 위배와 같은 반윤리적 행동을 통해 자신의 정체성을 추구했다고 하더라도 여전히 남는 의문 하나가 있다. 그것은 그가 무슨 이유로 줄기차게 글쓰기를 시도했는가 하는 점이다. 분명한 것은 주네의 창작행위가 그의 삶이 보여준 반사회적이자 반권력적인 이념의 표현과 맥락을 같이 한다는 사실이다. 주네 문학의 주제, 인물, 문체는 일반적이지 않으며 자가 검열이 없는 적나라한 표현이 특징이다. 주네의 글쓰기는 자신의 행동을 있는 그대로 반영하므로 행동 자체가 문학으로 나타났던 것이다. 특히, 연극에서 극중극과 역할놀이를 강조한 극적 기법은 객관적 시선에서 자신을 반추하려는 투사적 시도다. 그러므로 만일 어린 시절의 고통스런 경험이 사라지지 않고 무의식적인 상처로 남는 것이라면, 주네의 반사회적 성향과 극적 창작행위는 트라우마(trauma)를 표현한 것이 되겠고, 그 행위 속에는 극복과 치유의 몸짓이 들어있다고 가정할 수 있다. 죄인으로 단

---

2 정신분석학에서는 남아의 4세경에 나타나는 거세불안과 오이디푸스 콤플렉스가 경쟁 상대였던 아버지와 동일시하면서 극복되는 것으로 간주한다. 이러한 과정을 거치지 않으면 정상적인 발달이 어렵다고 보는 것이다. 한편, 역시 정신분석학에서 시작된 대상관계이론은 정신 병리의 대인 관계적 기원을 강조한다. 대상관계이론은 사람들이 자신의 환경 내에 있는 실제 사람들과의 상호작용을 통해 발달하며 이러한 경험에 관한 표상을 포함하는 내적 세계를 발달시키는 것으로 간주한다. Bienenfeld, David, 유성경 외 옮김, 『정신역동이론』, 학지사, 2009, 126쪽 참조.

죄된 주네의 글쓰기가 사회와의 타협이 아닌 고통의 흔적을 치유하고자 하는 욕망으로 본다면 이로부터 다음의 물음을 던질 수 있다. 첫째, 정규교육은 초등학교가 전무인 좀도둑, 부랑아, 죄수, 동성애자인 주네에게 있어 과연 글쓰기란 무엇인가? 둘째, 그가 시와 소설에서 연극으로 넘어간 이유는 무엇인가? 셋째, 왜 주네는 악에 천착했을까? 마지막으로, 그의 창작행위가 트라우마를 표현한 것이라면 과연 이것이 치유에 도움을 주었는가? 이 질문에 대한 답변의 시도는 주네의 극적 창작행위와 대표적 극작품이라고 할 수 있는 〈하녀들, Les Bonnes〉 이해에 도움을 줄 것이다.

1.1. 도둑 주네

사생아 주네는 버려진 자로 세상에 태어났다. 주네를 맡게 된 양육가정은 다행히 그에게 애정을 듬뿍 쏟았지만 그는 아랑곳하지 않고 도벽을 일삼았다. 문제아 주네는 자신이 물건을 훔쳤다는 사실을 숨기지 않았고 오히려 자랑스러워했다. 양모의 사랑에도 가출, 배회, 유랑이 다반사였다. 그가 물건을 훔칠 때 주요 품목은 책이었고 가방 속에는 원고 뭉치가 가득했다. 주네는 책 도둑이자 독서광으로 그에게 책은 가장 소중한 오브제였다. 그의 도벽은 물질적 충족 이전에 정신적 욕망 충족을 위한 것이었다. 보통 도둑질을 하는 순간은 심적인 두려움이 밀려오고 흥분상태가 되어 감각이 곤두선다. 도둑 주네는 이러한 긴장감을 즐겼고 일탈행위에서 심리적 해방감을 느꼈다. 이는 일반적인 도벽의 심리와 유사하다. "병적 도벽(절도광)은 개인적으로 필요치도 않고, 금전적인 가치 때문도 아닌 물건들을 훔치고 싶은 충동을 억제하지 못해 물건을 훔치는 행위가 반복되는 질병이다. 다른 충동조절장애와 비슷하게 훔치기 전에는 긴장 수준이 높아

지다가 훔치고 나서는 만족감, 안도감과 긴장의 완화를 경험하는 행동을 반복할 때 진단할 수 있다. 자신의 행동에 대해 죄책감과 잡힐 것에 대한 불안이 동반되는 경우가 많다."[3] 주네의 도벽은 감각의 고양된 흥분을 위한 것으로 죄책감은 없었다. 주네는 이렇게 고백한다. "이따금 우리는 도둑질을 했다. 그리고 매번 도둑질을 할 때마다 잠깐이지만 지상의 맑은 공기를 호흡할 수 있었다. 군대에서는 야간 원정을 떠나기 전에 늘 불침번을 서야 한다. 가끔 두려움과 불안감이 야기하는 신경과민은 종교적인 기분에 빠져 들게 만든다."[4] 그는 작가로 이름이 알려진 뒤에도 도둑질을 그만 두지 않았다. 중독적 성향의 도벽은 노동 대신 남의 소유물을 빼앗아 부족한 것을 메우려는 것이 아니라 일종의 행방의식, 성스러운 행위였다. 소위 정상인의 눈에 비친 죄의식이 클수록 그는 자유를 느꼈고 영민해질 수 있었다.[5]

한편, 주네의 전기를 쓴 화이트(White)는 그의 도둑질에는 연대의식이 있다고 언급한다. "작가로서 명성을 얻은 후에도 주네는 '자바'라 불리는 건달과 함께 살면서 그로 하여금 동성애자들의 물건을 훔치도록 독려했다. 그가 도둑들에게 대해 가졌던 연대의식은 동성애자들을 향한 연대의식보다 확실히 더 강했다."[6] 주네는 도둑질을 통해 자극의 활성화와 정신적 자유를 느끼는 동시에 자신과 비슷한 인

---

3 http://www.amc.seoul.kr/asan/healthinfo/disease/diseaseDetail.do?contentId=32508 "이는 일탈행위로부터 심리적 해방감을 느끼고 현실에서 억눌린 자의식에 대한 일종의 탈출구 역할을 한 것으로 볼 수 있다." 박노출, 「욕망의 미장센-장 주네의 희곡에 나타난 지배와 복종의 변증법」, 『한국연극학』 41, 2010, 251쪽.

4 Genet, Jean, 박형섭 옮김, 〈도둑 일기〉, 민음사, 2015, 40쪽.

5 Genet, *Journal du voleur*, 89쪽.

6 White, Edmund, "Once a sodomite, twice a philosopher." *The Harvard Gay and Resbian Review*, 3.1, 1996. 박노출 재인용, 266쪽.

생을 살면서 유사한 행위를 하는 범죄자들과 연대의식을 느꼈던 것이다. 범죄적 연대의식의 감정은 그의 일생과 작품 전체에서 고스란히 드러난다.

그러나 주네의 도둑 심리를 좀 더 깊이 있게 이해하기에 정신적 해방이나 연대의식만으로는 부족한 느낌이 있다. 타인의 것을 훔칠 때의 야릇한 흥분과 긴장감은 어느 정도는 양심의 소리가 존재한다는 의미다. 아무리 범죄 세계에 익숙한 사람이라도 일말의 양심의 가책이라는 것이 있다. 그런데 다량의 독서가이자 사색가인 주네가 거리낌 없이 도둑질 같은 반사회적 행위를 일삼았다는 것은 분명 어떤 특유의 심리적 근거가 작용하고 있을 것이다. '피히테(Fichte)와의 대담[7]에서 주네가 언급한 어린 시절의 정체성 혼란, 공허와 굴욕감은 이러한 근거 마련에 도움을 준다. 어린 주네는 소수자, 이방인, 버림받은 자의 감정을 뚜렷하게 경험했다. 학교 동급생들이 보여준 고아라는 인식에서 생겨난 공허한 감정은 프랑스 전체에 대한 증오와 구역질로 확산되면서 자신이 프랑스인이 아닐 것이라는 생각에 사로잡힐 정도였다. 대담에서 주네는 자신의 피부색은 하얗지만 스스로 흑인이라고 생각했던 점을 언급한다.[8] 이처럼 어렸을 때부터 형성된 프랑스 사회에 보인 증오는 뿌리 깊은 근본적인 것이었다. 이 증오와 구역질은 그의 모든 생애와 전 작품에서 그대로 드러난다. 예컨대, 〈하녀들〉에서 하녀들이 마담을 죽이려고 한 것은 복수가 아니라 중

---

7 『해외작가 특집: 장 주네 장 주네를 만난다』, '후버트 피히테(Hubert Fichte)와의 대담', 오세곤 역, 『작가세계』, 4(2), 1992, 이 대담은 1981년 6월, *Le Magazine littéraire* (No 174)에 실린 것이다.

8 "바로 그 때 그런 공허를 느꼈죠. 굴욕감과 함께 말예요. … 프랑스를 증오하는… 증오 이상의… 프랑스에 대해 구역질이 났어요. … 아마 전 흑인일 거예요. 피부색이 하얗거나 아니면 불그스레한 하지만 어쨌든 흑인이에요." '피히테(Fichte)와의 대담', 『작가세계』, 4(2), 1992, 207쪽.

오심 때문이다. 소수자에 대한 진심어린 태도의 결핍, 그래서 누가 솔랑주(Solange)인지 누가 클레르(Claire)인지 구분하지 못하는 마담(Madame)의 태도 때문이었다. 마담의 권력을 탐하거나 그녀가 소유하고 있는 물질 때문이 아닌 증오가 문제였던 것이다. 그러므로 주네의 창작행위가 소위 정상의 상태에 이르는 치유, 안심하고 위로받는 심리적 치료를 바라는 것과는 거리가 멀다. 그의 행위는 과거의 잘못을 뉘우치고 새사람이 되려는 치유 방식도 아니다. 그의 언어와 행동은 그 자신을 억압받는 흑인의 모습 그대로 보여주기 위한 것이지 과장이나 반항이 아니었다. 그는 흑인인 척 한 것이 아니라 흑인이었으며 도둑질을 하는 척 한 것이 아니라 도둑이었다. 그가 실천할 수 없었던 살인을 저지른 중죄인들에 대한 열망은 이런 심리에서 나온 것이다.

이처럼 주네의 글쓰기는 후회나 반성, 변화 모색이 아니다. 그의 글쓰기는 사회에 저항하거나 복수를 꿈꾸거나 개혁을 위해서가 아니다. 그가 배반을 일삼고 악을 추구하고 도둑질하고 동성애를 즐기는 것은 체질적으로 행복하기 때문이다. 감옥 또는 군대야말로 지독한 질서체계의 장소다. 그럼에도 그는 그곳이 좋았다. 그는 질서나 체계를 거부하지 않았다. 과격한 남자 도둑들의 근육이 좋았고 그들의 땀 냄새가 좋았다. 그의 글쓰기는 이런 행복감을 표현한 결과다. 그의 비정상적인 삶의 방식은 나름 행복을 추구하는 여정이었다. 주네가 감옥과 군대에서 행복감을 느꼈다는 것은 이를 뒷받침한다. 비행을 일삼던 주네는 15살에 메트레(Mettray) 감화원에 수감이 되는데 열악한 환경의 이곳 감화원에서조차 행복했다고 회고한다. 그는 욕설, 구타, 노동, 체벌에 시달렸지만 그 안에서 동성애를 즐겼고 행복감을 느꼈다.[9] 그에게 있어 창작행위는 그들 세계에서 벌어지는 행복한 놀이며 역할에 다름 아니었다. 주네는 〈꽃의 노트르담, Notre-Dame des Fleurs)에서 이렇게 말한다. "나는 지금 감금된 죄수로서 나의 내면에서 일어나는 일들을 즐기고 있는 것이니까 당신들은 이 놀이 외에 다른 어떤 것도 강요해서는 안 된다."[10] 작가는 시, 소설, 희곡에서 살인과 죽음을 일부러 예찬하고 반사회적 시각을 가지려고 노력한 것이 아니라 자신을 포함한 억압된 소수자들의 모습을 왜곡시키지 않고 그대로 보여주고 싶었던 것이다. 주네에게 있어 글쓰기는 사회적 현실을 넘본 것이 아니라 자신들만의 현실을 찬미하는 제의적인 행위였다. "글 쓰는 행위는 단단하고 견고한 현실이라는 지평에서 가벼워질 수 있는, 그리하여 그 땅에 밀착되지 않아도 되는 은총을 가져다준다."[11]

1.2. 도둑에서 작가로

도둑질을 위해서든 읽기 위해서든 여하튼 책을 가까이 했던 주네는 감옥에서 어느 순간부터 갑자기 글을 쓰기 시작한다. 그가 무슨 이유로 글을 쓰기 시작했는지는 확인할 수 없다. 다만 한 시인이 언급한, "무엇보다도 글쓰기란 제가 지핀 불에 스스로 몸을 태우는 다비식이다. (...) 끊임없이 자신의 정체성을 따져 묻고, 자의식에 대한 투명한 인식에 이른 사람만이 글을 쓸 수 있다"[12]는 말은 주네 이해에 단초를 제공한다. 자신의 생각을 거리낌 없이 표현한 그의 글쓰기는 스스로를 구원하고 자신의 진면목을 찾아 나선 행위, 다시 말해 스스

9 앞의 책, 211쪽.

10 Genet, Jean, *Notre-Dame des Fleurs*, 1976, 154쪽.

11 〈장례식, Pompes funèbres〉, 168쪽, 윤정임 재인용, 「해외작가 특집: 장 주네 〈장미〉를 훔친 〈도둑〉-장 주네의 시와 소설」, 『작가세계』 4(2), 1992, 178쪽.

12 장석주, 『글쓰기는 스타일이다』, 중앙북스, 2015, 56쪽.

로를 태우고 밝히는 일종의 다비식으로 자기 정체성을 찾아 나선 성자의 의식적 행위라고 할 수 있는 것이다. 그는 억지를 부리거나 작가적 기교를 위해 순응을 거부하고 고행의 여정을 선택했던 것은 아니다. 주네의 삶은 안정, 규범, 정상과는 거리가 멀다. 그의 삶 자체는 일상의 규범을 벗어나는 것이므로 윤리일반의 가치 기준으로 판단한다면 그의 작품은 이해될 수 없다. 주네가 처했던 심리적·정서적 상황, 그의 사고를 인정하고 그의 관점에서 바라볼 때 비로소 왜 주네가 그토록 창작 행위에 몰두했는지, 처절하게 악을 추구했는지, 죽음에 천착했는지, 권력에 저항했는지를 이해할 수 있다.

글쓰기가 작가로서의 명성을 높여주었지만 그것은 주네의 관심사가 아니었다. 그의 글쓰기는 작가로서 명성을 얻기 위한 것이나 사회적 잣대 안으로 진입하기 위한 수단이 아니었다. 사르트르에 의해 본의 아닌 순교자가 되었을 때 글쓰기를 중단할 수밖에 없었던 것은 이런 이유다. 따라서 주네의 글쓰기가 고독에 대한 저항 수단, 사회의 배반으로부터 탈출하는 해방구, 자유로운 글쓰기를 통해 기존 가치 체계에 반항하는 것이라는 주장[13]도 설득력이 있으나 그의 "글쓰기가 숨 쉬는 행위와 같았으며 고통을 뛰어넘는 위안이었다"[14]는 말에 좀 더 동의하고 싶다. 글쓰기는 도둑의 행위를 심리적으로 충족시켜 주었고 죄수들과의 연대의식을 강화시켜 주었으므로 작가는 그로부터 자기 정체성을 확립하고 위로를 받을 수 있었던 것이다.

주네가 맨 처음 발표한 글은 시다. 1942년에 출간된 〈사형수, Le Condamné à mort〉는 동료 죄수에 의해 제작된 최초의 시집이다. 이후 주네는 열렬한 창작욕으로 창작에 열중한다. 1944년에는 최초

---

13 박형섭 옮김, 〈도둑 일기〉 해설, 402쪽.
14 위의 책, 402쪽.

의 소설 〈노트르담의 꽃들〉을 비밀리에 출간한다. 주네가 소설에서 자신의 이야기라는 사실을 숨기지 않았던 사실[15]을 보면 시보다 산문적 글쓰기가 자기를 좀 더 잘 표현할 수 있을 것으로 생각했음이 틀림없다. 사르트르 또한 "주네의 시가 산문으로 넘어가기 위한 통로"[16]였다고 언급한다. 1947년에 이르러 최초의 희곡인 〈하녀들〉을 발표하고 1949년에 〈엄중한 감시, Haute Surveillance〉를 발표한다. 그리고 1949년 소설 〈도둑 일기, Journal du voleur〉를 발표한 후 7년간 작품이 없다. 그 사이 1952년 사르트르는 주네에게 헌사한 『성 주네, 배우 그리고 순교자(Saint Genet, comedien et martyr)』를 발표한다. 이로 인해 갑자기 유명세를 타게 되자 주네는 정신적 혼란에 빠져 더 이상 글쓰기를 수행할 수 없는 지경에 이른다. 그 후유증으로 인해 세 번째 희곡 〈발코니, Le Balcon〉를 발표하기 위해서는 1956년을 기다려야 했다. 이어 두 편의 희곡을 더 발표한 후 희곡과 완전히 절교한다. 이후, 몇 편의 예술론[17]을 발표하고는 주네의 창작 에너지는 점차 사회참여 쪽으로 방향을 선회한다. 주네는 1962년 미국의 쿠바 개입에 반대하고 1963년 남아공의 인종차별 정책에 항의를 한다. 1968년 파리에서 '68학생시위'가 일어나자 〈레닌의 연인들, Les maîtresses de Lénine〉을 발표하고 환호하는 학생들 앞에서 진정한 혁명을 위해서는 기존의 모든 관념과 질서를 문제 삼는 태도가 필요하다는 내용의 연설을 한다.[18] 현실참여가 본격적으로 시작된 것이다. 이제부터 주네는 글쓰기를 완전히 멈추고 열렬한 현실참여자로 나서

---

15 윤정임, 182쪽.

16 Sartre, Jean-Paul, *Saint Genet comédin et martyr*, Paris; Gallimard, 2011, 496쪽.

17 주네는 희곡 창작과는 별도로 예술론이라 할 수 있는 *L'Atelier d'Alberto Giacometti, Le Secret de Rembrandt, Le Funambule*을 1958년에 발표했으며 1967년에는 *Ce qui est resté d'un Rembrandt déchiré en petits carrés bien réguliers*…를 발표한다.

18 Fichte, 166쪽 참조.

게 된다. 문학에서 사회참여로의 단계별 추이는 저항 태도의 소극성과 적극성을 엮어 다음과 같이 도식화할 수 있다.

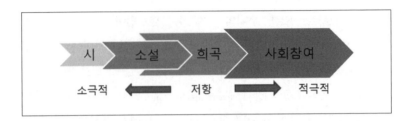

일반적으로 글쓰기란 개인 내면의 사유를 표출하는 행위이다. 자전적 성격을 지닌 주네의 단계적 추이 역시 안(내적 사유)에서 밖(외적 행동)으로라는 일관된 방향성을 보인다. 즉, 시에서 소설로 그리고 희곡을 거쳐 사회참여라는 보다 행동적이고 정치적인 성향으로 나아가는 것이다. 이처럼 그의 창작의 여정에는 장르의 변화가 있긴 하지만 죄수들, 살인, 동성애와 같은 소재는 시, 소설, 희곡에서 일관적이다. 그럼에도 그의 존재론에 비추어 볼 때 문학은 이상향의 종점이 될 수 없었고 문학을 통해 비축된 철학과 힘을 바탕으로, 현실참여를 통해 세계를 향해 자신의 이념을 외치고자 하였다. 창작 표현의 시초에 저주받은 시인 랭보(Rimbaud)나 말라르메(Mallarmé) 그리고 도스토예프스키(Dostoevsky)처럼 시와 소설을 통해 은유적으로 자신의 존재이유를 설파하고 반항의 정체성을 추구했다면, 이어 무대에서 관객을 만나 직접 실체에 접근하고자 했고, 결국에는 종이나 무대가 아닌 현실에서 소외된 자, 억압받은 자, 버려진 자를 위해 질서, 법칙, 사회, 제도, 권력과 계급을 가진 기득권 세력과 투쟁했던 것이다. 주네는 권력을 증오했다. 특히 세계의 경찰로 자처하고 월남전을 벌이면서 자국 내에서 흑인의 인권을 유린하는 미국을 격렬하게 비난했다. "가난한 자들에 대한 부자들의 멸시와 흑인들에 대한 백인

들의 경멸을 기초로 성립된 미국의 문화는 결코 온당할 수 없으며, 미국의 언론과 교회, 자선 조합, 대학, 광고, 경찰 등 모든 사회 체계는 그러한 편견과 교묘히 합리화시키고 있는 기만적인 장치들에 불과하다는 것이 그의 일관된 생각이었다."[19] 질서라는 합리적 의상으로 교묘히 가리고 있는 권력의 위선을 신랄하게 꼬집은 것인데, 이러한 전조들이 그의 작품들에서 확연하게 드러난다. 1991년에 출판된 『선언된 적(L'Ennemi déclaré)』은 사회참여에 대한 글과 강연 모음집이다.

작가의 삶이 고스란히 녹아들어있는 주네의 작품은 일정한 독자층을 형성했지만 공식적으로는 상당한 곤욕을 겪는다. 주네의 저서들은 세계 도처에서 음란서적으로 분류되어 수난을 당한다. 프랑스에서 그의 저서들은 전후 비밀리에 출판되어 10년 이상 판매되었으나 1957년에 포르노그래피로 단죄된다. 영국에서 〈발코니〉의 공연시 연출가의 도덕적 문제가 제기되어 공연에 지장을 초래한다. 서독에서는 〈노트르담의 꽃들〉 출판이 1962년이 되어서야 가능해진다. 미국에서 주네의 희곡들은 성공적으로 공연되었음에도 그는 입국이 거절된다. 오스트레일리아에서는 1966년이 되어서야 〈장미의 기적, Miracle de la rose〉이 금지 목록에서 해제된다. 아일랜드의 세관에서는 1984년 〈브레스트의 퀘렐, Querelle de Brest〉을 불태워버린다. 그만큼 주네의 세계는 질서가 아닌 불법과 반도덕의 영역에 속한 악마의 세계로 간주되었던 것이다.[20] 머리가 아닌 온몸으로 써내려간 주네의 작품들은 기득권층, 권력세력에게 불편함을 안겨주었던 것이다. 질서 세계가 자신에게 드러낸 적대적 행위에도 아랑곳하지 않고 주네는

---

19 앞의 책, 167쪽.
20 박노출, 214쪽 참조.

죽을 때까지 반사회적·반윤리적 글쓰기와 저항적 행동을 멈추지 않는다.

주네가 보여준 극적 창작행위나 참여적 행동은 악행을 부끄러워하거나 숨기려 하거나 열등감을 느껴서가 아니다. 악을 악이라고 말하고 동성애자라고 말하면 그 뿐, 사회적 규율에서 허용이 되느냐 않느냐는 주네의 관심사가 아니었다. 연극은 주네가 자신의 트라우마를 솔직하게 표현할 수 있는 자신만의 세계였고 그렇게 함으로써 자유와 사랑을 느끼고 존재 이유를 찾을 수 있었다. 무대에서 증오를 표출하고 악을 악이라고 말할 수 있게 되었을 때 비로소 주네는 사랑받는 느낌을 가지게 되었고 안심할 수 있었다. 이는 무의식의 트라우마가 외적으로 표현되었을 때 생겨나는 치유의 결과와 똑같은 이치다. 엄청난 스캔들을 몰고 온 〈도둑 일기〉를 다 쓴 다음 그는 말미에서 이렇게 고백한다. "내가 다루는 것은 불행의 철학이 아니다. 오히려 그와 정반대다. 나 자신이 향하고 있는 교도소, 즉 내가 세상과 정신의 장소라고 부르는 곳이 내게 당신들의 명예나 축제보다 더 큰 기쁨을 제공해 준다."[21] 교도소를 축제의 장소로 여기고 사랑의 공간으로 생각한 주네에게 있어 악과 증오에 집착한 자기표현은 바로 트라우마의 표현이었으며 그를 통해 자유로움과 기쁨 그리고 사랑과 치유됨을 느꼈던 것이다.

---

21 앞의 책, 392쪽.

2. 희곡 읽기: 극작품의 특징들

주네가 확실하게 작가로 자리매김을 한 것은 희곡을 통해서다. 감옥에서 쓴 〈하녀들〉이 발표된 그 해 연출가 루이 주베(Louis Jouvet)에 의해 아테네 극장(Théâtre de l'Athénée)에서 초연되었다는 사실은 그의 연극이 얼마나 주목의 대상이었는가를 알 수 있게 해 준다. 주네의 두 번째 희곡 〈엄중한 감시〉는 1949년 유명 출판사인 갈리마르(Gallimard)에서 출판된다. 훗날 이야기지만 드디어 1985년 〈발코니〉가 코메디 프랑세즈(Comédie Française)에서 공연됨으로써 프랑스에서 극작가로서 주네의 높은 위상이 증명된다. 그런데 몇 편 되지 않는 그의 연극이 후반기로 갈수록 더욱 참여적이고 저항적인 색채를 띠고 있다는 것은 흥미롭다. '익살광대극(Clownerie)'의 부제가 붙은 〈흑인들, Les Nègres〉에는 흑인이 등장하여 흑인과 백인 사이에 누적된 증오 감정이 부각되고, 알제리 독립전쟁을 배경으로 하는 〈병풍들, Les Paravents〉에는 아랍인들이 등장한다. 여기에서 아랍인들의 반란은 성공을 거두고 새로운 질서가 확립된다. 이 작품을 마지막으로 주네는 희곡에서 완전히 손을 떼게 된다. 희곡으로 유명세를 탄 주네의 극작품은 5편으로 알려졌으나 사후 미완성 희곡 〈엘, Elle〉, 〈스플랑디즈, Splendid's〉가 발굴된다.[22] 이를 정리하면 다음과 같다.

   * 〈하녀들〉은 감옥에서 쓴 작품이다. 루이 주베 연출로 파리의 아

---

22 주네의 연극론 및 연출은 다음의 글에서 확인할 수 있다. 〈하녀들〉에 대해서는 〈포베르에게 보낸 편지〉(Lettre à Pauvert)와 〈하녀들 연출법〉(Comment jouer Les Bonnes)(1963)을 참고할 수 있다. 또한, 〈발코니 연출법〉(Comment jouer Le Balcon)(1962)과 〈흑인들〉의 서문, 〈병풍들〉에서 각 장면에 붙인 주석과 〈로제 블랑에게 보내는 편지들〉(Lettres à Roger Blin) 등이 있다. 연극론의 성격을 띤 〈...라는 이상한 단어〉(L'étrange mot d'...)도 주네의 연극론을 이해하는데 참고가 된다. 오세곤, 521쪽 참조.

테네극장에서 1947년 4월 19일 초연되었다. 1966년 리빙 시어터
(Living Theater)에서 공연되어 주네의 연극이 새롭게 평가되었다. 주
네의 희곡 가운데 처음으로 무대에 올려졌다.

　＊〈엄중한 감시〉(1947)는 감방이 무대며 살인자와 도둑들이 등장
한다. 주네가 출옥 후의 첫 희곡이다.

　＊〈발코니〉(1956)의 무대는 유곽이다. 1985년 코메디 프랑세즈에
서 공연되었다. 거울의 연극이라는 평을 받고 있다.

　＊〈흑인들〉(1958) 흑인들이 등장한다. 익살광대극이라는 부제가
붙어 있다.

　＊〈병풍들〉(1961)은 알제리 독립전쟁이 배경이며 아랍인들이 등장
한다. 반란이 성공하고 새로운 질서가 생겨난다. 주네의 저항정신은
〈병풍들〉을 기점으로 점차 사회참여로 기운다.

　＊〈엘〉은 1955년 집필한 미완성 희곡으로 사후에 알려졌다. 종교
를 주제로 다루고 있는 1막 희곡이다.

　＊〈스플랑디즈〉는 2막으로 1948년 쓰였으나 45년이 지난 1993년
이 돼서야 출간된다. 1995년 2월 24일 아망디에 극장(Théâtre des
Amandiers)에서 노르데(Nordey)의 연출로 초연된다.

2.1. 극중극(역할, 놀이, 거울)

　폐쇄된 사회 질서와 체계일수록 사회적 역할이 본래의 인간보다
우위에 선다. 직위와 역할을 상징하는 허위의 겉옷에 의해 인간 본연
의 모습이 가려지게 되는 것이다. 판사복, 주교복 등 상류층의 의상
을 걸친 사람은 그의 인간형을 따지기 전에 상류층 사람으로 치부되
고 하위층 사람들 또한 그런 식으로 취급받는다. 개인은 직위와 역할
에 따라 계급이 나눠질 뿐, 개인의 내적 기질 속에 사회에서 비난받

는 동성애의 성향이 있는지는 썩 중요하지 않다. 화려한 겉옷으로 치장을 했다하더라도 인간적 본질이 숨겨지고 억압되고 왜곡된 상황에서는 내적인 고통을 낳을 수밖에 없다. 주네는 사회의 군상들 속에서 이러한 고통을 경험했다. 그리고 자신을 압박하는 사회적 잣대로 스스로를 수용하기에는 너무 멀리 와 있었다. 그건 가능하지도 않거니와 그럴 의향도 없었다. 유명한 작가 주네는 여전히 도둑이었고 동성애자였다. 그나마 희곡 쓰기는 이러한 개인적 난점과 사회적 상황을 접합시킬 수 있는, 주네의 내적 고통을 외적으로 호소하고 어느 정도 완화시킬 수 있는 도구가 되었다. 악을 추구하고 자신의 정체성을 유지하면서도 알려진 작가로 살아가는 하나의 방법은 무대에서 자신이 창조한 악을 재생시키는 것이며, 극적 방법으로 허구 속에 또 다른 허구를 첨가하는 것이다. 이런 경우, 극중극은 악을 적나라하게 표출하지만 감정 이입이 자제된 관객에게는 덜 모욕적인 느낌을 주는 이중 장치가 된다. 일종의 메타연극인 극중극은 거리두기를 행하는 간접적 언어이며 따라서 더욱 연극 같고 덜 현실적인 느낌을 준다. 사회적 의미와 가치를 무의미한 것으로 만드는 역할 속의 역할인 극중극은 아이들의 놀이와 다를 바 없는 것이다.

연극은 현실에서 불가능한 것들을 재현한다. 특히, 역할놀이의 강조와 거울 형식의 극중극은 또 다른 현실을 창조하는 효과가 있다. 그것은 환상의 창조가 아니라 현실적 욕망을 대리 충족시킬 수 있는 창조 원리다. 예컨대 극중극의 무대는 살인에 대한 강렬한 욕망을 실천할 수 있는 장소다. 사실적 무대에서 벌어지는 살인 장면에 비해 극중극의 살인 장면은 더욱 연극적인 성격을 띤다. 주네는 극중극에서는 현실의 어떤 가치라도 전도될 수 있음을 알았다. 극중극에서는 질서와 권위의 상징인 주교나 판사도 역할 속의 역할일 뿐이므로 부랑자의 바짓가랑이 사이로 기어가거나 자기가 재판한 강도에게 머리를 굽실거릴 수도 있다. 하녀가 마담이 되거나 마담이 하녀가 될 수도 있다. 〈하녀들〉에서 두 하녀의 역할놀이는 주네의 독특한 극중극을 잘 보여준다. 극중극의 무대는 이념과 규칙이 명확하게 규정될 수 없는 곳이므로 전복된 윤리마저도 가능하다. 극중극에서는 악으로 치부된 것들이 뻔뻔하게 승리한다. 배반, 무질서, 전복이 당연시되고 악, 죽음, 고통이 펼쳐진다. 이렇듯 주네가 극중극 형식을 즐겨 사용한 것은 자신의 내적 이념과 현실 사이의 간극을 일정 부분 메우기 위한 고심의 결과다. 극중극은 거울처럼 반영(재현)을 더욱 강조하는 특징이 있다. 무대에서의 반영은 허구의 허구이므로 극중극은 허상을 통한 자기표현과 그를 통한 욕망충족의 수단이 된다. 그런데 자기표현과 욕망충족은 상처 치유의 첫 걸음이 된다. 브래드쇼(Bradshow)는 인간의 핵심요소를 즉시 바꿀 수 있는 유일한 길은 상처받은 내면 아이와의 접촉을 시도하는 것이라고 말한다.[23] 이에 따르면 주네야말로 연극을 통해 어린 시절 결핍되었던 욕망과 접촉하고 표현하고 해소함으로써, 나아가 관객과 더불어 이를 객관화시킴으로써 무의식의 충족에 이르려고 했던 것으로 볼 수 있다. 특히 극중극의 형식과 역할연기는 주네 자신의 어린 시절의 욕망을 비추는 거울이 됨으로써 내면의 트라우마와 접촉하고 이를 표출시키는 기회였던 것이다.

2.2. 제의성

세상에서 악을 합법적으로 외현화시킬 수 있는 두 장소가 있다. 하

---

23 Bradshow, John, 오제은 옮김, 『상처받은 내면아이 치유』, 학지사, 2004, 17쪽 참조.

나는 연극 무대며 또 다른 하나는 제의의 장소다. 제의는 악을 표출시켜 이를 해소하려는 근본적인 치유 원리를 지니고 있다. 따라서 악에 천착하는 주네의 연극이 제의적 성격을 띠는 것은 자연스럽다. 사르트르는 주네의 연극을 가리켜 종교적 행위인 "검은 미사"(messe noire)라고 칭한다. 그는 "선과 악의 위험한 놀이인 검은 미사, 오만, 원한은 악인의 가치를 지닌다."고 말하는가 하면 "글쓰기가 검은 미사의 예식이자 종교적 행위였던 주네는 화려한 의식을 혐오하지 않는다"[24]고 언급하기도 한다.

놀이적 형태로 펼쳐지는 거짓말, 고발, 독살, 자살과 같은 악행이 관객과 일체감을 이룸으로 주네의 무대는 제의성을 띤다. 프론코(Pronko)는 〈하녀들〉을 가리켜 "중단된 의식(儀式)"으로 간주하며, 드라이버(Driver)는 "현대 드라마에서 알려진 제의 연극의 최고의 모범"이라고 언급한다.[25] 악을 표출하는 제의적 무대는 "역전된 제의의 종교적 제전"[26]이라는 의미다. 예컨대, 역할놀이로 시작하여 역할놀이로 끝나는 〈하녀들〉의 마지막에 이르면 두 하녀는 마담 살해에 실패한 후 다시 마담 놀이를 시작한다. 엄숙한 의식 속에서 자신을 죽음으로 몰아넣으면서 궁극적으로 마담에게 복수하는 하녀들의 역할놀이는 대표적인 연극적 제의 혹은 검의 미사인 것이다.

이쯤에서 하나의 질문이 생겨난다. 주네는 악령을 쫓아내는 주술사가 아니며, 아르토(Artaud)처럼 악을 불살라버리고 정화된 자로 거듭나려는 분명한 목적이 있는 것도 아니다. 그럼 왜 그는 악을 표출하는 연극의 제의적 성격에 집착했을까. 주네에게는 도덕과 윤리, 양

24 Sartre, Jean-Paul, *Saint Genêt, comédien et martyr*, 262쪽, 559쪽.

25 안영순, 『주네 초기 희곡의 연극형태와 존재추구의 양상』, 316쪽.

26 안영순 재인용, 316쪽, Leonard Cabell Pronko, *Avant-Garde: The Experimental Theatre in France*, 141쪽.

심, 수치심이 없었던 것일까. 초자아의 미발달로 인해 악행에 대한 죄책감이 사라진 것일까. 그러나 앞서 언급한대로 악의 표현은 주네에게는 선택권이 없는 상황이다. 주네의 악의 추구는 의도적인 것이 아니며 반란이나 저항도 아니고 새로운 사회를 위한 것은 더더욱 아니다. 이런 점에서 주네의 제의성은 아르토와 구분된다. 주네가 무대에서 증오와 악을 투영하는 것은 그것을 제거하거나 거부하기 위한 것이 아니라 자신의 삶이 악과 함께 있음을 보여주려는 것이다. 우리가 살아내야 하는 삶에는 악이 존재한다는 사실을 문학으로, 무대로, 온 몸으로 실천하고자 했던 것이다. 그러므로 주네의 극이 막을 내렸을 때 문제의 해결은 없다. 결론이라면 오히려 살인행위가 실천되고 만다는 것이다. "주네에게 있어서 무대는 어떤 혼란이나 악의 문제가 해결되는 공간이 아니라, 관객들의 그릇된 관념들이 벌거벗은 그대로 폭발하는 곳이다."[27] 주네의 추잡하고 더러운 노출에 어떤 사람은 구토를 느꼈고 어떤 사람은 성스러움을 보았다. 후자인 사르트르는 주네가 적나라하게 보여주는 악의 찬양을 악마와 싸우는 엑소시즘을 거행하는 사제 의식으로 간주했다. 악과 살인행위가 펼쳐지는 제의적인 무대에서 그는 종교적인 신성함을 보았던 것이다. 그러므로 주네 연극의 제의성은 극중극의 개념과 마찬가지로, 작가의 삶과 세계와의 충돌을 이완시키는 일종의 완충장치라고 할 수 있다. 제의성은 세계 속의 존재로서 악을 품은 몸으로 살아가야 하는 주네가 제시한 최소한의 타협책이었던 것이다.

---

27 안영순, 「주네의 흑인들에 나타난 함정의 극작술」, 182쪽.

3. 〈하녀들〉 읽기

'로제 블랭에게 보내는 편지들'에서 주네는 이렇게 말한다. "우리가 삶과 무대를 대립시키는 것은 무대는 죽음과 가까운 장소라는 것을 예감하기 때문입니다. 그곳에서는 어떠한 자유도 가능합니다."[28] 그에게 모든 것이 가능한 무대는 죽음마저도 마음대로 펼쳐낼 수 있는 장소가 되며, 그의 연극에서 악과 살인 그 결과인 죽음이 강하게 나타나는 것은 이런 까닭이다. 〈하녀들〉에서도 살인과 죽음에 집착한다. 하녀들이 저지른 살인사건에서 모티브를 얻은 〈하녀들〉은 곧 죽음에 대한 연극인 것이다.

주네는 모르코에서 군대를 마친 후 프랑스로 귀국하던 중, 잡지 『사설탐정(Détective)』에서 1933년 2월 2일 프랑스의 소도시 르 망스(Le Mans)에서 파펭 자매(Christine et Léa Papin)가 여주인과 딸을 살해했다는 기사를 읽는다. 두 하녀가 맨 손으로 피해자의 두 눈을 뽑아 버리는 등 신체를 훼손하는 충격적인 사건이었다. 하녀들은 살인을 저지른 후 은폐하려 하지 않고 그냥 자신들 방에서 누워 있었다. 살인의 원인은 다리미질을 하다 주인 옷을 태우자 추궁을 당할까 봐 두려움에 휩싸인 까닭이다. 살인을 저지르고도 범행 은폐를 시도하지 않았다는 점, 잔인한 신체 훼손이 이루어졌다는 점, 두 자매가 동성애 관계였다는 점에서 이 사건은 세간의 관심을 불러 일으켰다. 주네는 사건을 접하는 순간 살인-죽음-악의 실천이라는 점에서 전율을 느낀다. 그리고 모티브를 얻어 〈하녀들〉을 창작하기에 이른다. 〈하녀들〉의 최초의 원고는 1946년 7월에 나왔다. 이 원고에는 6명의 등장인물과 4막으로 되어 있다. 1947년 출판이 되었을 때는 1막과

---

28 Genet, *Lettres à Roger Blin*, Gallimard, 1966, 12쪽.

3명의 등장인물로 바뀐다. 이러한 변화는 연출가 주베의 조언에 힘입은 바 크다. 두 번째 판은 1968년에 출판되었으며, 1974년에 영화로도 제작된다.

3.1. 〈하녀들〉에 나타난 악의 의미

〈하녀들〉의 작가는 사회적으로 단죄된 죄수였다. 그는 사회를 저주했고 증오했으며 반사회적 행위를 일삼았다. 그런데 주네에게는 일반 죄수들과는 달리 자신의 증오를 마음대로 표현할 수 있는 펜이 있었다. 그는 증오와 분노를 글로 써 내려갔고 그의 글쓰기는 악행의 자서전이 되었다. 그런데 이상하게도 자신을 유기한 사회에 대해 실컷 증오를 퍼붓자 세상에 이름이 알려졌다. 이 얼마나 아이러니인가. 제도권에서 작가로 인정을 받게 되자 주네는 악행을 글로 표현[29]하던 언어와 몸짓에 제약을 받는다. 스스로의 제약은 본인에게는 견딜 수 없는 굴욕이지만 사회적 시각으로 보면 정화라고 할 것이다. 그러나 주네는 정화의 의지는 전혀 없었으며 악을 내려놓을 생각 역시 추호도 없었다.

주네의 극작품에는 살인자, 도둑, 인질범, 배반자, 흑인, 아랍인, 사형수, 동성애자, 죄수, 창녀가 등장한다. 〈하녀들〉의 주인공 역시 이들과 동일한 맥락의 인물이다. 이들은 사회로부터 소외되고 단죄된 자들로 배신과 거짓을 일삼는다. 왜 주네는 하녀들과 같은 악한 자를 등장시키고 그들의 악행을 강조하는 것일까?[30] 먼저 작가의 원초적 감

---

29 글로 표현을 한다는 것은 어찌되었던 사회와의 소통을 의미한다.

30 *Saint Genêt, comédien et martyr* 의 서평에서 사르트르를 맹비난했던 G. Bataille 바타이유는 저서 『문학과 악(La Littérature et le mal)』에서 주네를 악의 주제에 천착한 주요 작가로 다루고 있다. 그는 주네가 감옥에서 다룬 악의 주제가 작가로

정인 증오를 생각할 수 있다. 주네에게서 발견되는 증오의 층위는 다양하다. 증오는 현실의 주네, 작가 주네 그리고 그가 창조한 인물들이 갖고 있는 주요 감정이다. 현실의 주네는 사회를 증오한다. 백인이 아닌 흑인으로 생각했던 주네의 감정은 자신이 몸담고 있는 현실사회에 대한 증오다. 또한 출생과 환경으로 인해 생겨난 증오는 그의 인생관과 문학세계에 커다란 영향을 미치게 되고 작품에 고스란히 흔적을 남긴다. 그리하여 작품 속 인물들은 증오심이 가득 찬 인물이 된다. 예컨대 〈하녀들〉에서 하녀들의 살인 행각의 근저에는 증오가 있으며, 〈엄중한 감시〉의 죄수들도 섬뜩한 증오로 가득 차 있다. 주네의 문학적 표현이나 무대에서의 악의 펼침은 증오를 확실하게 제시하기 위한 방편인 것이다. "백인이건, 도덕적인 혹은 식민주의자인 부르주아이건 관객들에게 흑인, 죄인, 하인이나 동성연애자에 대한 그들의 증오를 인정하게 하는 것, 이것이 바로 주네의 극의 기법이다."[31] 만일 증오의 감정이 억압당했다면 오늘날의 주네는 없었을 것이다.

그런데 정신분석학의 양가감정에 따르면 증오는 사랑의 또 다른 측면이다.[32] 이는 사랑이 없으면 증오도 없다는 의미로써, 주네 역시 증오심만큼이나 사랑을 표현한다. 하녀들이 마담을 증오하고 사랑하듯 주네 역시 자신과 삶과 세계를 증오하고 사랑한다. 주네는 자신이 증오한 사회로부터 발생한 또 다른 사람들, 자신의 증오 감정을 똑같

하여금 감옥과 가난에서 벗어나게 했던 아이러니를 언급한다." 송민숙, 「프랑스: 아이스퀼로스에서 주네까지」, 『공연과 이론』 3, 2001, 2쪽.

31 안영순, 「주네의 흑인들에 나타난 함정의 극작술」, 181쪽.

32 블로일러(Bleuler)는 양가감정은 세 종류의 구분되는데 사랑과 미움의 갈등과 같은 정서적 측면의 양가감정, 행동을 결정하지 못하는 우유부단함을 나타내는 의지적인 측면에서의 양가감정, 상호 모순되는 전제를 모두 받아들이는 지적 측면의 양가감정을 내세운다. 프로이트(Freud)가 언급한 양가감정은 사랑과 미움의 양가감정이다. 『정신분석학의 근본개념: 프로이트 전집 11』, 열린책들, 2004.

이 지닌 사람들을 발견하게 되는데 그들은 바로 법에 의해 단죄된 죄수들이었다. 〈하녀들〉의 실제 인물인 파펭 자매의 증오심이 클수록, 그녀들의 죄목이 잔인할수록 그녀들에 대한 주네의 사랑의 감정은 더욱 커졌다. 마님에 대한 하녀들의 살인 욕망 또한 사랑에서 비롯된 것이다. 주네는 충동적인 살인이 아닌 의식적인 살인을 그리고 애정의 결과인 파렴치한 살인을 욕망한다. "나는 살인자를 존경한다. 살인이라는 낯선 경험을 했기 때문이기도 하지만, 갑자기 재단 위에서 신으로 자처하기 때문이다. (...) 내가 존경하는 살인은 의식적인 살인이며 파렴치한 살인이다. 그리고 그 죽음에 대해 감히 책임을 지는 살인이다. (...)"[33] 증오의 결과가 추잡하고 파렴치하더라도 이를 회피하지 아니하고 죽음마저도 책임을 지려는 태도, 이것은 다름 아닌 사랑의 실천이다. 〈하녀들〉의 인물들은 증오로부터 생겨난 분노와 사랑의 감정을 동시에 표출하면서 배반, 밀고, 동성애, 죽음을 실천한다. 이처럼 악은 사랑을 갈망하는 작가에게 주어진 운명적인 십자가였다. 그는 〈도둑 일기〉에서 분명하게 언급한다. "배반과 절도와 동성애가 이 책의 근본 주제이다. 이 세 가지는 서로 관련이 있다. 그 관련성이 언제나 명백한 것은 아니지만, 적어도 나는 배반과 절도와 나의 사랑에 대한 취향 사이에 어떤 밀접하고 상호적인 교류가 있음을 인정한다."[34] 또한 이렇게도 고백한다. "나는 사랑 때문에, 사람들이 악이라고 부르는 것을 향해 모험을 계속해 왔고, 그 때문에 감옥에 까지 가게 되었다. (...) 내가 그 악에 집착하는 것은 바로 사랑이 에로티시즘의 조건을 갖추고 있기 때문이다."[35] 사회로부터 철

---

33 앞의 책, 109쪽.
34 박형섭 옮김, 〈도둑 일기〉, 245쪽.
35 위의 책, 11~12쪽.

저하게 버림받은 자 그러나 사랑에 목마른 자가 글을 쓴다면 주네와 같은 작가가 될 것이다.

하녀들이 보여준 기묘한 악행은 이를 숨기려 하거나 열등감을 느껴서가 아니다. 악을 악이라고 말하고 동성애자라고 말하면 그 뿐, 사회적 규율에서 허용이 되느냐 않느냐는 주네의 관심사가 아니었다. 연극은 주네가 자신의 트라우마를 솔직하게 표현할 수 있는 자신만의 세계였고 그렇게 함으로써 자유와 사랑을 느끼고 존재 이유를 찾을 수 있었다. 무대에서 증오를 표출하고 악을 악이라고 말할 수 있게 되었을 때 비로소 주네는 사랑받는 느낌을 가지게 되었고 안심할 수 있었다. 이는 무의식의 트라우마가 외적으로 표현되었을 때 생겨나는 치유의 결과와 똑같은 이치다. 엄청난 스캔들을 몰고 온 〈도둑일기〉를 다 쓴 다음 그는 말미에서 이렇게 고백한다. "내가 다루는 것은 불행의 철학이 아니다. 오히려 그와 정반대다. 나 자신이 향하고 있는 교도소, 즉 내가 세상과 정신의 장소라고 부르는 곳이 내게 당신들의 명예나 축제보다 더 큰 기쁨을 제공해 준다."[36] 하녀들의 편집광적 공간을 놀이와 축제의 장소로 여기고 사랑의 공간으로 생각한 주네에게 있어 악과 증오에 집착한 표현은 바로 트라우마의 자기 표현이었으며 그를 통해 자유로움과 기쁨 그리고 사랑과 치유됨을 느꼈던 것이다.

3.2. 〈하녀들〉 장면 구성

주네는 〈하녀들〉이 관객 앞에 나서기에 앞서 자신의 작품이 어떤 식으로 연출되어야 할지 지대한 관심을 보였다. 그는 극작품은 관객

---

36 앞의 책, 392쪽.

과 만나야 진정성을 획득할 수 있다는 사실을 잘 알고 있었다. 그가 '〈하녀들〉 연출법'에서 언급한 첫 단어는 은밀한(furtif)이다. 이 은밀함은 하녀를 연기하는 두 여배우의 어투를 포함한 연기에도 해당될 뿐더러 그녀들의 유희가 옆집에 새나가지 않도록 은밀해야 한다는 뜻도 포함되어 있다. 여배우들의 몸짓은 정지(유보)되거나 파손된 것처럼 절제되어야 한다. 경우에 따라서는 발끝으로 걸어야 하고 이따금 목소리 역시 정지되거나 파손된 어조를 지녀야 한다. 주네가 제안하고 있는 이러한 연기 방식은 비사실적이고 제의적이다. 그가 묘사한 두 하녀의 모습은 상당히 모순적이다. "두 하녀는 창녀가 아니며 나이가 들었고 말랐다. 두 여자는 예뻐서는 안 되지만 연극이 진행되면서 점차 아름답게 느껴질 것이다. 처음에 그녀들의 얼굴에는 주름이 드러나고 몸짓과 머리카락도 그에 준할 것이다. 어떤 유혹적인 몸매도 없다. 그녀들은 기독교 교리에서 경건함을 가르칠 수 있을 정도다. 눈은 너무나 순수하다. 그녀들은 매일 밤 서로 자위를 하고 마담에 대한 증오를 뒤죽박죽으로 털어낸다. 두 하녀는 마치 소녀가 꽃을 따는 것처럼 무대의 오브제들을 만진다. 안색은 창백하고 요염하다. 시들었지만 우아한 모습을 하고 있다. 아직 부패한 것은 아닌 것이다. 그러나 결국 그 부패가 드러나야 한다. 여배우들은 무대에서 영화 속의 귀부인을 모방하거나 자연스런 에로티즘을 드러내서는 안 된다. 연극에서 개인적인 에로티즘은 재현을 타락시킬 것이다. 여배우들은 테이블 위에 걸터앉아서는 안 되며 그리스인들처럼 기도하는 자세를 지녀야 한다." 작가에 따르면 하녀들은 예뻐서는 안 되지만 시간이 흐를수록 아름다워져야 하고, 창백하지만 요염하고, 동성애를 펼치지만 에로티즘을 보여서는 안 되고, 요염하지만 순진한 눈을 지니고 있어야 한다. 마담 또한 과장되어서는 안 된다고 말한다. 마담은 자신이 얼마나 어리석은지, 어떤 역할을 하고 있는지도 모르는 여자인 것이다. 이러한 주네의 생각은 우의적인 이야기 형태를 지닌 '우화(conte)'라는 언어로 수렴된다.

주네는 희곡을 쓸 때, 첫 번째 목적은 자신을 돌아보고 스스로에 혐오감을 느끼려는 것이고 두 번째는 객석에 불편함(malaise)을 주는 것이라고 밝힌다. 두 하녀에 대한 모순적 묘사, 사실적 무대지만 비사실적 연기 양식, 시적 대사, 괴물 같은 의상은 우화이기 때문에 가능하다. 그런 우화적 무대에 주네는 자신을 투영한다. "성스럽든 아니든 두 하녀는 괴물이다. 마치 우리 자신이 꿈꾸는 것처럼 말이다. 나는 무대에서 나를 보기 위해 연극에 간다. 그것은 감히 내가 나를 보거나 꿈꿀 수 없던 것, 그러나 내가 그렇게 될 수 있다고 알고 있던 것이다. 나는 연기자들은 고독과 환희 속에서 내 자신, 나의 벌거벗은 모습을 드러내므로 연기자들은 몸짓과 기이한 의상에 책임을 져야 한다." 괴물인 하녀들의 모습에서 자신을 투영하고 자신에 대해 혐오감을 느끼고자 하는 주네에게 무대는 견딜 수 없는 삶의 조건에서 탈출할 수 있는 유일한 수단인지도 모른다. 우화라는 은유는 참을 수 없는 삶의 조건을 도피하도록 하는 상상의 영역일 수도 있다.

4. 〈하녀들〉에 질문하기

1) 사르트르가 주네의 연극을 '검은 미사'라고 부른 이유는 무엇인가?
2) 주네가 말년에 적극적으로 사회참여를 한 것은 무슨 이유인가?
3) 〈하녀들〉에서 놀이 형식의 극중극은 어떤 의미를 갖는가?
4) 하녀들이 마님을 죽이려고 한 이유는 무엇인가?
5) 하녀들이 무슈를 밀고한 까닭은 무엇인가?
6) 주네의 연극과 아르토의 연극은 어떤 점에서 상호 비교되는가?

5. 주요 공연

5.1. 국내 공연

부조리 극작자로 잘 알려진 주네의 연극은 국내에서 꾸준히 공연이 되어 왔다. 그의 독특한 삶의 경력과 강렬한 어둔 이미지는 많은 연출가들의 관심을 끌었다. 2010년 주네 탄생 100주년을 기념하며 현대극 페스티발 위원회는 그의 대표작들을 모은 페스티발을 3월 8일부터 6월 6일까지 개최한 바 있다. 페스티발 기간에는 주네의 작품이 무대에 올랐을 뿐 아니라 학술 세미나가 개최되었으며, 새로 번역된 작품들과 기존 번역을 보완하여 주네 희곡집이 출판되었다. 한편, 주네의 대표작으로 간주되는 〈하녀들〉은 강유정 연출로 1973년 초연되었으며 이후 국내 연출가들이 선호하는 목록에 올라있다. 〈하녀들〉은 2000년이 되어서야 정식으로 번역되어 출판되었으니 이 작품은 희곡보다도 공연이 먼저 국내의 관객과 만나 왔던 것이다. 〈하녀들〉의 공연 연보는 대략 다음과 같다.

2015. 별오름극장, 여세진 연출 / 2015. 연극 실험실 일상지하, 김현탁 연출 / 2014. 낯익은 복숭아, 하수정 연출 / 2009. 대학로 정보소극장, 박정희 연출 / 2008. 대학로 소극장 예술정원, 박진신 연출 / 2006. 상상 화이트 소극장, 최재희 연출 / 2005. 대안극장 Yellow Room, 장도영 연출 / 2004. 상명대문화공간극장, 백순원 연출 / 2002. 산울림 소극장, 이윤택 연출 / 2001. 바다소극장, 심문섭 연출 / 2001. 예술극장 활인 박정희 연출 / 2000. 소극장 동, 강량원 연출 / 1997. 미리내소극장, 류근혜 연출 / 1993. 가마골소극장, 김유출 연출 / 1992. 산울림 소극장, 이성렬 연출 / 1981. 극단 거론, 김유진 연출 / 1973. 한국일보소극장, 강유정 연출

이들 공연 가운데 새로운 해석으로 깊은 인상을 주었던 2001년 박정희 연출의 〈하녀들〉 공연을 소개하고자 한다.[37]

5.2. 박정희의 〈하녀들〉

(2001년 예술극장 활인에서 공연된 박정희 연출의 <하녀들>의 한 장면)

2001년 여성연출가전 마지막 공연, 〈하녀들〉의 연출가 박정희는 현재 극단 사다리의 상임연출가다. 이전까지는 주로 아동극을 다루어 왔다고 하니, 주네의 무대가 어떤 형태로 꾸며질까 궁금하다. 극장 활인의 성벽을 자연스럽게 이용한 앞서의 두 공연 〈왕은 죽어가다〉와 〈펠레아스와 멜리장드〉를 본 관객이라면 공간이 전혀 다르게 변한 것에 놀랄 것이다. 이전의 작품과는 달리 무대가 온통 검은 색으로 빛을 남김없이 흡수하고 있다. 이오네스코와 메테를링크의 작품 배경이 성이었던 반면, 주네의 작품 배경이 폐쇄된 부르주아의 집 안이라는 점, 인물들이 제의를 벌인다는 점에서 이 같은 어두운 무대

---

37 〈하녀들〉 공연평은 필자의 저서 『현대 프랑스 연극의 이론과 실제』(동문선, 2007)에 개제된 원고를 정리한 것이다.

를 꾸몄을 것이다. 관객 또한 의자를 대신하는 검은 상자에 앉아야 하는 불편함을 감수해야 한다. 중세풍의 성가가 울려 퍼지면서 공연이 시작된다. 이처럼 무겁고 장중한 음악을 들려주는 이유는 무엇일까? 빛 사이로 무대 안쪽 한 가운데에 네모난 물건이 하나 놓여 있는데 서양식 무덤 같은 인상을 준다. 그것은 욕조다. 욕조를 중심으로 양쪽에 토르소가 설치되어 있고 토르소에는 원피스가 걸려있다. 왼쪽 흰색의 원피스가 오른쪽 붉은 색의 원피스와 대조를 이룬다. 흰색의 원피스에는 멋진 머플러가 허리를 감고 붉은 색 원피스 아래에는 검붉은 천과 검은 옷 두 벌이 가지런히 놓여 있다. 이 소품들은 공연중에 유용하게 쓰일 것이다. 객석 앞 한 가운데에 책상과 의자가 무대를 향해 있고 책상에는 타자기가 놓여있다. 조명과 음악이 서서히 잦아들자 한 남자가 타자기의 책상 앞에 앉는다. 남자는 원작에 없는 형사다. 형사! 관객과 나란히 앉아 가끔씩 타자를 치며 무대에 나가 상황을 설명하거나 시퀀스와 시퀀스 사이를 설정해 주는 이 인물은 이번 무대가 원작과 상당히 변형되었음을 보여준다.

주네의 초기 작품인 〈하녀들〉의 줄거리는 비교적 단순하다. 사건, 인물, 공간, 극행동, 주제 등이 선명하고 간략한 인상을 준다. 따라서 주네 연구자들은 〈하녀들〉에서 고전 극작법을 읽어 내기도 한다. "〈하녀들〉은 우선적으로 고전비극의 틀을 통해 읽어야 한다. 고전의 대작가들도 언제가 엄격하게 존중하지는 않았던 삼일치 규칙이 이 작품에 있다고 한 아르노 말고른과 이 작품이 프랑스 고전 극작법으로 쓰인 거의 완벽한 비극이라고 평가한 오레스트 푸치아니의 지적은 주네의 〈하녀들〉이 얼마나 고전 극작법을 엄격하게 적용하고 있는지를 알려준다."[38] 고전주의자들이 엄격하게 지키고자 노력했던 삼

---

38 임선옥, 「장 주네의 〈하녀들〉에 나타난 고전 극작법의 변주」, 『한국연극학』,

일치 법칙은 시간과 공간 그리고 극행동의 일치다. 〈하녀들〉은 하루 동안, 한 장소에게 일정한 극행동을 보여주고 있다는 점에서 삼일치 규칙의 틀을 분명하게 지키고 있는 것이다. 반항적이고 파격적인 작가가 규칙을 지키려고 했던 것은 분명 아닐 것이므로 작품 극행동의 짜임새를 염두에 둔 결과 우연히 규칙과 맞아 떨어진 것처럼 보인다. 작품은 삼일치 법칙에 적용되고 있으나 그 일관성 속에는 이후 작품의 경향이 대부분 드러나 있으며, 극중극의 형태로 그 의미를 파악하기가 매우 까다롭다. 때문에 사전 지식 없이 극장에 들어가면 인물들의 광기 어린 행동을 이해하기가 쉽지 않다. 하녀인 솔랑주와 클레르 자매는 주인마님이 외출을 하면 둘만의 비밀스런 놀이를 시작한다. 번갈아 가면서 마님이 되어 보는 것이다. 그녀들은 마님의 옷을 입고 마님의 화장품을 바르고 한 사람은 주인이 되고 한 사람은 하녀가 되어 억눌렸던 욕망을 맘껏 표출한다. 지금 마님은 투옥된 애인 무슈를 만나러 외출한 상태다. 무슈가 투옥된 것은 하녀들이 투서를 했기 때문이다. 그런데 역할놀이를 하던 중 그녀들의 계획이 실패했음이 드러난다. 전화를 통해 전해진 소식은 무슈가 가석방되었다는 것이다. 무슈의 가석방 소식에 솔랑주와 클레르는 두려움에 떤다. 마님과 무슈가 필적 감정을 통해 자신들이 밀고자임을 쉽사리 알아차릴 것이기 때문이다. 어떻게 할 것인가? 도망쳐 봤자 금방 잡힐 것이다. 이들이 살아남을 방법은 마님을 독살하는 것 밖에 없다. 외출했던 마님이 돌아온다. 형사의 몸에 토르소에 걸쳐놓았던 붉은 원피스를 걸치자 그는 마님이 된다. 물론 마님 역을 남자가 맡는다는 것이 처음 시도된 것은 아니다.

제23호, 2004, 144쪽.

이 점에서 〈하녀들〉은 해석의 지평이 무지하게 넓다. 지금까지 수많은 연출가에 의해 다양한 해석을 통해 〈하녀들〉은 새롭게 태어났던 것인데, 마님-남자도 그 중 하나다. 이것이 가능한 것은 하녀들 사이의 동성적 코드가 마님과의 성애로 확산될 가능성을 지니기 때문이다. 할인 극장의 무대에서도 마님과 두 하녀의 몸짓은 성적인 의미로 충만하다. 띠월차에 수면제를 타서 귀가한 마님을 살해하려는 클레르는 마님에게 차 마실 것을 종용한다. 마님이 막 차를 마시려는 찰나 그녀는 수화기가 내려져 있음을 발견한다. 무슈가 가석방되었다는 말에 당황한 나머지 클레르는 수화기를 제자리에 놓지 않았던 것이다. 무슨 일이 있었냐고 다그치는 형사-마님의 호령에 당황한 클레르는 얼떨결에 무슈가 가석방되었노라고 고백하고 만다. 환희의 노래를 부르는 마님은 띠월차를 뒤로하고 유유히 사라진다. 이제 그녀들은 무엇을 할 수 있을까? 절망의 나락에서 하녀들은 다시 마님 놀이를 시작한다. 그 놀이의 끝은 그녀들이 목표로 했던 마님의 살해다. 그것은 놀이를 거행하되 엄숙하게 치러지는 희생 제의의 형식을 취하게 될 것이다. "하녀들이 마님의 역할을 하면서 마음껏 하녀를 부려먹기도 하고 반대로 하녀 역을 맡은 하녀는 마님을 위협하려고 한다. 또한 그녀들이 이 놀이를 '의식(cérémonie)'이라고 부르는 데서도 알 수 있듯이, 무대의 극적 공간은 무대 현실과는 다른 비현실적인 공간이며 그곳에서 벌어지는 놀이는 희생 제의의 형식을 갖춘 의식의 형태를 취하고 있다."[39]

클레르는 위엄 있는 어투로 솔랑주에게 띠월차를 대령하라고 명령한다. 그녀들은 마님을 죽이면서 스스로 죽는다. 〈하녀들〉은 하녀들

---

39 임애리, 「주네의 〈하녀들〉에 나타난 극형식」, 『한국프랑스학논집』, 제47집, 2004, 318쪽.

38 장면 구성과 인물 창조를 위한 희곡 읽기 2

이 벌이는 마님 놀이라는 극중극 형식을 통해 인간의 질투와 욕망을 나아가 살인 의식과 죽음의 문제를 적나라하게 드러내고 있다. 물론 마님에 대한 하녀의 증오와 갈등이 지배자와 피지배자의 대립 관계에서 피지배자의 억눌린 감정이 어두운 힘으로 드러난다는 해석이 가능하지만, 결국은 작품에서 나타나는 욕망과 죽음의 문제는 이에 직면하고 있는 보편적인 인간의 모습인 까닭에 예외 없이 누구에게나 해당된다는 광의의 해석 또한 가능하다.

초반에 제시된 욕조에서 하녀들의 물놀이는 물과 여성의 상징적 관계를 이용하면서 마님 놀이와 엇물려 공간을 연극적으로 적절하게 사용하고 있다. 오늘의 마님 놀이에서 클레르는 마님이 되고 쏠랑주는 클레르가 된다. 그러니까 무대공간에서 하얀 코르셋 차림으로 욕조에 앉아 물장난을 치고 있는 하녀들은 자신의 이름을 가지고 있지 않으므로 누구도 자기가 아니다. 쏠랑주는 클레르가 되고 클레르는 마담이 되어 있다. 심지어 관객과 동일한 시선을 지니는 형사마저도 마담이 됨으로서 자신에게서 멀어진다. 무대는 철저하게 허구적이고 연극적이다. 이런 점에서 〈하녀들〉의 극중극은 〈왕은 죽어가다〉에서 삽입의 형식으로 나타난 극중극과는 상당한 차이가 있다. 작품 전체가 교묘하게 극 안으로 들어갔다 빠져 나왔다 하면서 전체가 극중극의 틀에 의해 이루어지고 있는 것이다. 과연 하녀들이 자아를 망각하는 마님 놀이를 한 까닭은 무엇일까? 마님이 되어보고 싶은 욕망, 신분의 상승 욕구일까? 살인과 죽음에 대한 강박관념이 극 처음부터 강하게 나타나는 것을 보면 꼭 그런 것 같지는 않다. 인물들의 대사를 보면 마님과 하녀는 철저하게 대립적인 존재다. 그녀들을 대립시키는 상징들, 이를테면 흰색과 검은 색, 성녀와 창녀, 깨끗함과 더러움, 향기가 좋은 꽃과 더러운 냄새가 나는 수채통, 천당과 지옥 등이 무수히 나타난다. 그러나 하녀들이 증오하는 동시에 열망하는 마님과의 대립은, 자신들이 놀이를 통해 마님이 되면서 결국은 하나로 합해진다. 따라서 그녀들의 놀이는 결국엔 탈주를 의미하는 것이 된다. 합일은 궁극적으로 현실에서의 탈주, 고통에서의 탈주, 삶에서의 탈주로 나아갈 것이다. "클레르와 솔랑주 두 하녀는 어떻게 마님의 지배와 억압 그리고 그로 인해 야기되는 자신들의 비참한 처지로부터 탈주를 할 수 있을까? 이 문제에 대해 답을 미리 하자면, 〈하녀들〉에서 두 하녀가 기도하는 탈주는 그녀들이 주축이 되어 벌이는 역할놀이, 즉 그녀들이 번갈아 가면서 각각 마님과 하녀가 되는 놀이 (...)를 통해 이루어진다."[40] 극중극 형식의 역할놀이를 통한 이 합일의 시도는 시궁창 같은 처지에서 탈주하는 것이지만 하녀들은 이에 실패함으로써 합일의 또 다른 형태인 죽음으로 나타난다. 그것이 어떠한 형태이든, 합일은 허구적인 무대에서 놀이가 철저하게 허구적으로 펼쳐지기에 가능하다. 하녀들은 광적인 집착증으로 놀이와 현실을 구분하지 못하고 마님을 살해하고 만다. 나아가 놀이의 살인행위에 참여하는 관객 역시 마님 놀이를 커다란 틀 속에 존재하는 액자틀로 판단하는 대신, 현실과 허구 사이의 경계를 혼동하게 되어 진짜로 마님이 죽은 것인지 솔랑주가 죽은 것인지를 혼동하게 된다. 처음에 관객은 객석과 무대를 분명하게 구분한다. 무대와 객석의 공간 구획은 이러한 구분을 선명하게 제시한다. 그러나 관객이 극중극 형식과 인물들의 역할놀이의 극적 세계에 빠져들게 되면 구분이 모호해진다. "〈하녀들〉에서 처음에는 역할놀이와 현실 사이의 경계가 확실해 보인다. 무대 위에 보이는 공간은 마님의 방이지만, 막이 열리면 하녀들의 역할놀이의 공간이었다가 놀이가 끝나면 다시 현실의 마님 공간으로

---

40 변광배, 「장 주네의 〈하녀들〉에 나타난 소수문학적 특징」, 『불어불문학연구』, 제56집, 2003, 223쪽.

변하면서 두 공간-연극과 현실의 양립불가능성을 보여준다. 그러나 마침내 무대 현실에서 벌어지는 하녀들의 연극적 행위-역할놀이를 통해 연극과 현실이 하나로 결합되면서 관객은 눈에 보이지 않는 새로운 공간과 시간을 체험하기에 이른다."[41] 더구나 이번 공연에서 마님의 실체는 애매하다. 마님은 실제로 무대에 존재하기도 하고 존재하지 않기도 한다. 마님은 오로지 하녀들에 의해 형상화되고 사건 기록을 읽는 형사에 의해 구체화된다. 이런 까닭에 형사와 마님의 이중 연기는 합리성을 갖는다. 인물들의 혼용과 애매성은 무대와 현실의 혼동으로 나아간다. 기묘한 극중극을 통해 결국에는 무대 자체가 현실이 되어버리는 것이다. 따라서 관객은 "세계는 연극이다" 혹은 "연극은 세계다"라는 인식 속에 빠져들게 되고, 현실이 되어 버린 무대에서 연기자의 몸짓은 무당의 몸짓이 되어 연극의 제의적 성격이 확립된다. 이제 극적 공간 속의 관객은 바라보는 자가 아니라 참여하는 자가 된다. 잔혹연극론에서처럼 관객은 푸닥거리의 대상인 환자가 되는 것이다.

원작을 과감하게 변형시킨 본 무대는 원작에 비해 많이 축소되었지만 놀이 부분과 제의식의 분위기를 짜임새 있게 돋우면서 주네의 특징을 선명하게 부각시키고 있다. 콜라주처럼 파편화된 조각들이 모여 화폭 전체를 이루어 교차편집의 형식이 강화되고, 언어는 더욱 간접적이고 상징화 되었다. 간략화 된 무대는 그러나 욕조의 다용도적 활용으로 공간의 풍요로운 상징화에 성공하고 있다. 예컨대 욕조를 덮은 나무 뚜껑에서 광기 어린 춤은 강렬한 소리와 몸짓으로 샤먼의 춤을 연상시킨다. 이번 공연은 간접적인 표현과 상징이 풍요롭기 때문에 잠깐이라고 집중력이 흐트러진다면 서사적 맥락을 파악하기

---

41 임애리, 320쪽.

가 어려울 수 있다. 그렇지만 하녀들의 열정적인 몸짓과 무대의 강인한 흡입력에 동참한다면 그러한 어려움에 직면할 염려는 없다. 이번 〈하녀들〉 공연은 서사성과 공간성 그리고 연기와 연출에 있어 전체적으로 치밀하게 구조화되고 형상화 되었던 것이다.

‖ 참고문헌 ‖

Genet, Jean, *Les Bonnes*, Paris; Gallimard, coll. Folio théâtre, 2012.

Genet, Jean, *Notre-Dame-des-Fleurs*, Paris; Gallimard, coll. Folio, 1976.

Genet, Jean, *Journal du Voleur*, Paris; Gallimard, coll. Folio, 1982.

Genet, Jean, 박형섭 옮김, 〈도둑 일기〉, 서울; 민음사, 2015.

Genet, Jean, 오세곤 옮김, 〈하녀들〉, 서울; 예니, 2000.

In-Sook, KO, *Les personnages dans le théâtre de Jean Genet*, 『프랑스어문교육』 17, 2004.

Kunnas, Tarmo, Traduit du finnois par Paul Parant, *L'ambiguïté du Mal: Ce que l'art et la littérature révèlent de la nature du mal*, Paris; Lanore, 2015.

Sartre, Jean-Paul, *Saint Genet comédin et martyr*, Paris; Gallimard, 2011.

White, Edmund, "*Once a sodomite, twice a philosopher*" *The Harvard Gay and Resbian Review*, 3.1, 1996.

White, Edmund, *GENET, A Bilgraphy*, New York; Alfred A. Knopf, 1993.

강충권, 「장 주네의 〈발코니〉에서 사용된 비현실화의 기법」, 『프랑스어문교육』 11, 2001.

데이비드 비에넨펠드, 유성경 외 옮김, 『정신역동이론』, 서울; 학지사, 2009.

박노출, 「욕망의 미장센-장 주네의 희곡에 나타난 지배와 복종의 변증법」, 『한국연극학』 41, 2010.

변광배, 「장 주네의 〈하녀들〉에 나타난 소수문학적 특징」, 『불어불문학연구』 제56집, 2003.

루시앵 골드만, 김성균 옮김, 「장 주네의 연극에 대한 사회학적 이해」, 『공연과 리뷰』 72, 2011.

송민숙, 「프랑스 : 아이스퀼로스에서 주네까지」, 『공연과 이론』 3, 2001.

숀 맥니프, 윤혜선 옮김, 『통합예술치료』, 서울; 이담북스, 2014.

안영순, 「주네의 흑인들에 나타난 함정의 극작술」, 『불어불문학연구』 38, 1999.

오세곤, 윤정임, 「해외작가 특집: 장 주네 자코메티의 아틀리에 · 장 주네의 예술론」, 『작가세계』 4(2), 1992

오세곤, 「해외작가 특집: 장 주네의 생애」, 『작가세계』 4(2), 1992.

윤정임, 「해외작가 특집: 장 주네 〈장미〉를 훔친 〈도둑〉 -장 주네의 시와 소설」, 『작가세계』 4(2), 1992.

이용복, 「주네의 〈병풍들(Les Paravents)〉에서의 무대장치에 대한 연구」, 『한국프랑스학논집』 42, 2003.

이용은, 「장 주네 극의 포스트드라마적 변형」, 『공연과 리뷰』 75, 2011.

임선옥, 「장 주네의 〈하녀들〉에 나타난 고전 극작법의 변주」, 『한국연극학』, 제23호, 2004.

임애리, 「장 주네의 Les Bonnes에 나타난 극형식에 관하여」, 『한국프랑스학논집』 47, 2004.

장석주, 『글쓰기는 스타일이다』, 서울; 중앙북스, 2015.

조만수, 「희곡의 문학적 해석과 무대적 해석 : 장 주네의 『하녀들』의 경우」, 『프랑스문화예술연구』 7(2), 2005.

존 브래드쇼, 오제은 옮김, 『상처받은 내면아이 치유』, 서울; 학지사, 2004.

후버트 피히테, 오세곤 역, 「장 주네, 후버트 피히테, 해외작가 특집: 장 주네 장 주네를 만난다」, 후버트 피히테 대담, 『작가세계』 4(2), 1992.

페터 바이스의 〈마라, 사드〉

서지영

1. 저항 작가의 생애와 예술

페터 바이스는 1916년 11월 8일 구서독의 베를린 근처 노바베(지금의 포츠담 바벨스베르크 지역에 속하는)에서 태어났다. 그의 아버지는 헝가리 출신의 유대계 상인으로 섬유 공장을 운영했으며 어머니는 스위스 출신의 기독교인으로 젊은 시절에는 배우로 활동했었다.[1] 그의 아버지는 1차 대전 후 오스트리아-헝가리제국이 붕괴하면서 체코 시민권을 갖게 되었는데, 독일로 이주 후 태어난 자녀들도 체코 시민권자로서 독일 국적을 얻지 못했다. 바이스가 3세 때 가족은 브레멘[2]으로 이사를 하지만 교육열이 강했던 부모는 다시 베를린 근처로 돌아와 그곳에서 바이스에게 미술 수업을 받도록 한다. 탄탄한 경제력을 바탕으로 엄격한 교육관을 가진 부모 슬하에서 바이스와 두 여동생은 통제를 많이 받으며 자랐다. 바이스의 나이 19세인 1934년, 유대계 혈통을 이은 그의 가족은 나치 침공을 피해 이주를 해야만 했다. 처음 정착한 곳은 영국이다. 바이스는 낯선 런던의 대도시 광경과 그

---

1 연출가 막스 라인하르트의 무대에 서기도 했다.
2 브레멘의 부촌에 있는 바이스가 살던 집은 당시 아버지의 경제력을 가늠할 수 있게 한다.

곳에서 겪은 어려움을 그림으로 남겼다. 다음 이주지는 체코였다. 1936년부터 1938년까지 바이스는 프라하 예술 아카데미에서 본격적으로 미술수업을 받는다. 그러나 1938년 나치가 주데텐으로 들어오자 바이스의 가족은 다시 스웨덴으로 이주했다. 가족들이 스웨덴에서 자리를 잡는 동안 바이스는 스위스로 여행을 떠났다. 이때 그는 헤르만 헤세를 방문했고 그것이 추후 그의 인생과 작품세계에 영향을 미친 것으로 알려진다. 1939년 바이스는 스웨덴으로 들어와 그 다음해에 바로 타국에서 첫 전시회를 연다. 이주자로서 이례적인 일이었다. 그 이후로 그는 스웨덴에서 수많은 예술 분야를 섭렵하며 활발히 활동했다. 그림들을 토대로 영화를 만들고 그림과 영화를 바탕으로 문학 작품을 썼다. 하지만 예술계와 문학계에서 인정을 받진 못했다. 이방인으로서 결핍과 좌절이 반복되는 시절이었다. 1946년(30세)에야 비로소 스웨덴의 국적을 취득하게 되는데, 국적 없이 낯선 언어와 싸우며 지낸 그의 젊은 시절을 작가는 스스로 정체성 탐색의 시간이었다고 말한다. 이 시기에 그의 어려움을 배가시킨 것은 부모와의 갈등이다. 브루주아인 부모의 기대와 충돌하면서 20대 초반에는 집을 떠나 벌목장에서 노동자 생활을 체험하기도 했다. 혹자는 바이스의 인생을 이등분한다면 부모로부터 억압받은 시기와 거기서 벗어난 이후로 나눌 수 있을 것이라고 했다. 그 만큼 심한 압박감을 느끼며 살았다. 그러던 그가 어머니로부터 충족하지 못했던 모성을 느꼈던 것은 여동생 마르기트였다. 불행히도 여동생이 이주시절 낯선 대도시 한복판에서 교통사고로 사망하면서 바이스의 방황은 깊어졌다. 여동생의 형상은 그의 작품 속에 끊임없이 등장하며 주로 희생자의 모티브와 연결된다.

그의 인생에 전환점이라고 할 사건은 1945년 봄, 나치의 유태인 집단 수용소를 다룬 영화 관람이었다. 독일에서 태어나 자랐으나 유대인 혈통을 지녔고 당시 스웨덴의 이주자로 살아갔던 그에게 이 영화는 자신이 과연 가해자인가 피해자인가 아니면 단순한 구경꾼인가를 고민하게 만들었다. 그 후로 이 고민은 지속되어 그는 평생을 정체성 문제와 함께 죄의식과도 싸워야했다. 이렇듯 자연스레 찾아온 전쟁과 파시즘에 대한 인식은 그가 청년기에 대도시의 고립감 속에서 느꼈던 문명과 자본주의에 대한 경각심과 더불어 그의 예술의 바탕이 된다. 그의 초기 예술세계는 개인적인 상황에서 촉발된 문제들이 사회에 대한 관심으로 확장되면서 추후 세상 밖으로 나가는 준비의 시간이 되었다.

바이스의 예술 활동을 연대기별로 살펴보면 희곡 〈마라, 사드〉를 분기점으로 전기와 후기로 나뉘어 그 변화를 짚어볼 수 있다. 바이스의 연구자 마틴 렉토어는 바이스의 예술세계를 크게 네 단계로 나누어 설명했는데[3] 그에 근거해 분류해 보면, 전기에는 주로 내적 갈등과 함께 주변부의 사회 문제에 주력했고, 후기에는 국가와 역사 등 거대조직의 시스템과 맞섰음을 알 수 있다.

1단계는 1935~1949년 스웨덴에서 작업했던 시절로 주로 그림 작업에 열중했다. 초현실주의 화가들의 영향을 받아 그들과 비슷한 화풍에 -무의식의 세계를 다루며 꼴라주 기법을 활용하는 등- 주로 자전적 소재를 다뤘다. 낯선 곳에서 낯선 언어와 싸웠던 시기인 만큼 그는 언어보다 그림을 항상 우위에 두었다. 언어로서는 표현할 수 없는 것을 그림으로 대체하며 그림을 언어의 보상물로 삼게 된 것이다. 몇 편의 산문

---

3 Beat Mazenauer: "Staunen und Erschrecken, Peter Weiss' filmische Ästhetik", in: Martin Rector und Jochen Vogt (Hrsg.): *Peter Weiss Jahrbuch*. Bd. 5, Opladen 1996, S. 90.

도 썼는데, 1947년 첫 산문 『섬에서 섬으로』를 출간했고, 『이방인』 (1947), 『패배자』(1948) 등을 연달아 펴냈다. 산문 역시 제목에서 알 수 있듯 이주자로서의 방황과 갈등을 고스란히 담고 있다. 1948년 첫 희곡 〈탑〉을 초연하는데 이 작품 또한 자전적 이야기로서 스스로 고립되어 침잠하는 주인공의 모습을 초현실적, 몽환적으로 묘사하고 있다.

2단계는 1950~1959년 스웨덴에서 영화 작업에 몰두했던 시기이다. 영화는 바이스가 그림에서 언어로 이행하는, 즉 회화에서 문학으로 옮겨가는 과정의 "중간예술 Zwischenkunst"이었다. 회화에서 시작된 기법과 문제의식이 영화를 거쳐 희곡으로 넘어가 연극에 결정적인 영향을 미치게 된다. 1947년부터는 영화비평가로 활동했고, 1952년부터 1961년까지 9년 동안 14편의 영화를 직접 만들기도 했다. 또한 자신의 영화이론을 전개한 『아방가르드 영화』라는 에세이집을 발표했다. 그의 초기 영화는 회화에서와 마찬가지로 망명 시기의 어려움을 토로하는 정체성의 문제와 함께 성의 해방을 위한 투쟁 등 억압과 규제로부터 자유를 갈망하는 내용을 다뤘다. 1956년부터는 기록영화를 시도했는데 사회비판적 요소가 강하면서도 그 기법은 초현실주의의 영향을 받아 대단히 시적이다. 투쟁의 의지가 꿈틀대는 움직이는 회화였다. 그 영화의 주요 테마는 스톡홀름의 일상과 코펜하겐의 신시가지를 관찰하며 목도한 노인 및 노숙자들의 상황, 청소년 교도소에 수감된 죄수들의 일상, 특히 그들의 억압된 자유와 성적 욕구에 대한 것이다. 이 영화 속의 자위 장면이나 샤워 장면은 당국에 의해 삭제되었는데, 이에 반발하여 바이스는 시위를 벌이기도 했다. 그 밖에도 1958년 스웨덴 사회민주당의 주문을 받아 청소년들이 여가시간을 어떻게 보내는지를 비판적으로 다룬 영화를 제작하기도 했다. 청소년들의 방탕한 삶과 그것에 대한 사회적 책임을 묻는

내용이었다. 이 영화들은 바이스가 이미 희곡 창작 이전부터 사회비
판적 안목과 사회 참여적 태도를 지니고 있었음을 말해 준다. 이로써
바이스의 초기예술이 지극히 개인적이고 유아기적이라는 일부 학자
들의 견해는 당시의 이념적 잣대에 근거한 것임을 알 수 있다. 이 시
기의 희곡은 〈보험〉(1952), 산문은 1948년 집필한 『결투』(1958년 출
판)인데 두 작품 모두 스웨덴어로 출판했다.

　　3단계는 1960~1969년 바이스가 서독에서 본격적으로 활동을 하
게 되는 시기로 희곡은 〈마라, 사드〉(1963) 외에도 〈손님과의 밤〉
(1963), 〈모킨포트는 어떻게 고난에서 헤어나는가?〉⁴(1963년 집필,
1968년 출판, 초연)가 있다. 이 두 작품은 전작인 〈탑〉, 〈보험〉과 함
께 〈마라, 사드〉의 기법들을 선취한 초기 희곡들로서 부조리극, 서사
극, 잔혹극 등 당대 연극 기법을 모두 실험하고 있다. 영화기법의 장
면구성이 특징적이며 장터연극(가설무대연극)의 영향도 크다. 이 실
험을 바탕으로 세계적으로 명성을 얻게 된 〈마라. 사드〉(1964)를 이
시기에 초연했다. 그리고 얼마 후 바이스는 '분단국 작가가 지켜야
할 10가지 지침'(1965)을 발표하고 "자신은 지하실에서 나왔다"라는
말과 함께 자신이 정치적 입장에서 사회주의 사회를 선택한다는 이
른바 '사회주의 선언'을 한다. 그의 커밍아웃은 정치작가로 본격적으
로 목소리를 내겠다는 것을 의미하는 것이기도 했다. 그리고 일련의
기록극들을 발표하여 정치적 입장을 아주 직접적으로 드러냈다.⁵ 특

---

4 〈목공지씨 못봤소?〉라는 제목으로 극단 가교, 이송 연출, 1995년 공연.
5 바이스는 다큐멘터리를 활용한 정치 연극의 14가지 주해를 정리하고 기록극을
다큐멘트만을 다루어 공연하는 "르뽀 형식의 연극"으로 정의했다. "변화를 목적으로
하는 참여연극은 허구적 현실을 거부한다"고 하면서 "창작을 해서는 안되며 인증된
자료를 수집하여 내용을 변경하지 않고 일정한 형식으로 편집하여 무대에 재현시킨
다."는 바이스의 원칙은 기록극을 연극으로 인정받기 어렵게 만들었다. 각종 매체의
은폐되고 조작된 사실들을 들춰 진실을 밝힘으로써, "속임수로 득을 보는 자들을 저지

히 스웨덴 통신원으로 아우슈비츠 재판 참석 후 재판 내용을 그대로 기록한 〈수사〉(1967)는 독일의 과거청산이라는 과제를 표출하며 파시즘 비판뿐 아니라 나치에 동조한 당시의 자본가들을 맹렬히 공격함으로써 독일을 비롯한 서구사회 전역의 관심을 집중시켰다. 제3세계 문제를 전면에 다룬 〈루지타니아 허수아비의 노래〉(1967)와 〈베트남 논쟁〉(1968)은 서구 제국주의의 약소국 찬탈에 대한 비난과 시위를 보여준 정치 선동극으로서 외교적으로 민감한 반향을 불러일으켰다. 기록극은 연극인 동시에 하나의 사건이 되었다. 그런 와중에 그는 동, 서독을 자유롭게 넘나들며 연극을 공연했는데, 자신의 연극이 동, 서독에서 상반되게 평가되는 것을 보고 혼란에 빠지기도 했다.

4단계는 1970~1982년 바이스가 사회주의 입장을 표명한 이래 그는 양 독일에서 마르크스주의 작가로 받아들여지며 동독 지식인과 서독 좌파들이 열광하는 정치작가가 되었다. 그러나 그의 행보를 살펴보면 결코 당파적이지 않았고 오히려 특정 이데올로기에서 벗어나고자 했음을 발견하게 된다. 68혁명이 정점에 이르렀던 시기에 쓴 저작들에서 바이스는 이데올로기보다는 미학적 수단으로 세상을 바꿔보려는 의지를 명시했다. 그가 마지막으로 쓴 희곡 〈신소송〉에서 주인공인 마르크스주의자K는 '사회주의자들이 주장하는 개혁이란 결국 그들만을 위한 개혁'이라고 말하며 바이스가 더 이상 사회주의에 희망을 걸지 않고 있음을 드러냈다. 그리고 마르크스주의자K는 예술에 관심을 갖게 되면서 예술의 사회적 기능에 대해 불만을 토로한다. 이역시 바이스의 입장변화를 추측할 수 있는 대목이다. 독일의 바이스

한다."는 대단히 공격적이면서 선동적인 목표로 인해 공연을 올리는 데 어려움이 많았다. 하지만 '아무리 불투명한 현실이라도 기록극을 통해서라면 세세한 부분까지 설명할 수 있으리라'는 바이스의 기대처럼 기록극은 현실인식이 절박한 상황에서 진실을 말할 수 있는 유용한 방안이 되었다.

연구가인 실비아 킨베르거는 바이스 문학 세계를 지탱하는 대립쌍인 언어와 그림, 정치와 예술, 혁명론자와 개인해방론자 사이의 관계를 alternieren(교체하다, 교대하다)로 해석한 바 있다. 필요에 따라 번갈아 취한다는 의미이다. 바이스에게 있어서 정치적이라는 것은 이념을 벗어나 지속적으로 움직이는 것이었다.

이 시기에 출간된 희곡으로는 〈망명중의 트로츠키〉(1970), 〈횔덜린〉(1973), 〈신소송〉(1981)이 있으며 소설 『저항의 미학』은 1천 쪽에 가까운 대작으로 1981년 그가 세상을 떠나기 바로 1년 전에 출간되었다. 이 소설은 '저항'의 두 가지 방식을 다루고 있다. 그것은 정치적이고 예술적인 저항이다. 좀 더 정확히 말하면 '예술의 정치적 저항에 대한 서사적 탐색'이다.[6] 따라서 이 소설은 정치적 입장과 심미적 아방가르드를 결합한 저항소설로 일컬어진다. 당시 서독에서는 반파시즘 투쟁에서 출발하여 전체주의에 대한 저항이 팽배했다. 바이스의 저항은 앞서 언급했듯 특정 이데올로기를 향한 대항이 아니라 모든 '권력'과 '지배'에 대한 저항이었다.

그의 마지막 소설과 예술 활동의 자취들은 그를 '저항작가'로 불리게 했다. 바이스는 19세에 독일을 떠나 66세에 세상을 떠날 때까지 47년을 스웨덴 국적을 갖고 스톡홀름 시민으로 살았던 이주 작가로서 평생을 독일인인지 유태인인지 스웨덴인지를 고민하며 정체성의 혼란 속에서 살았다. 일생동안 세 번의 결혼을 했는데 무대디자인을 했던 세 번째 부인은 그의 작업 동반자로 함께 했다. 타계 후, 서독에서 가장 권위 있는 뷔히너상을 수상했다.

---

6 문광훈, 『페르세우스의 방패』, 고려대학교 출판부, 2012, 27쪽.

2. 희곡 읽기

2.1. 전체 개관하기

집필 배경

〈사드씨의 지도로 샤렝통 요양원의 연극반이 공연한, 장 폴 마라에 대한 박해와 살해〉라는 긴 제목의 이 작품을 바이스는 아주 우연한 기회에 구상했다. 아들의 학교 과제를 도와주다 보게 된 프랑스혁명 영화에서 모티프를 얻어 평소 그가 가지고 있던 정치 사회적딜레마와 연결시켰다. 프랑스 혁명의 주역과 관련 인물들을 소환하여 그들의 사상과 글을 인용했다.

'장 폴 마라'는 다비드의 그림 〈마라의 죽음〉[7]으로 우리에게 잘 알려진 프랑스 혁명을 주도 한 자코뱅당의 급진주의 혁명가다. 그는 1793년 7월 13일 지롱드당의 지지자 샤로테 코르데에 의해 암살당했다. 희곡 〈마라, 사드〉는 마라의 암살 과정을 중심 사건으로 놓고, 역사 속 실제 인물 마라와 사드의 대결을 논쟁 형태로 구성했다. 먼저 실제 인물에 대해 알아보기로 한다.

'마라'는 1743년 스위스 출생으로 의사, 철학자, 정치이론가, 과학자로 활동하기도 했다. 그러나 오랜 세월 사회비판과 혁명에 몰두했고 그의 경향이 마르크시즘과 연결되었기 때문에 마라는 프랑스 혁명의 주역 중 유독 피에 굶주린 모습으로 그려지곤 했다고 바이스는 작품 배경의 주해에 언급하고 있다. 마라는 활동을 중단하고 은닉하는 동안 피부병에 시달렸고 연일 욕조에 들어앉아 가려움증으로 인

---

7 마라의 지지자였던 다비드는 그의 죽음을 신성시하는 차원에서 마치 마라를 순교자처럼 묘사했다.

한 열기를 식히며 프랑스인들에게 발표하고자 한 정치선언문을 썼다. 코르데는 자신의 동료들을 단두대로 보낸 마라를 살해하고자 세 번씩이나 그의 집을 방문하게 되고 마지막 세 번째에 그를 칼로 살해한다. 코르데의 공범여부는 밝혀지지 않았다.

'사드'는 1740년 파리에서 백작의 아들로 태어나 젊은 시절엔 군인이 되어 전쟁에 참가했고 사법관의 딸과 결혼도 했으나 방탕한 생활로 인해 인생의 3분1을 감옥에서 보냈다. 가학 음란증을 뜻하는 사디즘을 유래시킨 외설작가로 알려진 그는 옥고를 치르면서도 많은 작품을 썼다. 잠시 석방되었을 때 프랑스 혁명에도 가담했으나 '9월의 학살' 이후 혁명에 회의적이 되었다. 1801년부터 1814년 사망할 때까지 샤렝통 정신병원에 수용되어 자신의 희곡으로 환자들과 연극을 공연하고 스스로 배우가 되어 무대에 섰다. 당시 정신병원은 "정신병자 외에도 사회적으로 용납하기 어려운 죄를 지은자, 공개재판에 회부되기 어려운 패륜행위를 저지른 자들, 정치범, 혹은 음모의 도구로 이용되었던 사람들이 감금되었다." 즉 정치범 수용소를 겸했다는 사실을 알 수 있다. 샤렝통 병원에서의 사드의 공연을 당시 파리의 상류사회 사람들이 은밀히 즐겼다고 한다.

〈마라, 사드〉는 1808년 사드가 샤렝통 병원에서 공연을 했었다는 실화를 바탕으로 하여, 프랑스 혁명이라는 역사적 사건과 실존 인물을 구체적으로 끌어주하고, 마라의 글을 그대로 대사에 인용했다. 이로 인해 '기록극'으로 오해를 받기도 했으나 작가 자신도 밝혔거니와 인물의 변형과 사건의 배치를 살펴볼 때 이 작품은 작가의 상상으로 고안되었음을 알 수 있다. 예를 들면 마라와 사드는 서로 만난 적이 없고 사드가 처신을 위해 마라의 추도문을 쓴 것이 이들의 유일한 인연이다. 또한 이들의 논쟁은 샤렝통에서 쓴 사드의 각본으로 설정되어 있다. 사드는 곧 작가의 또 다른 자아로서 움직이고 있는 것이다. 따라서 이 희곡을 읽을 때 지나치게 역사적 사실에 함몰되면 작품이 안고 있는 본래의 의미를 이해하기 어려워진다. 독자의 주된 관심사가 프랑스 혁명이 되어서는 안된다.

희곡 개요

이 작품의 가장 중요한 전제는 1808년의 일을 동시대의 관객에게 보여준다는 것이다.

1808년 샤렝통 요양원에 있던 사드는 병원 환자들과 자신이 쓴 대본으로 공연을 한다. 공연의 중심 내용은 1793년 코르데에 의해 살해되는 마라의 죽음이다. 코르데는 세 번의 방문 끝에 마라를 살해하는데, 이 사건을 연극으로 만들어 샤렝통 요양원의 목욕실에서 상연한다는 것이 이 희곡의 설정이다. 여기서 작가이자 연출을 맡은 사드는 사드역을 직접 한다. 나머지 배우는 정신병원의 환자들이며, 병원의 간호원들과 수녀들이 배우들 사이에 끼어있다. 관객은 병원장 쿨미에와 그의 가족이다. 그리고 실제 극장의 관객들이 섞여 앉는데, 이들은 자연스럽게 샤렝통에서 이 연극을 상연했던 1808년 파리의 관객들이 된다.

병원장 쿨미에가 인사를 한 후 주요 인물들을 소개하고 악사들의 연주로 공연이 시작된다. 마라는 편집증 환자로 공연 내내 욕조에 앉아 있다. 마라의 살해범 코르데 역은 기면증 환자가 맡았는데 공연 도중 계속 졸기 때문에 수녀들이 그녀를 부축하고 있다. 그녀는 마치 인형이 조종당하듯이 해설자의 지시에 따라 움직인다. 뒤페레는 귀족이며 코르데를 사랑한다. 뒤페레 역은 색광증 환자가 맡았다. 그는 배역을 이용하여 틈만 나면 코르데의 몸을 더듬는다. 자크 루는 급진적 사회주의자이며 예전에 신부였다. 마라의 혁명관을 복창하며 환자들을 선동한다. 마라의 애인이자 마라를 간호하는 시몬느 에뒤아르는 욕조 옆에 붙어 마라의 머리 수건을 열심히 갈아준다. 그리고 네 명의 가수가 등장하여 코러스 역할을 한다.

코르데는 마라를 살해하기 위해서 세 번 방문을 시도하는데, 이 과정에서 마라와 코르데, 코르데와 뒤페레, 마라와 사드 사이의 대화가 진행된다. 네 명의 가수와 자크 루 그리고 병원의 환자들은 사이사이에 소리를 지른다. 가수들과 쿨미에는 대화를 자주 중단시키는데, 쿨미에는 사드가 나폴레옹이나 혁명 후의 부르주아에 대항하여 변죽을 울릴 때, 그리고 환자들의 소란이 심해질 때 진행을 중단시킨다.

세 번째 방문 후 코르데는 마라를 살해하고, 이 작품은 환자들이 광적인 봉기를 일으키며 끝난다. 마라와 사드의 논쟁은 간 데 없이 쿨미에와 그의 병원 간호원들은 혼란에 빠지고, 루가 소리치고 환자들이 난동 중에 붙잡힌다. 그 와중에 사드는 의자 위에 서서 당당하게 웃는다.

마치 사드의 승리로 끝나는 것 같은 이 작품에서 과연 어떤 대립이 벌어진 것일까? 마라와 사드의 입장을 아래의 표를 통해 살펴보기로 하자.

	마라	사드
8장	앞으로 흘릴 피에 비하면/욕조에 가득 찬 이 피는 아무것도 아니다./(…) 시몬느, 시몬느/머리가 터질 것 같아/숨을 쉴 수도 없어./시몬느/절규는 내 가슴 속에 있다./시몬느/내가 바로 혁명이다.	
12장	사드씨,/나는 당신의 불멸의 글 중에서/모든 생명체의 근본 원리는 죽음이라고 한 것을 읽었소.	(…)모든 죽음은, 가장 잔인한 죽음까지도/자연의 완벽한 무관심 속에 잠겨 버리고 말아./오직 우리 인간만

		이 우리의 삶에 어떤 가치를 부여하는 거지./우리가 우리 인류를 전멸시킨다 하더라도,/자연은 묵묵히 바라보기만 할 뿐이야.(…)
	(…)당신이 지난 9월 폭동에 가담했었다 할지라도/당신은 아직도 옛날 귀족의 목소리만 내고 있소./당신이 자연의 무관심이라고 일컫는 것은/당신 자신의 냉담함 아니오?	(…)약자는 무조건 강자의 처분에/내맡겨져 있어야 한다는/자연의 법칙을 충족시키려고,/옛날부터 우리는 얼마나 많이 애써 왔었나.(…)
		(…)가슴과 팔 허벅지가 반쯤 잘리고/그 상처에 납을 녹여서 부어 넣었어./(…)손은 일부만 불로 태웠지./밧줄로 사지를 묶어서/네 마리의 말에 매달아 놓고는 채찍질했어./(…)/우리에겐 오직/익명의 무가치한 사망만 있을 뿐이야./우리는 모든 민중을 그런 죽음 속으로 몰아넣을 수도 있어.
	극단적인 것이라 하더라도/당신의 극단과는 다른 것이오./자연의 침묵에 대해/나는 행동을 주장하겠소./그 거대한 무관심 속에서/나는 어떤 의미를 찾아냅니다./미동도 않고 바라보기만 하는 대신/나는 참여하여,/어떤 것을 틀렸다고 말하고,/그것을 변화시키고 개선하기 위해 노력합시다. (…)	마라, 동정심이란 특권층의 속성이야./동정심을 가진자가/자선을 베풀기 위해 허리를굽힐 때는,/그는 상대에 대한 경멸로 가득 차 있는 거야./(…)/나와 마찬가지로 자네에게도/극단적인 것만이 가치가 있는 거야.
13장	군주들이 훌륭한 아버지라고,/그들의 보호 아래 우리는 평화롭게 살고 있다고,/얼마나 오랫동안 주장해 왔던가./(…)/그리고 고지식한 가장들은 자식들에게 이 가르침을 엄숙하게 주입시켜 오지 않았던가./(…)/거듭거듭 반복하여 들은 것은 믿게 되듯이,/아이들은 이 가르침을 듣고 또 들어,/믿게 되었다.	
15장	틀렸소, 사드, 틀렸소./끊임없이 생각만 하는 것으로는/어떠한 벽도 허물지 못합니다./붓으로 세상의 질서를 바꿀 수는 없소.	우리가 행하는 것은,/우리가 하고자 하는 꿈의 허상일 뿐이야./그래서 자신의 경험에서나 얻은/가변적 진리 외에는,/다른 어떤 진리도 찾을 수 없어./(…)
		현실에 참여하려 했지만/현실은 자네를 궁지에 몰아넣었어./나는/현실에

		참여하기를 포기했어.;나의 삶은 환상이야./혁명엔/더 이상 흥미가 없어.
18장	(…)우리는 우리 위에서 군림하던 돼지 같은 놈들을 몰아냈소./(…)그러나 우리와 혁명을 시작했던 많은 사람들도/옛날의 영화에 추파를 보내고 있소./혁명에서 득을 본 자는/장사꾼과 소매상인이라는 사실이/드러나고 있소./부르주아들이/새로운 승리자가 되었소./제4계급인 민중들은 그들의 지배하에서 여전히 손해만 보고 있을 뿐이오.	우리가 사형을 언도하고 목을 자를 때, 우리는 그걸 정의라고 부르지./그러나 다른 사람들은 우리 내부의 붕괴를 바라고 있어,/그래서 다시 고상하고, 재능 있는 영주를, 우아하게 협상하는 영주를 내세워서, 유럽의 다른 영주들도 안심할 수 있는/그날이 오기를 눈앞에 그리는 거지./(…)/자네는 애국심의 어리석음을 알고 있나?/(…)/나는 그런 영웅심은 벌써 버렸어./나는 모든 국가를 경멸하듯이/이 나라 프랑스도 경멸해./(…)/저렇게 떼를 지어/소란을 피우는 민중을 나는 경멸한다./나는 모든 선한 의도를 경멸한다./그런 건 막다른 골목에 몰리면 사라질 뿐이야./나는 어떤 일을 위해 몸을 받치는/모든 희생을 경멸한다./나는 나 자신을 믿을 뿐이다.
19장	사소한 일은 문제가 되지 않아/기본 원칙이 중요하지/회색분자나 기회주의자는/제거되는 것이 혁명의 과정 아니겠소./(…)/배부른 자들이나,/도덕이라는 보호막을 둘러쓰고 앉아 있는 자들에게는 /이것이 끔찍한 일로 여겨지겠지.	자네의 세계는 욕조가 전부야./긁어서 상처투성이로 퉁퉁 부운 채/그 안에만 누워있으면서도,/아직도 정의가 실현 가능하다고 믿는가?/(…)/아직도 자네는, 누구나 어느 지휘에 있든/동일한 능력을 발휘한다고 믿고 있나./(…)/저 사람은 최고급 빵을 굽는 제과 기술자로 유명하지./또 저 사람은 뛰어난 미용사이고,/또 저 사람은 소주를 기가 막히게 잘 만들지./이 사람은 보석 세공을/여기 이 사람은 뼈가 살살 녹게 안마를 잘하고/저기 저 사람은 기막힌 요리사지./(…)/이 모든 사람이 자기 재능을 다 발휘하지 못하고/평등에만 언제까지 코를 박고 있어야 한다면,/자네는 이들을 행복하게 해줄 수 있겠나?/모든 사람이 하나의 큰 사슬에서,/오직 작은 고리로만 존재할 때/진보가 있을 거라고 믿나?/(…)

21장		내가 바스티유 감옥에 있었을 그 당시/ 나의 명제는 벌써 구상되어 있었 어./내 자신에 대한 증오와/내 사고 의 한계 때문에/스스로 나를 채찍으 로 때리며/내 자신 속에서 그 명제 를 짜냈어./(…)/그들의 폭력 매커니 즘을/나는 상세히 재구성하고,/(…)/ 내가 살고 있는 이 시대를 연구하기 위하여,/내가 상상해낸/능욕과 고문 을/내 스스로 실행에 옮겼어./(…) 개인은 말살 당하고,/서서히 획일화되 어 가겠지./판단력은 사멸되고,/개 인은 자기를 부정하고/국가라는 이 름하에/죽음처럼 허약한 존재로 변 하겠지./(…)/개인과는 상관도 없이 되어 버리고/ 더 이상 공격할 수도 없게 되겠지./그래서 나는 혁명에서 고개를 돌렸어.
25장		(…)이빨이 아프니/이빨을 뽑아 달라,/ 스프가 맛이 없으니/맛있는 스프를 달라,/남편 키가 작으니 키 큰 남편 을 갖고 싶다,/구두가 발에 째는데/ 이웃사람 구두는 좋아 보이더라,/시 상이 떠오르지 않는 시인은 절망하 여 새로운 시상을 원하고,/(…)/저들 은 혁명을 그렇게 이해하고,/혁명이 그들에게 모든 걸 다 해주리라고 믿 고 있지./ (…)
27장	당신들은 혁명이 뭔지 알지도 못한 채/혁명에 휩쓸려 있는 겁니다./ 우리의 존경하는 당통이 말했듯 이/부자가 되는 것을 금지할 게 아니라/가난을 명예로 여기도록/ 우리는 노력을 해야 합니다.(…) (…)매수되지 않는 대표자/신뢰할 수 있는 대표자가 필요합니다./(…)	저들은 자신의 모든 것을 떠맡길 수 있 는/한 사람을 찾아내겠지./그리고 그를 피에 굶주린 괴물로 임명하겠 지./(…)
28장	나는 일하는 시간 외에/다른 시간 을 가진 적이 없었소./밤낮으로 일해도 시간은 늘 부족했소./ (…)/저들은 언제나 내 입을 막 고, 내 연설을 비방하고,/무력하 게 할 준비가 되어 있었으니까. (…)	포기하시게 마라./자네 스스로 말하지 않았나,/펜으로는 아무것도 이룰 수 없다고,/(…) 연설이 무슨 소용인가./너무 늦었어, 마라./(…)/이 혁명으로 무얼 더 하 겠다는 건가?

30장		마라,/자네를 껴안고 키스하기 위해/ 저기 와 있는 저 여자에게/팜플렛이 나 연설이 무슨 소용인가./(…) (…)성교를 자유롭게 할 수 없다면/이 혁명이 무슨 소용이 있겠나./(…)마라,/가까이 있는 건 당신을 기다리고 있는 이 육체 뿐이야,/(…)/감옥에 있으면서/이 세상은 곧 육체의 세계라는 걸/배웠어,/그리고 모든 육체는 무서운 힘으로 가득 차 있지만,/ 각자가 자신의 불안 때문에 고통을 당하고 있는 거야./
33장	(…)언젠가는 모든 사람이 누구나 공평하게 우리 공동재산의 관리자가 될 때까지 말입니다.	우리는 대화를 통해/서로 상반된 명제를 분명히 하고자 했습니다./그리고 이 명제들을 계속 대립시켜/지속적으로 나타나는 의문을 밝히고자 했습니다./그러나 아무리 애를 써 봐도/우리 연극에서도 결말이 나지 않는 군요./(…)/한편에선 칼과 도끼로/세상을 개혁하고 개선하려는 충동이 있고, 다른 한편에선 자신의 사고력으로 인해,그 개인의 시스템을 파멸시키고 있습니다./그러므로 나는 지금 이 상황에서도 해결하지 못한 질문 앞에 서 있습니다. (…)

작가 바이스는 작품 주해에서 "대부분의 독자는 사드의 극단적 개인주의와 마라의 정치 사회적 혁명사상 사이의 대립에 관심을 가질 것"이라고 말했다. 이는 그의 집필 의도를 어느 정도 밝힌 것처럼 보인다. 그러나 이들의 입장이 반드시 상반된 것이라고 볼 수는 없다.

이 작품이 냉전시대에 출간되고 공연되면서, 마라와 사드는 두 이데올로기의 대표자처럼 되었고, 혁명극으로 해석되어 미학적 장치들은 혁명에 대한 논쟁을 추동하는 힘으로 이해되었다. 그런데 그럴 수밖에 없었던 근거들이 더 있다. 실제 인물 마라는 사회주의의 토대를 세운 사람들 중 하나이고, 바이스는 당시 사회주의를 옹호하고 있었다. 특히 동독 공연 후에 마라의 원칙을 우위에 두어 '최종적으로 도덕적 승리자로서 나타나는 사람이 마라가 아닌 연출은 잘못된 것일지 모른다'고 함으로써 작가의 사상적 편향성 문제가 거론되기도 했다. 당시 동독의 비평가들은 마라를 훌륭한 혁명가를 넘어 "완벽한 인간상"으로까지 격상시켰다. 이에 반해 사드의 혁명관은 무정부적이고 이기적인 성적 방종으로 취급되기도 했다. 기실 바이스는 1965년 사회주의 선언 외에도 함부르크시에서 수여한 레싱문학상 수상소감문 「라오콘 또는 언어의 한계들에 관하여」란 글로 또 한 번 정치적 편향성을 의심 받았다. 바이스는 레싱의 라오콘 비평글 '언어와 형상의 관계'를 언급하며 자신의 정치적 견해와 예술관을 조심스럽게 드러냈는데, 제목은 언어의 한계들이라고 했지만 자신이 한 때 그림에 빠졌던 것을 후회하면서 오히려 형상의 한계를 짚어내고 언어를 통해 이를 극복할 것을 제안했다. 이 일이 있은 후 이 연설을 혹자들은 바이스의 입장변화 즉 사회주의 선언과의 연장선에서 해석했다. 그러나 그 이후 연달아 이어지는 일련의 사건들 -사회주의를 옹호했다가 비방했다가 또 제3의 입장을 취하기도 하는 등- 에서 드러나는 그의 계속되는 입장 변화를 고려한다면 그의 수상소감문은 자신이 특정 이념에 발을 들여 놓지 않고 언제든지 변할 수 있는 가능성을 열어두기 위한 미학적으로 치장된 정치연설이었음을 알게 한다. 결국 이 소감문은 바이스의 정치적입장이 미학적 관점에 투영된 것인데, 마라와 사드의 논쟁에서도 언어와 그림의 관계에서처럼 A의 부족함을 비난하면서 B로서 그 것을 채우려 하지만 B의 부족함이 또 드러나게 되는 상황이 벌어진다. 따라서 상반된 것의 대립이라고 볼 수 없는 것이다. 바이스는 이 논쟁을 자신의 필요에 따라 적절히 활용했다. 동독의 공연에서는 마라의 편을 들고 서독의 공연에서는 사드의 입장을 옹호하는 쪽으로 결론을 내렸으며 또 어떤 공연에서는 어느 편도 들지 않는 제 3의 입장을 취하기도 했다.

작품의 성과

이 작품은 1963년 집필을 완성하여 1964년 초연했다. 당시 서독의 공연계에 큰 반향을 일으켰을 뿐 아니라 연이은 런던(1964년), 파리(1966년)공연에서도 대성공을 거뒀다. 희곡 또한 1969년 주어캄프 출판사에서 159,000부나 출간되었고, 덕분에 당시 스웨덴의 국적을 가지고 있던 바이스는 독일 작가로서 입지를 굳히게 되었다. 이 작품의 성공이유는 여러 가지가 있겠으나 무엇보다도 작품의 내용과 형식이 모두 당대의 경향에 부응했다는 점이다. 1960년대는 서독 뿐 아니라 서방 세계 여러 국가들의 변혁의 시대였다. 사회적 공평성과 성적 자유를 요구하는 이 연극의 주제들은 전쟁(제2차 세계대전) 후 구체제 부활에 저항하는 그 시대적 상황에 시의 적절했다. 따라서 이 공연은 60년대 저항운동의 가장 명백한 표현이었다고 평가되기도 했다. 바이스는 혁명적 연극이라는 독자적인 방식으로 저항에 참여했던 것이다.

공연개요

브레히트와 아르또의 수용

〈마라, 사드〉가 브레히트의 서사극과 아르또의 잔혹극의 영향을 받고 있음은 교과서 내용처럼 굳어져 있는 사실이다. 인물들이 행진하여 등장하고, 해설자가 인물을 소개하고 어떤 사건이 일어날지를 말해 주며, 가수들이 노래로서 설명하고, 이야기가 중단되는 등 서사극의 전형적 형식이 눈에 띈다. 또한 극중극 장치를 활용해 대립과 충돌로서 모순을 인식하는 변증법적 방식을 시도하고, 연극의 결말은 열려있다. 그러나 브레히트가 인식을 통해 교훈을 얻기를 바랐다면, 바이스의 연극은 교훈이 아닌 그 이상의 예술적 목표를 견지하고 있다. 비평가 수잔 손탁은 바이스의 연극을 브레히트와 비교하지 말고, 또 다른 연극으로 받아들여야 한다고 주장했다.[8] 바이스의 희곡에서 논쟁은 부차적인 것이며 예술에서 사상이 다른 용도로 쓰일 수 있다는 점을 주장했다. 그것을 '감각흥분제로서의 사상'이라고 그녀는 말한다. 사상들이 감각의 영역에서 한데 어울려 움직인다는 것이다. 손탁은 브레히트적 요소에 아르또적인 요소가 제대로 융합되었을 때 이를 충족시킬 수 있다고 보았다. 이를 위해 "우리는 새로운 지각방식을 받아들이고 새로운 기술을 고안해야만 할 것"이라며 이것이 융화된 사례로 손탁은 피터 브룩의 〈마라, 사드〉를 꼽았다. 피터 브룩은 이 작품의 논쟁보다 무대언어들을 포착했다. 희곡 〈마라, 사드〉에서의 제사의식과 같은 요소들이다. 배우들의 독특한 발화방식과 몸연기, 청각을 유난히 자극하는 효과음들이다. 또한 운문으로 된 대사는 제사의 주술처럼 읽을 수 있다.

서사극과 잔혹극 결합의 일면은 바이스의 또 다른 연극관과도 상통한다. 그의 초기 희곡 〈손님과의 밤〉의 작업구상노트에 적힌 다음과 같은 내용을 참고할 수 있다.

인형극장은 시장바닥에 세워졌다. 회전목마의 저급한 음악, 호객꾼의 외침, 살인 장면을 그린 울긋불긋한 그림들이 있고 무대 위에는 마술사와 괴상한 인물들이 등장한다. 이런 것이 바로 내가 되살리고 싶은 연극형식이며, 즉 가설무대의 배경을 이루는 몇 가지 구체적인 사항들이다. 『손님과의 밤』은 이런 방향에서 쓰여진 첫 시도이다.[9]

8 Sontag Susan, 이민아 옮김, 『해석에 반대한다』, 이후, 2002, 158쪽.
9 Peter Weiss: Zu Nacht mit Gästen, in: Gunilla Palmstierna-Weiss (Hrsg.): Peter Weiss' Werke in sechs Bänden, Bd. Ⅳ, Frankfurt a.M. 1991, S. 262.

바이스는 어린 시절 장터에서 보았던 인형극을 곧잘 떠올리곤 했다. 장터에 가설무대를 세우고 호객꾼이 소리를 지르며 관중 몰이를 하는 이러한 연극은 관객의 관심을 끌기 위해 무대 위의 움직임과 소리가 자극적이다. 막이나 상하 이동장치와 회전판 같은 것을 활용해 시각적으로도 요란한 무대를 만든다. '카스퍼 연극'이라고 불리는 어릿광대 연극은 대단히 섬세한 몸짓과 언어를 요구한다. 이들이 외치는 시구와 같은 대사, 그리고 잔인한 살인동요는 속도와 음량, 음향을 섬세하게 조절하고 표정과 움직임도 기교적이다. 이러한 가설무대 연극의 특성이 〈마라, 사드〉의 무대에 적용되었다. 해설자 또는 진행자로 번역된 Ausrufer는 장터 연극의 호객꾼에 해당한다.

총체극

브레히트와 아르또의 결합이 추구하는 변화된 지각방식에 대한 고안은 총체극[10]이라는 형식으로 달성 가능하다. 가장 훌륭한 총체연극

---

10 총체극의 사전적 의미는 음악, 무용, 연극 등 다양한 장르와 무대기술이 결합되어 이루어진 공연이다. 연극의 경우 비언어적 요소들이 언어보다 더 활성화 된 연극을 총체연극이라고 불렀다. 이는 이성과 감성이라는 근대의 이분법적 사고에서 벗어나 정신과 육체의 유기적 관계를 탐구하면서 몸에 집중하게 되는 20세기의 산물이다.

그 역사를 짚어보면 관객의 모든 감각을 끌어들이는 것을 목적으로 한 앙토냉 아르또의 잔혹극을 총체극의 출발로 보게 되었다. 그러나 총체극은 또한 과학기술의 공헌으로 발전한 무대기술과 결합된 결과물이다. 이러한 연극은 당시 영상매체의 등장으로 발생될 연극의 위기에 대한 대처 방식이기도 했다. 에르빈 피스카토어는 '총체극장'을 구상하여 무대와 객석이 하나가 되는 통합연극을 시도하고자 했다. 개별적이고 독립적인 것이 아니라 두 개 이상의 요소가 결합되어 어떠한 효과가 발생한다는 점에서 '총체'라는 표현은 이들 모두에게 적절하다. 그러나 아방가르드 예술 운동과 시기를 같이하여 유럽에서 등장한 총체연극은 다양한 장르의 결합이라는 형식적인 실험단계에 머물렀으며 진정한 의미를 도출해 내지 못함으로써 본래의 목적을 달성하지 못했다. 그리고 비언어극에 대한 관심이 증폭되자 많은 연극들이 장르의 융합과 매체활용을 빈번하게 시도함으로써 사실상 총체연극과의 구분이 애매해졌다. 총체연극의 각기 다른 양상들과 그 의도만이 연극사적인 의미를 가질 뿐이다.

으로 평가 받는 페터 바이스의 〈마라/사드〉는 어떤 가능성을 보여주었을까? 대부분의 총체연극들이 피상적인 장르 결합에 그쳤지만 바이스의 〈마라/사드〉는 장르간의 단순한 결합을 뛰어넘어 재료들의 화학적 변화를 유도하고 있다. 각각의 장르가 고유의 성격을 버리고 전체와 뒤섞여 통합적인 효과를 내는 것이다. 이 때 춤이 언어의 효과를 낼 수도 있고 언어가 음악의 효과를 낼 수도 있다. (10,11,12장) 각각 자신의 개성을 버리고 전체를 위해 봉사하는 것이다. 이 같은 작업이 성공적으로 이루어지기 위해서는 연출가의 역량이 절대적으로 중요하다. 각 장르의 특성을 정확히 파악하고 이를 어떻게 변화시킬 수 있는지를 계산해야 하기 때문이다. 〈마라/사드〉의 경우는 작가가 던져놓은 미학적 그물이 중요한 역할을 한다. 바이스는 다양한 매체 실험을 통한 자신의 미적 체험을 정치적 견해와 결합시키고, 언어와 비언어의 상충작용을 적극 활용한다. 아르또적인 요소를 수용하여 감각을 부각시키는 것처럼 보이지만 브레히트의 서사적 기법으로 이를 다시 차단한다.(31장 등)

또한 시간과 공간을 초월하여 인간의 내면세계를 묘사하고자 했다.(26장 등)표현 방식의 확장을 통해 메시지의 힘을 극대화시킨 것이다. 연극을 통해 개인과 역사를 총체적으로 투영하고자 했던 바이스의 총체연극은 이성과 비이성, 논리와 비논리, 합리와 반합리의 관계 속에 존재한다.

2.2. 장면 구성

2막 33장으로 구성되어있다. 1~4장은 발단, 5~32장은 전개부, 33장은 종결의 구조를 지니고 있는데, 전통적인 플롯은 없고 몽타주 기법으로 장면이 나열되며 각 장의 제목들은 내용을 설명한다. 장과

장은 이야기 단위로 나뉘었는데 무대 상연시 암전이 있다가 밝아지는 것이 아니어서 실상 장의 구분을 알아채기 어렵다. 회상이나 환각의 장면 등 시간을 거스르는 부분들은 간혹 해설자가 설명을 하지만 따로 구분이 없다.

일찍이 평론가들은 바이스의 희곡은 완성된 작품이 아니라 '공연을 위한 재료'라고 했고, 〈마라, 사드〉의 경우는 연출가에게 골조만 제공했다는 평을 받기도 했다. 따라서 독자들은 논리적 연결고리를 찾으려 하면 할수록 더 혼란에 빠지곤 한다.

영화적 글쓰기와 몽타주 편집

파편처럼 나열된 장면들은 영화적 편집으로 배치되어 있다. 5장~32장의 전개부를 살펴보면 장면 나열형 몽타주로서 논쟁이 이루어지다가 중단되기를 반복하고, 시간을 되돌리며, 환각의 장면이 튀어나오기도 한다. 이 같은 비논리적인 사건 전개는 바이스가 영화 촬영의 방식을 무대에 적용한 것으로 현실이 아닌 꿈의 논리로 해석 가능하다. 그는 몽타주를 꿈같은 현실, 현실 같은 꿈을 표현하기에 적합한 기법으로 보았다. 그의 저서 『아방가르드 영화』에서 밝히고 있듯이, "논리의 법칙에 따라 구성되지 않는", "입체파의 꼴라주 그림처럼 현실의 파편들을 사용하여" 작업했다. 그의 영화적 글쓰기는 초기의 산문에서 나타나 후기의 소설에서 정점을 찍는데, 희곡 중에서는 초기 희곡 〈보험〉과 〈마라, 사드〉에서 두드러진다. 〈보험〉에서는 무대 위에 동시에 여러 장면이 연출되고 조명이 꺼진 곳에서 공연을 하는 등 연극무대의 관습을 깨며 영화 카메라의 오버랩이나 클로즈업 등을 무대에서 실현하고자 했다. 또한 여기에는 인간의 본능적 욕구를 거침없이 표현하는 비이성적이고 비논리적인 인물들을 등장시키고 환상적인 무대효과도 동원했다. 이것이 〈마라, 사드〉에서는 광기의 공간, 광인들의 무대를 만들게 된다. 따라서 마라와 사드의 논쟁 역시 논리적이지 못하며 팽팽하게 대립하지 않는다.

상자기법

이 연극의 구조는 극중극 형태를 취하고 있다. 연극 속에서 연극이 공연된다. 1881년 샤렝통 병원에서, 1793년에 일어난 사건을 공연한다. 두 개의 시간을 오가며 이야기가 진행되는데, 등장인물들은 또 현재의 관객에게 말을 걸므로써 마치 세 개의 시간을 오가는 것처럼 보인다. 이를 상자기법이라고 말할 수 있다. 오늘날의 공연에서는 자주 활용되고 있어서 기법 자체를 이해하는 것은 어렵지 않을 것이다. 다만 바이스가 왜 이런 방식을 활용했는지를 알아보는 것이 중요하겠다.

작품 속 사드는 극중극의 의도를 자신의 명제와 마라의 명제를 대결시켜 의문을 밝히는 것이었다고 고백한다. 이는 곧 작가인 사드(샤렝통 병원의 사드)가 배역 사드와의 분열을 통해 자신의 인물 마라와 대결하는 것이다. 바이스는 그의 소설 『저항의 미학』에서도 이와 같은 글쓰기를 시도했는데, 서술하는 나와 등장하는 나가 분열된 이중 역할이 그것이다. 따라서 사드는 바이스의 제2의 자아로서, 작가 사드와 인물 사드로 분열되어 작가 사드가 마라를 이용해 인물 사드와 대결시킴으로써 결국 내적 분열을 보여주게 된다.

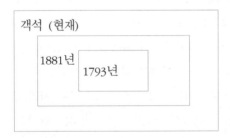

해설자는 현재와 1881년 샤렝통 공연을 넘나든다. 아래의 대사는 연극이 공연되는 시점에서 동시대 관객에게 하는 말이다.

24장 해설자: 급히 몇 마디 첨가해야겠습니다./(…)/저런 건 우리시대 와는 물론 상관도 없는 일이니까요. 차라리 입을 다물고 있는 게 낫겠다구요?

그러나 언젠가는 일어날 수 있는 일을 우리는 여러분께 보여드리 고 싶을 뿐입니다.

26장 해설자: (…)커피나 맥주를 드신 후 오시면/저기 욕조 속에 있는 저 사람을 다시 보시게 될 겁니다.

33장 해설자: 계몽된 시대를 살고 계신 존경하는 관객 여러분, 이렇게 과거를 바라보았던 눈길을 이제 현재로 돌려볼까요?

장별 주요 내용을 정리하면 다음과 같다.

	장면	내용
1막	1. 등장행진 2. 프롤로그 3. 무대 정렬 4. 소개	등장인물들이 행진하듯 등장하고 관객들도 정렬시 키면서 시작된다. 해설자가 등장인물을 소개하고 어 떤 사건이 벌어질 것인지를 예고한다.
	5. 마라에게 바치는 충성 서약	네 명의 가수와 환자들이 마라에게 월계관을 씌우고 욕조에서 끌어내 어깨 위에 앉혀 무대를 한 바퀴 돈다.
	6. 소요진압	환자들의 소요가 일어나고, 루가 선동을 하여 이들 을 부추기는데 병원장 쿨미에가 등장하여 진압한다.
	7. 코르데가 자신을 소개 하다.	기면증 환자인 코르데역의 배우가 수녀들의 부축을 받으며 등장한다.
	8. 내가 혁명이다.	욕조에 들어 앉아 프랑스 국민에게 호소할 연설문을 쓰면서 마라는 온몸을 긁는다. 물이 새빨갛게 변했 고 시몬느는 계속 그의 머리 수건을 갈아준다.
	9. 코르데의 첫 번째 방문	해설자의 지시에 따라 코르데는 마라의 집을 방문한 다. 그녀가 마라의 욕조에 다가가 칼을 꺼내들고 내 리칠 자세를 취하자 사드가 말린다.
	10. 코르데의 파리 도착 에 대한 노래와 무언극	시간이 뒤로 흐른다. 코르데가 시골에서 막 올라와 칼을 사는 장면이 나오고, 환자들의 죽음의 무도와

	11. 죽음의 승리	사형수들을 실은 수레의 등장. 처형장면이 무언극으로 이루어지며 머리가 하나씩 떨어져 나뒹군다. 쿨미에는 이런 공연은 환자들에게 도움이 안된다며 중단할 것을 요청하지만 사드는 이 말에 반응이 없다.
	12. 죽음과 삶에 관한 대화	희생자들이 단두대 앞에 무릎을 꿇고 사드는 다미엥의 처형장면을 말로써 상세히 묘사한다. 이 장면은 수녀들의 연도소리와 함께 제사의식처럼 진행된다.
	13. 마라의 예배의식	마라는 신부들도 불의를 보고 입을 다물고, 가난한 사람들의 동전 한 닢까지 털어 영주들과 퍼먹으며 사람들에겐 십자가에 매달린 그 분처럼 고통을 참으라고 말한다며 비난한다. 마라가 독백을 하는 중에 교회의 비리를 폭로하는 무언극 행렬이 등장한다. 그러자 쿨미에가 일어나서 소리치며 교회가 국민에게 얼마나 도움이 되는 지를 말한다. 해설자는 관객에게 이 장면을 불쾌하게 여기는 사람이 있다면 화를 풀라고 양해를 구하면서 이것은 과거의 문제라고 강조한다.
	14. 애석한 돌발 사건	무대 뒷면에서 환자 한 사람이 신부 복장을 하고 발작을 하며 뛰어나와 주기도문을 조롱한다. 해설자는 이 환자가 예전에 유명한 전도사였으며 유명한 수도원 원장이었다고 관객에게 말한다.
	15. 마라와 사드의 대화 계속	
	16. 민중의 반응	네 명의 가수가 노래로서 민중을 대변하며 마라에게 혁명을 재촉한다.
	17. 코르데와 뒤페레의 첫 번째 대화	코르데가 수녀들과 뒤페레의 부축을 받으며 앞으로 나온다. 코르데와 뒤페레가 의식을 갖춰 인사한 후, 해설자는 코르데가 뒤페레에게 충고와 위안을 얻길 바란다고 말하지만 색정광 환자가 분한 뒤페레는 이 상황을 이용하여 코르데를 애무한다. 뒤페레는 코르데의 계획을 막으려 하고 코르데는 자신의 결심을 확고히 말한다.
	18. 사드, 모든 국가를 경멸하다	사드는 혁명의 허망함을 말한다. 그러나 마라는 혁명의 취지가 왜곡되었음을 한탄 한다.
	19. 자크 루의 첫 번째 선동	자크 루의 선동은 곧 사드와 마라의 대결을 부추기는 역할을 하고 있다. 이 때 이를 반박하는 사드와 가세하는 마라의 대사 속에서 그들의 혁명관이 드러난다.
	20. 자크 루의 두 번째 선동	
	21. 채찍 맞는 사드	사드는 와이셔츠를 찢고 등을 내밀며 코르데에게 채찍으로 자신의 등을 내려치게 하며 자신이 혁명에 가담했으나 그 대열에서 빠져나온 이유를 설명한다.
	22. 가엾은 마라, 박해와 야유를 받다.	마라의 시야가 점점 흐려지고 열이 난다. 연설문조차 쓰기 힘들 정도로 건강이 안좋다.
	23. 코르데와 뒤페레의 두	해설자는 지금까지의 무거운 분위기를 환기시키기

	번째 대화	위해 가벼운 이야기를 보여주겠다고 관객에게 말한다. 뒤프레는 부축을 받으며 등장한 코르데의 온몸을 더듬는다. 이 에로틱한 장면에서 그들이 나누는 대사는 자유와 평등이 있는 좋은 세상을 꿈꾼다는 것이다.
	24. 유포되고 있는 거짓말	마라는 가진 자들이 복지사회가 오고 있다고 거짓말하는 것을 믿지 말라고 경고한다.
	25. 코르데의 두 번째 방문	코르데가 마라의 집에 두 번째로 방문한다. 코르데가 마라를 만나고자 하지만 시몬느가 이를 저지하고 코르데가 전달한 편지도 찢어 버린다.
	26. 마라의 환각	현실이 아닌 마라의 환각 장면으로, 마라의 부모, 교사, 학자, 성직자, 군인, 신흥부자 등이 등장하는데, 그들 중에는 화학자 라브와지에와 볼테르도 있다. 그들은 모두 마라의 부정적인 이력을 설명한다. 그들의 등장 이후, 해설자는 현재의 관객에게 휴식을 알린다.
2막	27. 국민회의	무대는 프랑스 의회를 재연하여 사드 주변 오른쪽은 지롱드 당을, 왼쪽 마라의 욕조 주변은 자코뱅당을 나타낸다. 여기서 마라가 살해되어 하지 못했던 연설을 하게 된다. 주요 내용은 어떤 사람이 호민관으로 선출되어야 하는가이다. 마라의 추종자와 반대자가 충돌하면서 무대는 아수라장이 된다.
	28. 욕조 속에 있는 가여운 마라	
	29. 세 번째 방문 준비	코르데는 마라를 살해하기 위해 세 번째 방문을 준비하고 뒤페레는 코르데의 마음을 돌리려고 애를 쓴다. 코르데가 마라의 집에 찾아가 문을 두드리고, 사드는 마라의 욕조에 다가간다.
	30. 코르데의 세 번째이자 마지막 방문	
	31. 중단	코르데가 마라를 찌르기 위해 칼을 높이 쳐드는 순간 호각 소리가 나며 연극이 중단된다. 해설자는 마라가 죽기 전에 자신이 죽은 후에 무슨 일이 일어날지를 알아야 한다고 설명한다.
	32. 암살	해설자가 지시봉으로 신호를 하자, 코르데는 팔을 높이 들어 올렸다가 힘차게 내리쳐서 단검을 마라의 가슴에 꽂는다. 환자들이 비명을 지른다.
	33. 에필로그	해설자는 죽은 마라를 다시 불러 등장시킨다. 마라는 자신은 죽은 몸이니 더 이상 자신의 말은 효력이 없다고 하면서 자신은 한 번 자신의 행동에 주인이었음을 고백한다. 그러나 자기가 가르쳤던 것은 그대로 남아서 뒤를 따르는 사람들이 계속 그 일을 해나갈 것이라고 말한다. 코르데는 우리의 이상은 같으나 선택했던 단어가 각자 다르게 해석되었기 때문에 서로 일치할 수 없었다며 우리는 모두 자유를 원한다고 말한다.

〈마라, 사드〉 69

| | | 환자들이 미쳐 날뛰고 쿨미에는 남자 간호사들에게 폭력으로 진압할 것을 지시한다. 사드는 의자 위에 당당히 서서 승리의 웃음을 웃는다. 쿨미에는 당황하며 막을 내리라는 신호를 보낸다.
루: *(환자들과 가족들에게)* 너희가 바르게 보는 법을 언제 배우겠느냐./너희가 언제 가야 바르게 이해할 수 있겠느냐.
마지막에 루의 대사는 의미심장하다. 어느 누구의 편도 들지 않으며 민중에게 외친다. |

2.3. 인물분석

　인물들은 실존 인물을 모델로 하고 있다. 그러나 사드와 쿨미에를 제외한 인물들은 극중극의 역할로서 작가 사드의 상상력의 산물이다. 그들은 마라와 사드의 대결을 중심으로 대립 또는 중재의 기능을 한다. 마라를 지지하는 루와 사드를 지지하는 코르데, 그리고 사드의 지시에 따라 공연을 움직이는 해설자, 공연을 감시하는 쿨미에, 이들의 상황을 노래하는 코러스로 나뉜다.

　장 폴 마라 집권적 혁명주의자, 49세 편집증 환자가 이 역을 맡는다. 피부병으로 온몸을 긁어서 욕조는 핏물로 가득 차 있는데, 죽는 순간까지 프랑스 국민에게 전할 연설문을 쓴다. 욕조 속의 마라는 혁명의 광기를 여실히 드러내는 인물이다. 마라는 혁명의 표상처럼 드러난다. 그러나 왜곡된 혁명에 대한 한탄과 자신의 의지대로 되지 못하는 것에 대한 회한이 드러나는 부분들을 짚어보면 마라는 실상 작가 사드의 제2의 자아임을 확인할 수 있다.

　마르퀴 드 사드 심미적인 인물로서 절망적이며 체념적이다. 그러나 실존 인물 사드 후작으로 착각하는 것은 곤란하다. 사드는 연극의 연출자이자 해설자로서 마라를 설득하여 인식의 변화를 추동하고자 하는 브레히트적인 인물이다. 그의 대사 속에서 열거하는 잔혹한 언어, 채찍으로 맞는 등의 가혹 행위 조차도 설득을 위한 도구가 된다. 그렇기 때문에 사드는 냉정한 지식인의 모습으로 오히려 마라의 혁명적 열광을 광기로 바라보는 여유를 보이고 있다. 이 작품의 사드는 작가(바이스)의 제2의 자아로서 마라를 통해 자신의 분열된 입장과 맞서본다.

사드의 견해는 기득권자들은 시스템이 흔들리는 것을 원치 않고, 항상 부족한 사람들이 뭔가 바꿔보려고 혁명의 대열에 참가하지만 곧 변한 게 없다는 걸 깨닫게 된다는 것이다. 따라서 그는 혁명의 무의미함을 주장하고, 인간의 내면에서부터 이루어지지 않는 혁명은 필요 없다며 육체의 해방을 주장한다. 사드의 육체에 대한 해방의 부르짖음은 개인의 욕구와 관련된 것만이 아니라 사회적 차원에서의 억압적인 규범에 의해 강요당하는 육체를 의미한다.

샤를로트 코르데 신비주의 혁명가, 프랑스 혁명 당시 지롱드당 지지자였던 실제 인물 코르데는 동료당원들을 단두대로 보낸 마라를 죽이기로 결심하고 칩거 중인 마라의 집을 찾아가 칼로 살해했다. 그러나 사드의 공연에서는 그녀를 혁명의지가 있는 여인으로 만들지 않고 시골 수녀원에 있다가 올라와 정념에 끌려 마라를 살해하는 것으로 만든다. 코르데를 기면증 환자가 분하게 하여 매번 졸고 있다가 수녀들의 부축을 받아 해설자의 지시대로 마치 인형처럼 움직인다. 애로티시즘과 동시에 희생자의 형상을 함께 보여준다.

뒤페레 코르데의 연인 역할인데 색정광 환자가 이 역을 맡는다. 신사처럼 굴다가 갑자기 자기 역할을 이용하여 코르데를 애무한다. 코르데를 설득하여 마라에게 가지 못하게 하려고 하지만 이내 욕정에 사로잡혀 정신이 없다. 사드는 이 인물을 등장시킴으로써 코르데의 또 다른 욕망을 끌어내보려 한다.

쟈끄 루 전직 신부였고 급진주의자다. 환자복에 승려들이 입는 망토를 걸치고 있는데 그 안에 고문조끼를 입고 있어 행동에 제약을 받는다. 고문조끼는 이 역할을 맡은 배우가 정신질환자가 아닌 정치범이라는 걸 알 수 있게 한다. 루는 틈만 나면 마라의 편을 들어 혁명을 지지하고 소요를 일으키도록 선동한다. 따라서 동독의 비평가들은 루를 마라의 제2의 자아로 해석하기도 했다. 마라가 이론가라면 루는 실천가라는 것이다. 그러나 사드는 루의 승려복을 빗대어 루의 진면목을 지적한다. 사드가 올리는 공연에서 루는 '사이비 루'로 패러디 되고 있다.

> 사드: 브라보, 자끄 루./자네 승려복은 내 취향에 꼭 맞아./그 옷은/자루 속에 숨어 있다가/좋은 기회엔 튀어나오고,/필요할 땐 재빨리 숨어버릴 수 있는/최고의 의상이야./(…)/좋은 보호색이지.

쿨미에 나폴레옹 체제를 찬양하며 자칭 박애주의자다. 1803년 사드가 샤렝통 요양원에 감금되었을 때 이 병원의 원장이었다. 그는 환자들의 치료를 위해 병원에서 연극을 자주 상연했다. 혁명극의 상연도 허락하긴 했으나 무대를 항상 지키며 혁명이 진전되는 이야기는 저지했다. 그렇다고 해서 사드의 입장에 동조하는 것은 아니다. 그는 혁명의 원칙들을 거부하고, 사회적 안정과 계층의 조화를 원하는 보수주의자였다. 그가 목욕실을 공연 장소로 선택한 것은 사회적 안전을 위한 상징으로서 위생을 꼽기 위해서다. 혁명의 박테리아에 대항에 싸우기 위해서다.

4명의 가수와 5명의 악사들 네 명의 가수는 베이스, 바리톤, 테너, 소프라노 각 파트는 계급을 상징한다고 되어있고 이들 중 로시뇰은 프랑스 혁명 당시의 비밀결사대원으로 설정되어있다. 노래를 부르고 익살을 떨고 무언극을 한다. 이들 역시 장터연극의 장똘뱅이 가수들에서 착안되었다. 가수와 악사들은 이 공연에서 마라의 입장을 강하게 하면서 또한 왜곡시키기도 한다. 특히 환상적이거나 잔혹한 장면에서 이들의 기능이 중요하다. 그러나 그들은 소리만 내는 것이 아니라 이 연극의 보고자로서 공연을 지탱하고 있다.

환자들 이 병원에 수용된 환자들이 군중의 역할과 환자의 역을 한다. 무언극, 목소리, 합창을 맡게 된다. 작가는 이들이 모두 정신병자가 아니며 정치범들도 수용되어있다는 점을 말해주기 위해 환자들 중 몇몇은 연극의 사건을 유심히 관찰하도록 지시한다. 이들은 주로 마라의 입장을 옹호하는 군중들로 등장하지만 자주 소요를 일으켜 논쟁을 중단시키고 사건을 비논리적으로 흐르게 만든다. 질서를 깨고 혼란을 부추기는 역할을 한다.

해설자(진행자) 손에 지시봉을 들고 이를 활용하여 작가인 사드의 지시를 수행한다. 해설자는 샤렝통 공연의 해설자이지만 현재의 관객에게도 이따금씩 말을 건넬 수 있다.

쿨미에 부인과 딸 특별한 역할은 없다. 객석에 앉아 쿨미에 의견에 동조한다. 작가는 이들에 대해 부티나는 복장을 입히라고만 지시했다. 브루주아를 대표하는 역할로 보면 될 것이다.

3. 희곡 질문하기

1) 마라와 사드의 논쟁의 요지를 정리해 보자.
2) 마라와 사드의 논쟁을 동시대적 관점으로 옮겨 놓는다면 어떤 입장을 대변한다고 볼 수 있을까?
3) 마라와 사드의 공통점을 찾아보자.
4) 그들의 대사 중 찬성 또는 반박할 부분을 골라서 자신의 의견을

대사로 써보자.

5) 정신병원과 마라의 욕조가 의미하는 것이 무엇일지 각각 답해
보자.

4. 공연사에서 주요 작품

4.1. 서양 공연사에서 주요작품

1964년 4월 29일, 서베를린 쉴러극장, 콘라드 스빈나르스키 연출
〈마라, 사드〉의 초연이다. 앞서 언급했듯 극찬을 받은 공연이다.
바이스가 직접 무대 도안을 그렸고 그의 부인이 의상을 맡았다. 이
때문에 초연 무대는 연출가들에게 교본처럼 받아들여졌다. 환자들은
흰옷을 입고 쿨미에와 그의 가족은 화려한 옷을 입었다. 네 명의 가
수와 해설자의 옷은 부분적으로 각양각색의 조각무늬를 넣어 각각
특징을 나타냈다.

환자들이 앉는 합창단석은 하얀 창살로 막아 무대와 격리되어 있
고, 쿨미에와 그의 가족이 앉는 관객석이 따로 마련되어있다. 엄격하
게 분리되고 정리된 무대였다. 사건은 사드가 지휘하는 극중극 중심
으로 진행된다. 마라와 사드의 논쟁이 팽팽하다. 이 공연 후 수많은
비평가들이 무한한 감격을 받았다고 평했다. 당시 평론가들은 1945
년 이후 초연된 그 어떤 공연보다도 관객의 반응이 뜨거웠다고 전했
다. 하지만 당시로선 낯선 형식의 이 공연에 대해 많은 질문들이 던
져졌다. 공연의 배경이 목욕실인 이유가 무엇인가? 마라와 사드의 결
말 없는 대화는 연출가가 방향성을 잃은 것이 아닌가? 형식에 덮여
논쟁은 잘 드러나지 않는다며 이 공연은 골조만이 유용할 뿐이라는

등의 평이 붙기도 했다.

1964년 8월 20일, 런던, 피터 브룩 연출

스빈나르스키의 공연과 대조되는 공연이다. 무대는 열려있다. 극
중극공간을 따로 구분하지 않았다. 무대 배면에 양동이, 난로 조각,
파이프, 사슬 등이 널려있다. 배우들은 등장하여 극중극을 관람하는
관객이 되어 기다린다. 쿨미에와 그의 가족은 극장의 객석에 앉았다.
마라는 금속 욕조에 기진맥진해서 앉아 있고 늙은 사드의 독백이 장
시간 이어지는데 광인들의 요란한 몸짓과 소리에 사드의 대사는 잘
들리지 않는다. 초연에서 보여준 팽팽한 논쟁은 없다. 웅장한 무대와
음향으로 관객의 인식대신 감각에 호소한다. 충격적인 처형장면은
한동안 회자되었는데, 머리들이 나뒹굴고 양동이로 피(붉은 페인트)
를 들이붓는 장면 등이다. 4명의 가수들도 광인처럼 흐느적거리며 흥
얼거린다. 가장 큰 변화는 마지막 장면이다. 환자들이 난동을 부려
쿨미에는 도망가고 루도 붙잡혀 밟힌다. 무대는 난장판이 되고 환자
들이 관객을 향해 공격하려는 시점에 호루라기 소리가 나며 소요가
멈춘다.

피터 브룩이 원작의 진가를 살렸다는 찬사 속에서 과도한 육체성
이 대사를 압도한다는 비난도 들려왔지만 이 공연은 〈마라, 사드〉를
연극사 속에 길이 남게 했다.

4.2. 한국 공연사에서 주요작품

페터 바이스는 국내 연극계에 잘 알려진 작가는 아니다. 독문학계
를 중심으로 번역, 연구된 그의 작품이 간헐적으로 공연되는 정도였
다. 그러나 현대의 고전이라 불리는 〈마라, 사드〉는 그 방대함과 난

해함으로 인해 공연이 쉽지 않음에도 대학의 무대에서 큰 관심을 보여 왔다. 프로무대의 대표적인 공연으로는 2009년 서울 시극단의 라이센스 공연과 극단 풍경의 공연을 들 수 있다. 한 해에 연달아 올라간 두 공연은 해석과 미학적 스타일이 상반되어서 이 작품에 대한 이해의 폭을 넓히는 데 도움이 되었다.

2009년 5월 29일~6월 14일, 서울시극단, 박근형 연출

먼저 시극단의 경우를 살펴보면, 2009년 세종문화회관 M씨어터에서 박근형 연출의 라이센스 공연으로 관객의 기억에 오래 남는 대단히 시의적인 사건이 되었다. 박근형은 연출의 글에서 "페터 바이스를 대변하거나 그의 이야기를 하려는 것이 아니라 이 땅의 우리의 얘기를 하려는 것"이라고 했는데, 이 공연의 초연 날 공교롭게도 노무현 전 대통령의 장례식이 있었다. 해설자 역을 맡은 배우는 가슴에 상장(喪章)을 달고 공연을 진행했고, 에필로그에 죽은 마라가 다시 등장하는 부분에서는 무대에 수많은 촛불이 밝혀졌다. 마라는 민중의 영웅이 되어 휘날레를 장식했다. 원작의 기본 흐름을 따라갔으나 마지막 장면에서 '마라'의 입장을 선택한 것이다. 누가 뭐래도 이 연극은 시의 적절하게 정치적 함의를 품고 바이스의 근본정신을 이었다. 형식 미학적인 부분에서는 냉전시대의 경직된 이분법을 답습하고 있었다. 연출가 박근형이 이따금씩 보여주는 그로테스크함도 이 공연에서는 보여주지 않았다. 아르또적 제의가 아니라 제식 행사 같은 헌정 공연처럼 느껴졌다.

(사진 제공: 세종문화회관)

사상적 대립에서 마라의 승리로 끝나는 연극, 그리고 관객이 재밌
게 볼 수 있었던 공연으로 기억된다. 이 공연을 재미있고 무난한 연
극으로 만드는데 크게 기여한 것은 음악이다. 100% 창작곡으로 대부

분 뮤지컬 요소를 지녔다. 작곡자는 "기본적으로는 시대음악의 느낌을 기초로 했지만 연극적인 음악, 제의적인 음악을 만들고자 했다."고 했으나 제의적 요소는 약했고 상당히 대중적이고 안정적인 음악이었다.

21세기 〈마라, 사드〉의 좀 더 새로운 형식을 기대했다면 실망스러울 수 있다. 그러나 불평등 구조를 개선하려는 노력, 자본주의의 폭력성에 대항하는 바이스의 의지가 확실하게 관철된 공연이었다. 연출적 의지를 명료하게 드러내며 과거 공연사의 한 면모를 이 시대에 보여준 것이다. 그리고 이 공연은 역사적 사건과 함께 마라 사드 공연사에 각인되는 수작임을 부인할 수 없게 되었다.

2009년 10월 8일~10월 18일, 극단 풍경, 박정희 연출

극단 풍경은 아르코 소극장에서 무대를 중심으로 객석을 서로 마주보게 배치했다. 관객참여를 적극적으로 유도했다. 환자들은 관객에게 사탕을 나눠주는 등 소통을 시도했고, 관객들은 반대편 관객과 마주보며 관극을 해야 해서 자신 또한 누군가에게 노출된 상황임을 공연 내내 의식해야만 했다. 결말부분에 관객들에게 투표를 시켰다. 자신이 마라의 입장에 찬성하는지 사드의 입장에 찬성하는지 양면의 색깔이 다른 종이를 나눠주고 그것을 들어서 표시하게 했다. 영사막을 설치해 동시대 사건들을 상영하며 이 공연의 시의성을 부각하려했으나 이에 대한 반응은 좋지 않았다. 당시 사드 역을 맡은 남명렬의 대사는 제의적 주술이라기보다는 장광설에 가까웠고, 사드의 분신이랄 수 있는 마라의 대항이 너무 미약하여 마라는 마치 폭도들의 대장처럼 묘사되기도 했다. 하지만 전통적인 무대 답습을 회피하고 작가의 진의에 좀 더 다가가면서 동시대적 형식미학과 쟁점을 시사한 실험성은 크게 돋보였다.

‖ 참고문헌 ‖

1차 문헌

Weiss Peter, *Werke in Sechs Bänden*. Hrsg. v. Suhrkamp Verlag in
　　Zusammenarbeit mit Gunilla Palmstierna-Weiss. Frankfurt a. M.
　　1991.
　　　　　　　, *Notizbücher 1960~1971*, Frankfurt a.M. 1982.
　　　　　　　, "Avantgarde Film", In: Ders.: *Rapporte*, Frankfurt a.M. 1968
　　　　　　　, *Rapporte 2*. Frankfurt a.M. 1971.
　　　　　　　, "Über die Inzenierung des *Marat/Sade*", In: *Materialien zu Peter
　　Weiss Marat/Sade, Frankfurt a.M. 1979.
　　　　　　　, 최병준 옮김, 〈마라/사드〉, 예니, 2004.

2차 문헌

Beat Mazenauer: "Staunen und Erschrecken, Peter Weiss' filmische Ästhetik",
　　in: Martin Rector und Jochen Vogt (Hrsg.): *Peter Weiss Jahrbuch*. Bd.
　　5, Opladen 1996.
Best Otto F.: *Peter Weiss. Vom existentialistischen Drama zum marxistischen
　　Welttheater*. Eine kritische Bilanz, Bern und Mün chen 1971.
Heidelberger Irene Leonard(Hrsg.), *Peter weiss: neue Fragen an Alte Texte*,
　　-Opladen: Westdt. verlag., 1994
Hofmann Michael, "Die Versicherung", In: Martin Rector und Christoph Wei β
　　(Hrsg.): *Peter Weiss`Dramen. Neue Interpretationen*, Opladen 1999.
Sontag Susan, 이민아 옮김, 『해석에 반대한다』, 이후, 2002.
Taberner-Plat Josemaria, *Über den „Marat/Sade" von Peter Weiss: Artistische
　　Kreation und rezeptive Mi β verständnisse*, Stuttgart: Akademische
　　verlag Hans-Dieter Heinz, 1976.

문광훈, 『페르세우스의 방패』, 고려대학교 출판부, 2012.
서지영, 「저항의 연극 연극의 저항, 페터 바이스의 총체연극」, 『시민 연극』,

2009 spring Vol. 26.

_____, 「페터 바이스의 초기드라마에 나타난 총체연극적 특성 연구」, 중앙대 박사학위논문, 2003.

_____, 「한국 무대의 독일 기록연극」, 『브레히트와 현대연극』, 제32집, 한국브 레히트학회, 2015.

다리오 포의 〈미스테로 부포〉*

장지연

1. 작가와 작품

다리오 포(Dario Fo, 1926~2016)는 20세기 후반기 이후 현재까지
도 왕성한 활동을 하고 있는 이탈리아의 대표적 작가다. 그를 일컬어
사람들은 총체적인 의미의 연극인이라고 칭한다. 그것은 그가 극작,
연출, 무대 의상, 안무 등과 더불어 배우로서의 역할을 모두 한꺼번
에 해내기 때문이다. 바레제 지방의 산지아노에서 역장인 아버지와
농부인 어머니 사이에 태어난 그는 원래 건축학을 공부하다가 브레
라에서 무대장치를 배우고 관심을 공간, 특히 무대로 집중시켰다. 대
학 때에는 생계를 위해 전시회장의 세트를 장식하는 보조사 노릇을
하기도 하였는데, 새벽 4시 반에 일어나 흔들리는 기차를 타고 다니
며 착취가 무엇인지를 피부로 느끼기 시작했다고 한다. 그리고는 14
세기로부터 16세기에 이르는 이탈리아 르네상스 시기의 회화법과
16세기와 17세기의 주된 연극의 흐름이었던 콤메디아 델라르테
(commedia dell'arte)에 대해 열중하다가 연극에 구체적인 흥미를 갖

---

* 이 글은 필자의 졸고, 「다리오 포의 '미스테로 부포 *Mistero Buffo*'에 나타난 풍자
성 연구」, 『이탈리아어문학』 26집(2009)에 실린 내용을 일부 요약 정리하고 일부는
첨가하여 작성한 것임을 밝힌다.

고 방향을 전환한다.

이후 그는 우리 현실 사회의 이슈들을 끌어내 요절복통할 코미디 형식으로 그러나 날카롭고 무게 있게 정치적 풍자를 가해댄다. 그리고 프롤레타리아 운동, 학생운동, 노동운동 등 흔히 정치권에서 터부시하는 문제들과 마약, 마피아, 권력자와 마피아의 결탁에 관한 문제, 타락한 성직자에 대한 공격 등 당대의 생생한 소재들을 꾸준히 다루어 관객의 흥미와 호응을 이끌어냈다. 정치적 노선에 일관성이 없는 정당의 마구잡이식 타협주의에 반대하고 자신이 확신하는 바대로의 정치적·사회적 참여를 한 포는 이탈리아 정부, 민중 위에 군림하는 경찰, 검열관들 심지어는 바티칸과도 수많은 충돌을 빚을 수밖에 없었다. 그는 '극이 노동자와 프롤레타리아 편에 선 정치적 수단이 될 수 있다고 믿는다. 그러나 예술과 이데올로기의 관계에 대한 한 질문에 대해 어느 하나가 종속되어 있거나 아니면 두 가지가 각각 독립적으로 존재한다는 식의 개념은 위험한 것이라고 한다. 예술을 정치, 철학, 이데올로기로부터 분리할 수는 없으며 예술은 삶의 요소들과 강하게 관계를 맺고 있어야 하고 따라서 순수한 예술이란 존재하지 않는다는 것이 그의 대답이다. 하지만 염두에 둘 것은 정치 자체가 아니라 정치적 논리라는 점을 강조하고 싶다'[1]고 한다.

포는 흥행의 성공을 보장해주는 당시의 제작 배포 체계의 조건에 따르며 한때 금전적인 성공을 거두기도 한다. 그러나 이러한 기존체제하의 상업적 흥행성과는 곧 단절을 고한다. 그의 관객층의 80%는 대부분 젊은이들이었으며 60년대 그는 젊은이들만이(부패한 장년층에 반해) 이탈리아에서의 살아있는 유일한 대중이라고 칭하기조차 하였다. 많은 배우들이 어느 한 층의 관객이라도 잃는 것을 두려워하

---

1 Fo, Dario. *Fabullazzo*, Milano: Kaos Edizioni, 1992, pp.373~374.

여 모든 층을 다 만족시키고자 어떠한 장르라도 받아들일 태세지만 포는 그러한 것은 가능하지 않다고 여겼다. 대중은 무엇보다도 일관성을 선호한다고 하며, 실제로 65년에 포는 다른 어떤 쟁쟁한 극단들보다도 많은 횟수의 공연을 했고 높은 수입을 거뒀음을 발표하고 있다. 그의 70편이 넘는 작품들 중 많은 문제들이 노동자나 관객들이 직접 요청하여 다루어진 작품들이다. 한 크리스탈 컵 생산 공장은 위기에 빠져 물건이 팔리지 않게 되자 그에게 도움을 요청하게 되고 광장에서 공연이 이루어졌다. 공연이 끝날 때 쯤 트럭 두개에 쌓아놓았던 만여 개의 컵이 삽시간에 다 팔렸다고 한다. 포는 시내중심가 극장에서 행해지는 극이나 흥행성으로 인정받는 극이라는 타이틀을 거부하고 '자신의' 관객-연극을 전혀 모르는 관객이라 할지라도 들을 찾아 순회공연을 실시하며, 그들 마음속에 들어있는 정치적 테마들을 다루기 위해 교외의 야외나 협동조합, 작업장, 공장 현관 입구, 천막 등을 공연장으로 선택했다. 관객을 모으려고 호객행위를 할 필요도 없었다. 극단은 검열과 강제진압을 피하기 위해 협동조합이나 순회공연장에서 조직되었으며 매 공연마다 토론이 이어졌다.

70년에는 공산당에서 나와 '라 코무네'를 조직하여 활동하였다. 이 극단의 목적은 무엇보다도 당면한 정치적 상황을 반영하는 극을 만들어 권력을 쥔 자들을 드러내고 사회의 부정과 압제를 다루는 것이다. 풍자 형식을 통해 빛을 발하는 그의 극들은 사람들을 웃기면서도 한편으로 이성적으로 만든다. 극 속에서 배우들은 늘 시민권, 여성운동, 감옥에 갇힌 자들의 권리를 위해 투쟁하는 사람들과 뜻을 같이 한다. 73년에는 파시스트 그룹에 의해 포의 부인 프란카 라메가 납치되어 집단 강간을 당한 일이 있었다. 그러나 포와 라메는 이에 굴하지 않고 꾸준히 그들의 노선을 유지해왔다. 그러한 정치적 성격과 좌익 활동으로 인해 포와 라메는 1980년에 미국 입국 비자를 거부당하기도 했다. 1984년에야 미국정부는 이들에게 잠깐 동안의 뉴욕 방문을 허락하여 포의 작품 〈어느 무정부주의자의 사고사, Morte accidentale di un anarchico〉(1970)가 공연되는 걸 보도록 해 주었다. 이 극은 그의 가장 유명한 작품 중 하나로서, 취조를 당하던 중 밀라노의 경찰서 창문에서 떨어져 죽은 한 철도 노동자의 실제 이야기에 기초한 것이다. 그 노동자가 심문을 받다가 자살을 했다는 발표로 사건을 은폐 조작한 당국을 질책하며 민중들에게 두려움의 대상인 경찰을 신랄하게 풍자하는 내용으로 70년대 이탈리아의 상황을 거의 그대로 그리고 있다.

또한 포의 가장 빛나는 작품으로 꼽히는 〈미스테로 부포, Mistero Buffo〉(1969)는 그의 재능을 의심할 여지없이 빛나게 하고 이탈리아와 해외에서 지속적인 성공을 안겨준 의미 있는 걸작이다. 그러나 타락한 가톨릭 교회를 풍자하는 내용의 이 작품은 로마로부터 금지조치를 받았으며 공연이 결코 순탄치 않았다. 77년에는 이 작품이 TV 방송으로 나가자 바티칸 측은 TV역사상 가장 모독적인 쇼라고 비난을 한 바 있다. 그러나 84년 그는 한 인터뷰를 통해 작품에서 말하고자 하는 것은 종교자체에 반대하거나 반가톨릭적인 것, 또는 '신비'와의 모든 연결 관계를 부인하려는 것이 아니라고 주장한다. 모든 것은 주의 깊게 존중해야 한다며 자신은 종교의 규범에만 얽매인 도식주의자도 종교를 부인하는 공산주의자도 아님을 피력한다. 그리고 실제로 포는 54년 부인 프란카 라메와의 결혼식을 그가 이전부터 그토록 날카롭게 풍자해오던 가톨릭 교회에서 올린 바 있다.

이처럼 어떠한 악조건 속에서도 현대 사회의 부정과 악습으로 우리의 눈을 돌리게 하는 작품의 보편적 주제, 중세의 어릿광대 줄라레와 콤메디아 델라르테의 양식을 계승하고 현대화시켜 주제를 극대화시키는 공연 기법, 그리고 권력층에 대항하여 싸우며 늘 힘없는 자들의 편에 서서 대항하는 일관성 있는 실천적 노력 등의 성과를 인정받으며 포는 1997년 노벨문학상을 수상하였다. 한쪽 발은 무덤에 한쪽 발은 무대에 걸쳐놓고 산다던 그의 말처럼, 수십 년 동안 주저하지 않고 격렬하게 권위에 도전하며 예술과 삶을 분리시키지 않고 사랑과 겸허한 자세로 진실을 추구하려는 그의 일관된 담화 내용과 행동하는 지식인의 모습이 인정을 받은 것이다. 그러자 포의 노벨상 수상[2] 소식 발표를 두고 좌파와 진보적 지식인, 정치인들은 기뻐하고 축하한데 반해, 그의 작품에서 주된 풍자의 대상이 되는 기득권층과 교황청의 비난 또한 만만치 않았다. 풍자 대상이 되는 층들의 불편하고 불쾌한 심정에서 나온 것들이었다. 그밖에도 우리에게 알려진 〈돈 내지 맙시다, Non si paga, non si paga〉(1974)를 비롯해 다수의 작품들이 있다. 그는 쉬지 않고 공연을 해왔으며 2016년 올해 90세의 나이에도 불구하고 〈미스테로 부포〉 공연을 치러냈고 10월 13일 노벨문학상 수상자가 발표되던 날 세상을 떠났다.

2. 희곡 읽기

2.1. 전체 개관하기

풍자극 〈미스테로 부포〉는 포가 중세의 어릿광대 줄라레(giullare)

---

2 다리오 포는 대부분의 경우 부인 프랑카 라메와 함께 공동으로 창작 작업을 하고 공연을 하는데, 이들의 작품과 공연은 총체적인 연극인 다리오 포와 천부적인 연극인 프랑카 라메의 결합으로 일컬어진다. 포는 라메를 두고 그의 파트너이자 협업자라 칭하고, 그가 노벨상을 수상했을 때에도 라메에게 전화를 걸어 이렇게 말했다. "헬로우, 미세스 노벨, 우리는 이것을 함께 수상했소. 이건 두 사람을 위한 노벨상이라오."

가 되어 놀라운 솜씨로 '혼자서' 공연하는 '나레이션 독백극'이다. 이는 등장인물이라는 장치 없이 '공연자'가 오히려 '자신의 정체성'을 그대로 지니고, 스토리들을 연기로 하는 것이 아니라 '나레이션' 형식을 통해 '혼자서' 공연을 펼치는 연극형식이다.

그는 현대의 온갖 억압의 문제들을 재조명하기 위한 방법으로, '줄라레'에 의해 신랄하게 표현되는 중세의 '미스테로 부포' 형식을 활용하였다. '미스테로 부포'란 용어의 의미에 대해 포는 〈미스테로 부포〉의 시작에서 다음과 같이 설명한다. "미스테로는 A.D. 2~3세기에 이미 사용되던 용어로서 연극, 종교적인 성극을 가리킵니다. 【...】 미스테로는 종교적인 성극을 뜻하고, '미스테로 부포'라고 하면 그때는 그로테스크한 연극을 의미하게 됩니다."[3] 그러나 그 외에도 '미스테로 부포'라는 표현에는 때와 장소, 상황에 따라 복합적인 의미들이 포함되어 있다고 한다. 영국의 기적극과 프랑스의 노틀담의 기적의 예에서처럼 성서 이야기나 성인들의 삶을 기본 내용으로 한 초기 연극 공연을 말하기도 하고, 【...】 메이에르홀드가 10월 혁명 1주년을 기념하여 1918년 무대에 올린 '우리 시대의 영웅적, 서사적, 풍자적 그림'이랄 수 있는 마야코프스키의 Misteriya Buff를 떠올릴 수도 있고, 19세기 이탈리아에서 오페라 세리아(정가극, 비가극) 혹은 오페라 리리카(서정가극)를 보완하여 만든 코믹 오페라인 오페라 부파(희가극)를 연상시키기도 한다. 또한 유럽 전역에 학생운동을 고무시켰고 특히 이탈리아에서는 대규모 파업과 노동자 계급의 데모를 동반했던 1960년대 급진좌파의 표시들을 나타내기도 한다.[4]

---

3 Fo, Dario. *Mistero Buffo*. Torino: Einaudi. 1977, p.5.

4 Hood, Stuart. Introduction of *Comic Mistery*. edited and introduced by Stuart Hood. London: Methuen Drama. 1987. p. xv . 이 책(영역)은 이탈리아 원본 *Mistero Buffo*의 본문 앞쪽 상당 부분이 누락되어 있다.

이러한 용어의 배경과 함께 포의 〈미스테로 부포〉를 구성하고 있는 각각의 텍스트들은 그 출처가 다양하다. 중세 이탈리아 작가들과 공연자들의 작품도 있고 이탈리아, 유고슬라비아와 유럽 도처에 알려져 있는 작자미상의 것도 있고 체코슬로바키아와 폴란드에서 보전되어오는 성극도 있다. 포는 중세 '미스테로 부포'의 원본 텍스트들을 소개하고, 여기에 그가 작가와 배우로서의 자신의 천재적인 재능을 발휘하여 여러 책들과 가스펠들에서 따온 이야기들을 덧붙여 각색, 재창작한 새로운 텍스트들을 펼쳐 놓는다(Fo, *Mistero Buffo*, xvi.). 이렇게 만들어진 포의 〈미스테로 부포〉는 '향내 짙은 싱싱한 장미'에서 시작해 '채찍질 수행자들의 송가', '무고한 자들에 대한 대학살', '맹인과 절름발이의 도덕성', '가나의 결혼식', '줄라레의 탄생', '빌라노의 탄생', '라자로의 부활', '보니파치오 8세'까지 총 9편[5]의 내용으로 이루어져 있다. 각 텍스트들은 각각 그 내용이 독립적이며 다른 이야기를 다루고 있다. 물론 9개의 텍스트 전체에 흐르는 주제의식은 일관된 면이 있지만, 세부적으로는 각각 구체적인 풍자대상의 초점이 다르다. 텍스트들은 포악하게 민중을 억압하고 착취하는 부자나 귀족들 같은 지배층과 이들의 권력 편에 서서 종교적 위선과 도그마에 빠져 민중을 절망적인 상태로 몰아넣는 타락한 기독교 성직자들의 행태를 구체적으로 드러낸다. 따라서 중세 줄라레들과 포의 줄라레가 나타내는 이러한 견해들은 늘 이단적인 것으로 취급당해왔다. 그러나 각각의 텍스트에 나타난 풍자 너머에는 궁극적으로 '인간의 존엄성'과 '사랑'을 상징하는 진정한 그리스도 정신의 회복 추구가 담겨 있다. 비록 이들이 신랄한 방법으로 타락한 기독교세계를 풍자하고

---

5 책 『미스테로 부포』는 텍스트 9편 외에 뒤쪽에 "수난곡"에 해당하는 텍스트 4편이 실려 있다.

있지만 이들 세계의 뿌리를 이루고 있는 기독교자체를 부정하는 것은 결코 아니다. 성직자들을 신랄하게 풍자하는 경우에도 그 너머에서는 늘 인간 존엄성의 상징으로 예수 그리스도가 더욱 강하게 각인되고 있다. 물론 특정 텍스트를 각색과 재창작을 통해 사용하는 그에 대해 비판과 의심의 평가도 있었다. 그러나 혼자서 치러내는 그의 대적할 바 없는 나레이션, 마임과 연기를 통한 성공적인 공연들은 그러한 비평들을 불식시키고 만다. 다음은 〈미스테로 부포〉의 일부 장면들이다.

2.2. 장면 구성

① '향내 짙은 싱싱한 장미'

이 작품은 이탈리아 역사 혹은 이탈리아 민중의 역사를 살펴볼 때 가장 초기의 풍자적이고, 코믹-그로테스크한 연극 텍스트들 중의 하나이다. 포는 이곳에서 중세 줄라레들의 텍스트에 대한 왜곡된 해석들을 자세한 논증 과정을 통해 상세히 지적해낸다. 그 과정에서 자신의 상상력을 발휘하여 풍자적인 장면들을 연출해 보이는 곳도 있다. 먼저 포는 이 작품을 지은 치울로(치엘로) 달카모 Ciullo(Cielo) d'Alcamo 라는 '작가의 출신에 관한 문제'부터 논리적 증명을 통해 따진다. 즉 이 텍스트를 두고 작가가 귀족일 것이라는 견해와 반대로 민중이라는 견해가 있다. 작가가 귀족이라는 측은, '육체적 사랑'의 대화 같은 사소하고 조야한 테마에서부터 '최고 수준'의 '교양 있는' 시에 이르기까지, 예술작품이란 귀족 작가들만이 쓸 수 있는 것이라고 한다. 포는 이 텍스트의 작가가 귀족이고 교양층이라는 사기를 처음 치기 시작한 인물은 단테 알리기에리부터이며 이후 18, 19세기의 일부 연구자들, 파시즘 치하의 연구자들, 베네데토 크로체, 그람시 등이 이러한 잘못된 견해를 주장하고 있음을 조목조목 논증을 들어가며 지적하고 있다. 이들은 민중시란 기계적인 행위 즉 저속한 반복행위이며 민중이란 평범함, 야수성, 저속함을 넘어서 자신들을 고양시키거나 창작을 할 수 없다거나, 최대한 기계적으로 복사를 하는 데만 성공할 뿐이라고 한다. 귀족작가만이 무슨 테마든 원하는 걸 예술적으로 발전시킬 수 있는 가능성을 지녔으며 민중은 독창성 없이 비굴하게 최대한 모방을 해낼 뿐이라는 등의 견해를 지니고 있다는 것이다. 그러나 이와 반대로 토스키와 바르톨로메오라는 인물들은 의심의 여지없이 이 텍스트가 민중에 의한 것이라고 하였는데, 포는 이러한 견해에다 논리적이고 설득력 있는 예증들을 제시하며 작가가 의문의 여지없이 민중일 것이라고 주장한다. 반박 내용 중 하나를 보면 이러하다. 학교에서는 작가 이름을 치울로 달카모가 아니라 치엘로 달카모라고 가르친다. 롬바르디아 사람이라면 알 수 있듯이 치울로(ciullo)는 남성의 생식기를 뜻하는 말이다. 그런데 치엘로(하늘)이라고 주장하는 것은 그들이 치울로와 같은 종류의 별명을 받아들일 수가 없어서 그런 것이라는 얘기다. 그렇게 하지 않으면 그런 부담스런 별명들이란 줄라레들이나 지닌 것이었으므로 의심할 여지없이 이 텍스트가 줄라레와 관계되었고, 작가가 곧 귀족이 아니라 민중이라는 점을 인정해야 하는 처지에 놓이기 때문이었다.

이와 관련하여 또 포는 다른 왜곡된 해석들과 왜곡현상의 발생 근거들을 제시하는 가운데 '디펜사(difensa방어)'를 한 예로 든다. 귀족 젊은이에 의해 겁탈당할 위험에 처한 여자가 그에게 소리를 질러 부모를 오게 해 몽둥이로 맞아죽게 만들 것이라고 한다. 이에 젊은이는 대답한다. "… 나는 2천 아우구스타리로 나를 디펜사할텐데" 여기서 포는 디펜사의 의미를 추적하여 제시한다. 디펜사는 귀족들과 부자들에게 유리하도록 페데리코 2세가 공표한 법의 효력을 말하는 것으로 상층 계급 사람들을 보호하도록 기막힐 정도의 특권을 허락해주는 법률이었다. 바로 권력층의 횡포가 적나라하게 드러나는 대목이다. 그렇게 부자들은 편안하게 여자를 겁탈할 수 있었다. 즉 남편이나 부모가 그 일을 알게 되면 겁탈자는 2천 아우구스타리를 꺼내 겁탈한 여자 몸뚱이 옆에 두고는 팔을 들어 올려 "황제 폐하 만세, 신에게 은총을!"이라고 외치면 그만이었다. 이것만으로 그는 충분히 구제받았고, 이것은 "조심해라, 날 건드리는 자는 곧장 교수형에 처해질 것이다"라는 말과 같았다. 실제로 '방어' 비용을 지불한 상층계급을 건드리는 자는 그 자리에서 즉각 혹은 좀 더 있다가 교수형을 당했다. 이것이 '주인의 법'의 잔혹함을 드러내고 있음을 포는 지적한다. 그리고 학교에서 이 텍스트를 절대 가르치지 않는 이유 가운데 하나는 이 부분들을 통해 텍스트를 누가 썼는지가 밝혀지기 때문이다. 이런 내용을 민중 말고는 다른 이가 쓸 리가 없기 때문이라는 것이다.

이처럼 줄라레는 중세 시대, 대중들에게서 태어났고 대중들의 분노를 가져다 '이성'에 의해 그로테스크 극을 만들고 이를 통해 대중들에게 그 분노를 다시 돌려주었다. 바로 대중들이 자신의 상황에 대해 자각할 수 있도록 하기 위해서였다. 그리고 이러한 이유 때문에 중세 시대 무수한 줄라레들이 그 시대에 대한 또 다른 수사적 표현들을 하지 못하게 죽임을 당했고 가죽이 벗겨지고 혀를 잘렸다.

포는 또한 여러 장의 그림을 슬라이드 사진을 제시하며 상인들, 황제들, 고리대금업자들, 금융업자들, 주교들과 추기경들, 교황, 당시 민중들이 아주 증오하던 군인들을 풍자한다. 이 가운데 '다비드의 주정'이란 그림은 성경에 나온 다비드가 7일 동안이나 술에 취한 이야기를 모티브로 역시 중세의 줄라레가 재현하는 내용이다. 취해있는 기간 동안 다비드는 모든 사람들에 대해 분개하여 그의 아버지, 어머니, 신에게 모욕을 주기 시작했는데 누구보다도 자신의 예속민들 즉 민중들에 대해 분개했다. 포의 줄라레는 다비드를 그로테스크하게 재현하면서 민중들에게 이렇게 소리를 지른다.

야비하고, 재수 없고 좀 멍청하기까지 한 백성들아, 도대체 왜 이 모든 이야기들을 믿는 것이냐? 【…】 정말 너희들은 신이 이 모든 쓰잘데기 없는 싸구려 것들을 갖고 이 땅으로 내려와서는 이렇게 말했다고 믿는 것이냐. "자, 이제 재산과 땅의 분할에 관해서는 이 논쟁들로 그만 충분하다. 내가 하마, 내가 할 것이다. 자, 너 이리 오너라, 너 수염이 있구나, 내가 맘에 드느냐, 이 왕관을 받아라. 네가 왕을 하는 거다. 너, 이리 오너라. 이 여자 네 아내냐? 너 호감이 가는구나, 넌 여왕을 하는 거야. 넌 범죄형 얼굴이구나, 받아라… 넌 황제를 하는 거다. 그리고 저 자는…참 교활하게 생겼다…너 이리 와, 이리 와 봐, 넌 주교를 하는 거야, 자! 너한테는, 봐라, 상인을 하게 해줄게. 너한테는, 이리 와, 이리 와… 봐라, 이 지역 모두, 저 강까지 이어져 있는 이 땅 모두 전부 네 거 해라… 넌 호감이 가거든…그리고 꽉 쥐고 지켜라 응!…이걸 다른 사람 손에 넘어가게 하지 말고, 잘 되게 잘 일구도록 해라…그리고 너도, 이 땅을 가져라… 【…】 그리고 너희들…거기 아래… 불쌍하고 찌들은…너 그리고 너 그리고 너 그리고 너, 그리고 네들 마누라들까지, 이 자, 이 자, 이 자, 그리고 이 자를 위해 일 하거라. 만약 불평을 한다면 내가 네들을 지옥으로 내동댕이쳐버릴 것이다… (21)

위의 내용은 속수무책으로 당하기만 하는 답답한 민중들을 대상으로 그들의 절망적인 상황을 풍자를 하는 장면이다. 결국 주교들은 또다시 민중들 앞에서 그와 같은 불명예스런 연극을 제멋대로 벌이는 줄라레를 톨레도 칙령에 의해 즉각 불태워 죽이라고 결정했다. '다비

드의 주정 놀이'에 아주 뛰어난 유명한 줄라레로 독일인이었던 한스
홀덴이란 사람은 칙령 이후에도 계속 금지된 공연을 하다가 화형대
기둥에 매달아져 화형 당했다.

  ② '무고한 자들에 대한 대학살'

  이 공연에는 팔에 아기를 안고 있는 마돈나를 묘사하는 기계와 팔
에 새끼양을 안고 있는 미친 여인이 등장한다. 포는 이 공연을 위해
기계의 사용이 필요하다고 한다. 그리고 민중들이 왜 공연을 무대에
올릴 때 신성을 나타내기 위해 기계장치들에 의지했는지를 설명한다.
그것은 신성한 사람들의 신성함을 표현한다는 두려움과 불경을 저지
른다고 걱정해서가 아니라, 관객들의 관심이 신이 아니라 바로 배우
가 역할을 하는 인간을 향해 집중되길 바랐기 때문이라고 한다. 만약
배우가 예수그리스도 차림을 하고 무대 위에 먼저 들어와 있다면 모
든 관심은 그에게 쏠릴 것이기 때문이다. 반면 조상(彫像)이 있으면
그것은 단지 지시적이고 상징적인 어떤 것으로만 제시되어지고, 배우
는 인간조건 즉 절망과 배고픔과 고통에 대한 연극성을 개발하고 그
것을 최대한 개발할 여지를 편안히 가질 수 있기 때문이라고 한다.
내용뿐만이 아니라 공연의 극적 효과를 위해 포가 고심한 흔적들이
드러나는 부분이다. 이 여인의 아기는 헤롯왕이 지시한 '무고한 자들
에 대한 대학살' 동안에 살해당했다. 그리고 이 여인은 양 축사에서
발견한 새끼 양 한 마리를 팔에 안고는 그게 자기 아기라고 모든 사
람에게 말하며 돌아다닌다. 이것은 신의 아들인 "아뉴스 데이" 즉 하
느님의 어린 양, 하느님의 아들이라고 하는 표현을 두고서, 실제 양
을 안고 다니며 신을 조롱하는 행위이다. 이 여인은 믿을 수 없을 정
도로 거칠게 신에 대항해 직접적으로 저주를 퍼붓는다.

【...】 이제 당신이 사람들의 고통을 이해할 날이 올 것이야. 당신은 당신 이롭자고 교환을 원한 거야. 작은 한 컵의 피 대신 당신은 피의 강물을 원했어, 당신의 단 한 명의 아들을 위해 수천 명의 아이들을 죽게 했어. 당신도 사람들의 고통, 괴로움, 절망을 이해할 날이 올 것이야. 당신의 아들이 십자가에서 못 박혀 죽는 날이 올 것이야. 그날이 오면 당신이 하나의 죄에 대해, 한 번의 실수에 대해, 인류에게 씌운 이 엄청난 고통을 이해하게 되겠지! (28)

중세 때 신을 이토록 모독하는 이런 대사를 읊으며 공연을 한 결과 줄라레들은 당시 지배층을 이루는 귀족이나 성직자 세력에 의해 불에 타 죽고 교수형 당하고 혀가 잘리는 형벌을 받았다. 그럼 왜 이렇게 민중들 측에서 신을 향한 증오가 그토록 깊은 것인가? 그것에 대해 또한 포는 바로 "신은 통치자들이 민중들에게 가르쳤던 것 즉 사람들 사이에 분열을 만들어, 어떤 자들에게는 땅과 권력과 특권을 주고 반대로 민중의 다른 자들에게는 불쾌, 절망, 예속, 모욕, 수치를 안겨준 자를 바로 대변하기 때문"이라고 한다. 바로 이것이 신이 증오를 받는 이유이며, 신은 바로 통치자들 즉 신의 이름을 빙자해 민중들에게 온갖 폭정을 저지르는 지배층을 대변하기 때문이다. 또한 헤롯왕의 명령으로 무고한 아이들을 무참히 학살한 군인들의 대화 장면을 보여준다.

군인1: 【...】 우리가 하고 있는 어린아이들에 대한 대학살말야. 속이 다 뒤집어졌어.
군인2: 네 영혼이 그렇게 약해빠졌다는 걸 알았었다면 넌 애시당초 군인의 일을 하겠다고 와서는 안됐지.
군인1: 나는 적군을 죽이자고 군인이 된 것이지...

군인2: 그리고 짚더미 위에다 예쁜 여인네들도 몇 뒤집어놓고 흔들고...응?

군인1: 응, 아마도... 하지만 단지 적들의 여자한테만이지...

【...】

군인2: 그들의 집을 불사르고..그들의 노인네, 닭, 어린애들을 살해하고...물론 적들의 어린애들이지!

군인1: 그래, 애들도. 하지만 전쟁에서만이야! 전쟁에서는 불명예란 없잖아. 트럼펫이 울리고 북소리가 퍼지고 전투 군가가 있지, 그리고 마지막에 대장의 멋진 연설이 있고!

군인2: 오, 이 도륙의 마지막에도 역시 넌 대장의 멋진 연설을 듣게 될 거야.

군인1: 하지만 지금 여기선 무고한 사람들이 살해당하고 있잖아.

군인2: 아니, 왜 전쟁에서는 무고한 사람들이 아니더냐? 그 사람들이 너한테 무슨 짓이라도 했어? 네가 트럼펫 소리에 맞춰 죽이고 불구로 만드는 그 사람들이 도대체 너한테 무슨 짓을 하기라도 했냐고? (33~34)

두 군인들은 헤롯왕 시절이나 중세 기독교 세계나 지금이나 변함없이 권력의 꼭두각시로서 민중을 도륙하고 억압하는 자의 모습임을 묘사하고 있다. 이러한 장면을 통해 줄라레는 결국 전쟁은 그 어떠한 명분을 갖다 댄들 늘 애꿎게 피해를 입는 건 무고한 민중들이라는 점을 드러내고 있다.

③ '줄라레의 탄생'

이 작품은 줄라레가 어떻게 태어났는지 그 과정을 통해 당시 땅

소유주였던 부자 지배층들을 신랄하게 풍자하는 내용을 담고 있다. 줄라레는 원래 그저 농부였는데 그를 투쟁하고 저항하는 줄라레로 변화시킨 건 바로 '존엄성'을 회복하려는 그리스도 정신에서 비롯된 것임을 보여주는 극이다. 포는 뛰고, 발끝으로 회전하고, 웃기고, 지배층들을 조롱하고, 또 전쟁을 조장하고 우리를 그 속에서 도살당하게 하는 지배층들이 얼마나 의기양양하고 뻐기는지 보여준다. 줄라레는 애초에 하늘에서 뚝 떨어지듯 갑자기 줄라레로 태어난 게 아니며, 그것은 기적의 결과라고 한다. 그는 원래 그냥 농부로 태어났고, 행복했고, 슬펐고, 땅이 없었다. 그러던 어느 날 바위산을 통과하게 되었는데 그 산이 누구의 것도 아니라는 것을 알고, 손가락부터 등뼈까지 닳아빠지도록 땅을 일궜다. 아이들과 아내도 거기에 있었다. 그 땅은 기적이었다. 그곳은 천국이었고, 지나가는 농부들이 모두 부러워했다. 그러던 어느 날 계곡의 주인이 들렀다. 그는 땅의 소유주는 누구냐고 물었다. 농부는 자기 땅이고 자기 손으로 만든 것이며 전에 아무도 주인이 없었다고 했다. 그러자 주인은 '주인이 아무도 없었다고? 아무도 없다는 말은 존재하지 않는 단어야. 이건 내거야'라며 땅을 내놓으라고 했다. 농부가 계속 거부하자 계곡주인은 사냥꾼들과 말, 친구들을 보내 농부의 땅을 짓밟고 울타리를 망가트리고 불을 질렀다. 모든 것이 타버렸으나 농부는 떠나지 않았다. 그러자 어느 날 농부와 아내와 아이들이 일하고 있는데 계곡주인이 군인들을 데리고 나타났다. 그는 말에서 내리더니 농부의 아내를 나꿔채더니 땅바닥에 쓰러트리고 덮치더니 마치 암소처럼 다뤘다. 붙잡힌 농부와 아이들은 머리에서 눈이 터져 나올 듯한 표정으로 지켜보며 그 자리에 서 있어야 했다. 농부가 곡괭이를 들고 "이 짐승 같은 놈아!" 하며 소리를 지르자 아내가 막았다.

멈춰요, 그러지 말아요. 이자들이 원하는 것이 바로 그거예요. 당신이 몽둥이를 들면 그 순간 이자들은 당신을 죽일 거예요. 모르겠어요? 이자들은 당신을 죽이고 당신 땅을 빼앗아갈 거예요. 그게 이자들이 원하는 거예요. 이 자는 자신을 방어하게 되어있고요. 당신은 이 자에 대항할만한 가치가 없어요. 당신은 명예도 없고, 가난하고, 농부이고, 촌사람이고, 당신은 명예라든가 존엄성에 대해서는 생각해볼 수도 없어요. 그런 건 부자들이나 주인들, 귀족들을 위한 것이에요. 그자들은 사람들이 자기들의 아내나 딸을 겁탈하면 화를 낼 자격이 있지만, 당신은 그럴 수 없어요. 그냥 둬요. 땅은 당신의 명예나 내 명예보다 가치가 있는 것이에요. 그 어떤 모든 것보다 가치가 있어요. 난 당신의 사랑을 위해서 암소가, 암소가 되었어요. (76)

위의 아내의 대사는 지배자들의 잔인한 폭정을 아주 잘 드러낸다. 명예나 존엄성이란 부자와 주인들과 귀족들에게만 해당되는 것이고 가난한 자들은 아내와 딸이 겁탈을 당해도 방어할 권리조차 없고 사람이 짐승처럼 취급당하는 실정을 풍자하고 있다. 이후 아내는 집을 나갔고 아이들은 병이 들었고 울지도 않다가 죽었다. 혼자 남은 농부는 어느 날 서까래에 밧줄을 매고 목을 매 죽으려했다. 그런데 바로 그 순간 예수 그리스도가 와서 마실 것을 좀 달라며 그를 막았다. 그리고는 먹을 것을 준 대가로 그에게 '말할 것'을 주겠다고 하였다. '말할 것'이란 무엇인가. 바로 농부가 줄라레가 되어 그의 혀로 날카로운 풍자를 통해 민중들을 교화하라는 의미이다.

가여운 사람아! 네가 땅을 지킨 것은 옳은 일이다. 네가 너를 지배할 주인을 원치 않는 것은 옳은 일이다. 네가 포기하지 않도록 힘을 썼던 것은 옳은 일이다. 옳은 일이다. 나는 너를 사랑한다. 너는 착한 사람이다. 강한 사람이다. 그런데 지금은 뭔가 놓치고 있구나, 옳고도 네가 해야 하는 그것을, 여기에서 그리고 여기에서. (그는 그의 이마와 입을 가리킨다) 너는 여기 이 땅에 붙어 머물러서는 안 된다. 너는 방방곡곡 돌아다녀야 한다. 사람들이 너에게 돌을 던지면 너는 그들을 이해시켜야 한다. 땅 주인의 횡포의 풍선에 구멍을 내 터트려야 한다. 너는 너의 혀의 날카로움으로 땅주인에 맞서 싸워야 한다. 너는 땅주인의 악취 나는 악독함과 잔인함을 짜 말려버려야 한다. 너는 이 귀족들과 이 성직자들과 그들을 둘러싸고 있는 모든 자들, 즉 변호사들과 공증인들 등을 다 쳐 부셔야 한다. 너의 재산과 너의 땅 뿐만 아니라 땅을 갖지 못한 너 자신과 같은 사람들, 아무 것도 갖지 못한 사람들, 권리라고는 단지 고통 받을 권리만 가진 가람들, 자랑스러워 할 인간의 존엄성을 갖지 못한 사람들을 위해서. 너는 그들이 그들의 손이 아니라 머리로 생존할 수 있도록 가르쳐라. (78~79)

농부는 자신은 배운 것도 말도 잘 못하고 머리도 좋지도 않다고 하자, 예수는 걱정 말라며 기적을 입게 해줄 것이라며 그의 머리에 손을 갖다 대고는 말한다.

나는 예수 그리스도이다. 나는 너에게 말하는 능력을 주기 위해 왔다. 너의 혀는 채찍질을 할 것이고 칼처럼 베어낼 것이고 모든 땅위에 부풀려져 있는 풍선들을 터트려버릴 것이다. 너는 주인들에 대항해 거리낌없이 말을 할 것이고 그들을 쳐부술 것이다. 그래서 다른 사람들이 이해하고 배울 수 있도록, 다른 사람들이 그들을 비웃고 조롱할 수 있도록. 왜냐하면 이 웃음으로서만 주인들이 파괴될 것이기 때문이니까. (80)

이 말은 줄라레의 역할을 뜻하는 것이며, 곧 민중들의 저항은 예수 그리스도의 정신과 맞닿아 있다는 의미를 드러내는 중요한 대목이다. 예수 그리스도가 한참 동안 입맞춤을 해주자 농부는 갑자기 그의 혀가 민첩하게 약동하는 느낌이 들었고 머리가 잘 돌아가고 다리가 저절로 움직여 광장으로 나아가게 되었다. 그리고는 "나는 여러분에게 모든 것을 말씀드릴 거예요, 모든 일이 어떻게 되어가는 것이지, 훔치는 자가 어떻게 신이 아닌지! 신은 훔치고도 벌도 안 받는 그 자들이지요. 그자들은 법이에요... 말을 해요... 말을 해...여러분, 이 주인들은 쳐 부셔져야 해요, 그자들은 쳐 부셔져야 해요, 쳐 부셔져야 해!" (80)라고 말하는 공연을 벌였으니 풍자 대상이 되는 통치자들, 부자들, 땅주인들, 성직자들이 가만 놔둘 리가 없었다. 그 결과는 앞에서 말했듯 줄라레들의 공연을 금하고 목을 자르고 불에 태워 죽이고 혀를 잘라버리는 것이었다. 당시 타락한 성직자들이란 신의 이름을 빌어 민중들에게 온갖 교리의 굴레를 씌우고 억압의 수단으로 삼는데, 오히려 농부로 하여금 줄라레가 되어 그들에게 저항하도록 가르친 게 신의 아들 그리스도라니, 그들로서는 절대 인정할 수 없는 부분일 것이다. 즉 줄라레가 행하는 존엄성을 강조한 진정한 그리스도의 가르침은 오히려 민중들의 해방과 저항의 근간이 되었음을 보여주는 극이다.

④ '빌라노의 탄생'

이 텍스트는 '마타조네 칼리가노'라는 줄라레가 공연하는 작품인데 마타조네라는 이름은 '익살꾼'이라는 뜻이다. 이는 줄라레의 별명이 항상 거친 것만은 아니라는 예외를 보여주는 것이고, 칼리가노, 혹은 칼리냐노는 파비아 근처 마을 이름이다. 파비아 지역 방언은 롬바르디아인들에게는 이해하기가 매우 쉽다고 한다. 그래서 포가 시칠리아에서 공연을 했을 때 누구나 다 알아듣고 이해를 했다고 한다. 빌라노의 탄생 배경이 담긴 원본 내용은 다음과 같다. 일곱 세대가 지난 후 땅에서 일하는 데 지친 인간이 신을 찾아가 너무 힘들어서 더 이상 못 하겠다며 일을 좀 덜어주셔야겠다고 한다. "저기요, 제가 일하는 데요. 전에 약속하셨잖아요, 어떻게든 방책을 마련해주시겠다고!" "내가 마련해주지 않았느냐?!" 신(하느님아버지)은 말씀하셨다. "나는 당나귀, 노새, 말, 황소를 주었다" 그러나 인간은 쟁기를 뒤에서 밀거나 밭에 똥을 뿌리거나 우유를 짜거나 돼지를 잡는 일 같은 가장 낮은 일은 항상 자기가 한다며 자기 일을 대신해줄 누군가를 창조해달라고 한다. 그러자 신께서는 "아, 그럼 네가 원하는 건 빌라노로구나!" 하더니 지나가는 당나귀에게 손가락으로 제스처를 취했고 당나귀가 부풀어 올랐다. 임신을 한 것이다. 이것이 줄라레인 마타조네 칼리가노가 말하는 빌라노 탄생에 관한 오리지널 텍스트 내용이다.

그러나 이후 포가 공연하는 내용은 이 텍스트와 약간 다르다. 포는 작품에 연속성과 논리성을 주기 위해 다양한 단편조각들을 함께 섞어 재구성하였다. 그의 상상력이 발휘되어 장면들이 덧붙여진 공연이다. 즉 포는 당나귀는 가지치기를 할 수도 없고 아무리 가르쳐도 우유를 짜는 법을 배우지도 못한다는 설명을 덧붙였다. 그래서 이 모든 노동이 인간을 늙게 만들고 여자들은 생기를 잃고 시들어서 20세가 되기도 전에 벌써 늙어버린다고 한다. 하느님은 그의 말에 공감하고 나귀에게 어떤 제스처를 취하더니 9달이 지나자 나귀의 배는 터지기 직전까지 부풀어 오른다. 갑자기 나귀가 엄청나게 큰 방귀를 뀌더니 빌라노가 껑충 튀어나온다. 하늘에서 천둥 번개가 치더니 빌라노의 몸을 강타하고 빌라노는 생명을 얻게 된다. 그리고 하늘에서 하느님의 천사가 내려오더니 인간에게 말한다.

이제부터 너는 높은 계급의 주인이 될 것이고 저것은 낮은 계급의 빌라노다. 이 빌라노는 거친 빵과 날양파와 잠두콩과 삶은 콩 그리고 뱉은 침을 먹고 살아가도록 정해져 있고 적혀있다. 그는 짚 위에서 잠을 자야하고 항상 자신의 처지를 기억해야 한다. 그가 벌거벗고 태어난 그 순간부터 그에게 거친 삼베옷을 주어라. 그 삼베는 그들이 물고기를 잡을 때 쓰는 종류의 것이다. 그래서 그가 스스로 근사한 바지를 만들어 입도록 하라. 바지는 가운데 아래가 뚫려 있어야 한다. 오줌을 누는데 시간이 너무 걸리지 않도록 하기 위해서다. (86)

나귀 빌라노를 빌어 포는 중세나 지금이나 다를 바 없는 농부와 노동자들의 상태를 그대로 지적한다. 신은 인간의 하소연을 들어 주어 빌라노를 만들어 주었다. 그런데 그런 인간과 빌라노의 관계를 빌어 이야기한 현실이란 당시나 지금이나 주인계급과 노동자들의 관계를 보여주는 것이었다. 빌라노는 다름 아닌 당시의 농부와 같은 민중들의 상황을 고발해주는 것이었고 포는 다시 그것이 현대의 노동자 계층들의 현실임을 고발한다. 포는 이 대목에서 악덕 고용주들이 노동자들의 화장실에서 볼 일 보는 시간까지 빼앗아 착취하는 현실을 재구성한 이야기를 공연으로 엮어 보여준다. 그 속에서 화장실 갈 권리를 찾기 위해 고용주들에 대항하여 파업하는 현대 이탈리아 노동자들의 실례를 풍자적으로 묘사하기도 한다. 하늘에서 내려온 천사가 빌라노의 주인에게 빌라노를 어떻게 다룰 것인지 지시하는 장면을 보자.

그의 어깨에 곡괭이와 삽을 주어. 일 년 내내 그가 맨발로 돌아다니도록 해. 그는 아무런 말도 하지 않을 것이니까. 1월이면 그의 어깨에 쇠스랑을 얹어 주어. 그리고 그를 마굿간을 청소하러 보내. 2월이면 그를

들판으로 내보내 흙덩이를 잘게 부수며 땀을 흘리게 해. 그의 목 언저리
가 헤지든, 그가 상처투성이가 되든 티눈이 박히든 걱정하지 마. 그 모
든 것은 네 말한테 이로와. 파리 떼나 모기떼한테서 해방될 것이거든.
왜냐면 파리 떼는 몽땅 날아가 빌라노의 집에서 살게 될 테니까. 그가
하는 모든 일에 세금을 부과해. 심지어 그가 똥을 사는 일에도 세금을
붙여. 카니발에서는 그에게 춤을 추게 해. 노래도 부르게 하고 맘껏 즐
기게 해. 하지만 너무 많이는 안 돼. 그가 자신이 이 세상에 존재하는
이유가 노동을 하기 위해서라는 걸 잊어선 안 되니까. 【...】 11월에는,
그리고 12월에는 그가 감기에 걸려서 해를 입지 않도록 해. 너의 농부를
따뜻하게 해줘. 그를 보내 걷게 해. 그를 보내 나무를 해오라고 해. 그리
고 자주 돌아오게 해. 나무를 가득 싣고 오게 하라고. 이런 식으로 하면
감기에 걸리지 않을 거야. 그가 불가로 오면 다른 장소로 쫓아내, 문밖
으로 쫓아내. 왜냐면 불은 그를 흐릿해지게 만들거든. 밖에 비가 오면
그한테 가서 미사를 보라고 해. 왜냐면 그는 교회에서 피난처를 발견할
테니까. 그는 기도도 할 수 있을 거야. 시간을 보내기 위해서 말이지.
어쨌든 그건 그에게 아무 해도 입히지 않을 거잖아. 어쨌든 그는 구원을
얻지 못할 테니까. 왜냐면 그는 영혼이 없거든. 하느님은 그의 얘기를
들을 수 없거든. 그리고 어떻게 그 어리석은 농부가 영혼을 가질 희망이
나 품겠느냐? 그는 당나귀 몸에서, 당나귀가 방귀를 낄 때 태어났는데
말이지. (90~94)

포는 또한 이 이야기가 영혼의 문제를 다루고 있음을 지적한다. 민
중을 지칭하는 빌라노는 당나귀 몸에서 태어나서 영혼을 가질 수 없
다. 그는 그의 주어진 조건을 받아들여야지 영혼을 받아들이면 안 된
다. 영혼의 거부는 주인들이 우리에게 저지를 수 있는 가장 심한 약
탈행위 중 하나이다. 만약 누군가 최악의 절망적인 순간에 최소한의

존엄성을 찾아야겠다며 주인을 죽이려 들면 그들은 성직자를 매개로 삼아 말한다. "안 돼! 그만둬라! 너는 네 자신을 파괴하려 드느냐? 너는 일생을 고통 받았다. 이제 곧 너는 죽을 것이다. 너는 이제 천국에 갈 가망이 있다. 예수 그리스도가 말씀하시길 너는 하늘의 왕국으로 들어갈 자들 중에 마지막 사람이니라… 그런데 이 모든 것을 망치려 드느냐? 네가 하려는 짓을 생각해 보거라, 반란을 일으키지 마라. 사후세계를 기다려라(95)." 게다가 주인 계급이 천국에 가는 일은 낙타가 바늘구멍으로 들어가는 것만큼 어렵다고 하자 주인들은 또 속임수를 쓴다. 부자(주인계급)가 천국에 가기 어렵다고 한 예수 그리스도의 표현은 재물을 얻기까지 부득이 거치게 되는 끝없는 탐욕과 타인에 대한 약탈과 탄압과 존엄성 말살을 경계하라는 가르침이다. 그러나 대신 그들은 이 지상에 자신들의 천국을 만들어버린다. 그리고는 민중을 부려 먹으며, 자기들은 현세에서 천국을 누리고 민중에게는 사후 천국을 기약하라고 한다. 현대의 포를 비롯한 줄라레들의 이 대사는 영혼을 없앤 뒤 민중을 탄압하고 착취를 일삼는 주인들, 그리고 이러한 주인들의 편에 서서 사후세계를 들먹이며 이 세상의 불평등에는 눈을 뜨지 못하게 하고 그저 노예처럼 순응하며 살게 하는 기독교 세계의 성직자들, 이 둘을 동시에 풍자하고 있다.

⑤ '라자로의 부활'

이 텍스트는 라자로(나자로를 일컬음)의 기적을 다룬 것으로 줄라레의 고수들이 연기하는 백미로 인정받는 작품이다. 왜냐하면 이 극에서 줄라레는 혼자서 15명의 등장인물을 연이어 연기해야 하기 때문이다. 그것도 몸을 움직이지도 않고, 목소리에 전혀 변화를 주지도 않고, 단지 그의 태도로만 표현을 해낸다. 그래서 이 극은 주제를 표현하고자 관객들의 웃음과 템포와 침묵의 리듬 위에서 스스로를 통제해가면서 연기를 해내야 하는 텍스트 중의 하나이다. 실제로 카노 밧초[6]를 바탕으로 때때로 즉흥극을 해야 하기도 한다.

이 극 속의 묘지는 기적 장면 공연을 보기 위해 몰려든 자들, 그들을 대상으로 입장료를 받는 묘지 관리인, 자리를 잘 잡기 위해 옥신각신 하는 자들, 묘지로 들어선 이들을 대상으로 장사를 하는 자들, 예수가 기적을 행하고 그 놀라운 기적 행위에 사람들의 정신이 팔린 사이 그 와중에 도둑질을 하는 자 등이 모인 그야말로 아수라장이다.

> - 실례지만, 이 묘지가 라자로의 부활을 공연하려는 곳이오? - 그래요, 여기가 거기요.- 아, 좋아. - 잠깐…들어가려면, 10솔디 내쇼. - 10솔디? - 2솔디로 합시다. 【…】 - 조용히 해! 봐, 그가 무릎을 딛고 일어섰어! - 누가? 예수가? - 아니! 라자로가! 세상에, 저것 좀 봐! - 아냐 아냐…! 그건 불가능해! - 봅시다! - 와우, 저것 봐! 그가 움직이고 있어, 움직여, 그가 발로 섰어, 저런! 넘어졌네! 다시 움직인다. 발로 섰어…! - 기적이야!, 오, 기적! 오우, 예수님, 당신은 정말 대단한 분이십니다! - 예수님, 브라보! - 내 지갑! 저 놈들이 내 지갑을 훔쳐갔어! 거기서, 도둑이야! - 브라보, 예수님! 도둑이야! - 예수님, 부라보! 예수님! 브라보!… 도둑이야… (104)

이 텍스트의 주된 주제는 "기적의 순간을 구성하는 모든 것들에 대한 풍자"이다. 위에서처럼 그리스도의 인간에 대한 깊은 사랑이 담긴

---

6 대사가 다 나와 있는 대본이 아니라, 공연할 내용의 줄거리만을 대충 적어 놓은 것. 즉흥극에서 사용.

기적의 의미를 헤아리지 못하고 그저 그 장면을 그저 놀라운 구경거리로만(마술이나 주술행위처럼) 보거나, 그 순간을 돈벌이나 도둑질의 기회로 이용하는 민중들의 모습이 드러난다. 그리스도가 행하는 기적의 본래 의미에 대한 성찰이란 전혀 찾아 볼 수가 없다. 그러나 위의 장면 외에도 텍스트에서 포는 기적을 퍼트리는 자, 마술사, 주술사들에게로 풍자의 초점을 향하고 있다. 기적에 관한 것은 가톨릭을 포함한 많은 종교들의 불변의 원칙이다. 즉 기적은 의심할 여지없이 신이 수행한 것이라는 점을 지적할 목적으로 초자연적 현상처럼 제시하는 행위이다. 원래 기적 이야기의 기원에는 인간에 대한 그리고 민중에 대한 신의 사랑과 애착이라는 의미가 지배적으로 결부되어있음을 포는 지적한다. 그러나 성직자들은 기적행위만을 반복적으로 강조하며 그 기적을 이용하여 종교적 권한을 강화하고 민중들이 노예처럼 순응하도록 유도하려 든다는 것이다.

⑥ '보니파치오 8세'

이 텍스트는 성직자들과 귀족과 부르조아들이 풍자 대상이다. 성직자, 십자군, 귀족, 그리고 부르조아들의 만행을 공개하며, 이들이 종교적 위선과 도그마 속에서 모두 한 통 속이 되어 민중들을 어떻게 억압하는지 그들의 잔인함과 위선과 타락상을 자세히 드러낸 극이다. 먼저 보니파치오 8세(1235~1303) 교황이 얼마나 악랄한 인물이었는지 포의 논증을 통해 제시된다. 프란체스코회 수도사였던 야코포 다 토디(1236~1306)는 청빈교도로서 "보니파치오 당신은 교회를 매춘굴로 전락시켰도다!"라는 시구를 지어 발표했다. 그러자 보니파치오 8세는 그를 잡아다가 손과 다리를 묶은 채 앉은 채로 감옥에 가두었고, 그 자세로 5년 동안 그는 자신의 배설물 위에 얽혀 있었다고 한다. 보니파치오 8세가 죽은 뒤 풀려났지만 그는 아직 젊은 나이인데도 불구하고 더 이상 걸을 수조차 없었다. 그는 1년 반 후 죽었는데 사람들이 그의 몸을 펴보려고 했으나 불가능해서 그 상태 그대로 묻었다고 한다. 또한 보니파치오 8세가 수도사 세갈렐로 다 파르마를 마치 의자처럼 깔고 앉아있는 그림이 있는데, 이 수도사는 일명 '참회복 수도회'(참회복을 입고 다녀서 붙여진 이름)의 일원으로, 오늘날로 말하면 아주 극단주의자였다. 그는 교회와 교황은 극도로 가난해야 한다고 주장했으며 그들의 재산은 가난한 자들에게 건네져야 한다고 했다. 그는 농민들을 선동하고 돌아다니며 땅 소유주인 주인들을 신랄하게 비판하였다.

어이, 여러분, 뭐 해요? 노나? 아 아니지! 땅 파나? 일을 하는 게로군요! 그 땅은 누구의 것이죠? 내 생각엔, 여러분 것인데! 아니에요? 여러분 것이 아니라고요? 아니 세상에! 땅에서 일은 여러분이 하는데... 그럼 거기서 나는 이익은 가져가나요? 무슨 이익이냐고? 아...그렇게 비율이 낮아요? 아니 그럼 그 나머지 모두는 주인이 가져가요? 무엇의 주인이지! 땅 주인? 하 하 하! 땅 주인이 있다고? 당신들 정말 성경말씀에 땅덩이가 사람들이 소유하도록 사람들에게 넘겨졌다고 믿는 거군요... 바보들! 천치들 같으니! 땅은 여러분 거예요! 그건 그자들이 사기를 치는 거예요, 그리고나서는 여러분한테 일을 하도록 준거라고요. 땅은 그 땅에서 일구는 자의 것입니다, 알겠어요?! (108)

포는 오늘날에도 미쳤다고 할 소리를 중세 시대에 하고 다녔으니 무사할 리가 없었다고 한다. 당장 체포되어 그와 그의 수도회 형제들은 모두 화형에 처해졌다. 그때 단 한 사람만이 구출되었는데 그는 돌치노라는 수사였다. 그런데 그는 조용히 있질 않고 베르첼리 근처 자신이 살던 곳으로 돌아가서는 줄라레 역할을 하며 농부들을 선동하고 돌아다녔다. '땅은 일구는 자의 것'이라는 그의 말을 들은 사람들은 그더러 미쳤다고 하면서도 그의 말은 매우 민감하게 받아들여졌다, 따라서 스스로 땅을 지켜야 한다는 생각이 들기 시작했다. 농부들은 주인들과의 계약서를 찢어버리기 시작했다. 계약서는 '안게리아(angheria)'라고 불렸는데 이것은 다른 말로는 '억압'과 동의어라는 것을 알게 되었다. 그래서 농부들은 장인들과 힘을 합쳐 '코무니타르디(comunitardi)'를 조직하기 시작했다. 이것은 크레덴차(credenza음식물 저장고) 주위에 세워졌는데, 크레덴차는 '코무니타(comunità공동체)를 믿는다'라는 의미를 띠었다. 이런 공동체형식의 크레덴차는 최초의 것이 이미 A.D. 6세기 산 암브로지오에서 발생했었다고 한다. 이것은 습기로부터 음식물을 보관하기 위해 또 식량난의 시기에 주민들을 먹여 살리기 위한 것이었다. 그러나 베르첼리의 크레덴차는 공동의 부를 분배하는데 있어 각자가 필요한 만큼 분배했다. 포는 이 대목에 주목하라고 한다. 각자가 생산한 일한 양 만큼이 아니라, 필요한 만큼 분배했다는 점을. 이러한 자치 방법은 주인들을 매우 언짢게 만들었다. 그래서 몬페라토 백작같은 자는 처벌대를 조직해 100여 명의 공동체사람들을 붙잡아다 손과 발을 몽땅 잘라버렸다. 200년 앞서 브레타냐에서도 귀족들이 농부들에게 같은 방식을 저질렀다. 손과 발이 잘린 채 농부들은 나귀 등에 올라 베르첼리로 몰려갔다. 몸이 절단된 형제들을 본 공동체원들은 그대로 가만히 울고만 있지 않았다. 그날 밤 바로 노바라로 행진해가서 그들 청부업자들과 불한당들을 대규모로 학살해버렸다. 뿐만 아니라 주민들에게 스스로 자유를 지키고 공동체를 조직해야 한다는 확신을 갖게 만들었다. 이러한 움직임은 믿을 수 없을 정도로 급속도로 번졌다. 올레지오, 폼비아, 카스텔레토 티치노, 아로나, 마지오레 호수의 북부 전 지역, 도모

도쏠라, 몬테 로사 근방 지역, 오트라 호수 전 지역, 발레지아, 바랄로, 발 마스탈로네, 비브레아, 비엘라, 알렉산드리아… 간단히 말하자면 롬바르디아 지역 절반과 피에몬테 지역 절반에서 반란이 일어났다. 어찌할 바 모르던 공작들, 백작들은 로마로 사절을 보냈고 도착한 그는 교황에게 "도와주세요, 도와주세요, 우리를 돕도록 해요, 신의 이름으로!"라고 울부짖었다. '신의 이름으로'라는 말 앞에서 교황이 어쩔 것인가? 신이 이름으로 교황은 그들을 돕기로 한다. 북쪽의 귀족들에게는 참으로 행운이게도 4차 십자군[7]이 브린디지 Brindisi에서 막 승선을 하려던 참이었다(109). 교황은 십자군에게 사절을 보내 "멈추시오, 모두들, 미안하지만, 내가 실수를 했소. 이단자들은 바다 저편에 있는 것이 아니라 저 위쪽 롬바르디아에 있소. 반란을 일으킨 농부들로 변장하고 있소. 어서 가시오" 그래서 오랜 행군 끝에 대부분 독일인으로 이루어진 8천명이 롬바르디아에 도착했다. 비스콘티 공작, 모드로네가(家), 토리아니가(家), 보로메오가(家), 그리고 몬페라토 백작의 군대들이 서로 합쳤고 여기에 새로운 인물들로 사보이가(家) 사람들이 같이 참여했다. 이어 새로운 잔인한 대학살이 일어났다. 그들은 비엘라 근처 어느 산에서 3천 여 명의 공동체원들을 일거에 대량 학살했다. 남자, 여자, 어린아이들을 모두 불에 태워 죽이고 목을 잘라 죽였다.

포는 이런 이야기는 결코 역사책에서는 언급되지 않는다는 점을 지적한다. 우리의 문화를 조직하는 사람이 누구인가? 무엇을 가르쳐야 할지를 누가 결정하는가? 주인과 귀족 부르조아다. 그런데 14세기에 롬바르디아에서 피의 혁명이 있었다는 것, 주 예수그리스도의 이

---

7 그런데 포는 이 4차 십자군에 대해서 우리는 아무 것도 모른다고 한다. 왜냐면 모든 것이 침묵 하에 통과되었고, 실제로는 5차 십자군이었던 것을 4차라고 가짜로 통과시켰다는 것이다.

름으로 서로가 평등하고 서로를 사랑하고 서로가 아무도 착취하지 않는 공동체를 세우기 시작했었다는 것, 이러한 역사를 가르친다면 어떤 일이 발생할 것인가. 십자군과 성직자들의 극악무도한 악행을 알게 된 아이들이 흥분하여 소리를 지르며 "돌치노 수사 만세! 교황 타도!"라고 할 가능성이 있기 때문이라는 것이다.

2.3. 인물 분석
- 포의 줄라레

포는 기존의 텍스트들을 수집하고 새로이 각색하여 그의 작품으로 재창조해내고, 부인 라메와 극단원들과 공동으로 텍스트의 공연을 기획하고(때로 관객들의 직접적인 요청에 의해) 만들고, 줄라레가 되어 극 속의 모든 역할을 혼자서 다 해낸다. 그는 일부는 그가 만들어낸 언어, 일부는 고어체, 일부는 북부 이탈리아 방언을 구사해가며 빈 무대 위에서 손에 마이크로폰을 든 채 분장도 하지 않고 폴로넥 티에 어두운 색 바지를 입고서 줄라레가 되어 2~3시간씩(어떤 경우엔 12시간) 지속되는 공연을 혼자서 처러 낸다. 그의 공연 방식은 가는 곳마다 특별한 반향을 불러일으키며 무수한 관객들을 사로잡았다. 1974년 밀라노의 한 야외 공간에서는 그의 〈미스테로 부포〉를 보기 위해 3만 여명의 관객이 몰려든 바도 있다.

포는 줄라레를 권위에 대항하는 확고한 변혁의 상징, 서민층의 의식을 지지하는 옹호자, 착취계급의 문화형성에 전적으로 몸을 던지는 풀타임 지식인의 일종으로 보라고 유도하면서 어떤 오해를 초래하기를 원치 않는다고 한다. 줄라레가 항상 민중들의 해방과 의식화에 온 마음과 영혼을 쏟는 배우라고 절대적으로 의미하는 것은 아니라는 것이다. 민중의 편에 선 줄라레도 있지만 권력과 극우주의자, 보수주의자들에게 전적으로 봉사하는 줄라레도 있었던[8] 만큼, 이런 줄라레도 있고 저런 줄라레도 있었다는 점을 포는 지적해둔다. 포는 자신이 풍자극을 사용하는 이유를 이렇게 설명한다.

　만약 제가 수사학적이고 우울하고 드라마의 원칙을 지닌 '비극적'인 주요소(이해하기 쉽게 말하자면, 전통적인 드라마)를 사용하여 폭정에 대해 이야기해야 한다면, 저는 단지 분노에 대한 감동만을 줄 것이며, 그 모든 건 분명 거위 등 위로 흘러내리는 물처럼 미끄러져 떨어져 버릴 것이고, 아무 것도 남지 않게 될 것입니다. 【...】 민중에 대해서 말할 때 우리는 마오쩌둥이 풍자에 대해 말한 것을 기억해야 합니다. 그는 풍자란 민중들이 통치자들의 모든 부정과 부패를 자신들의 문화 내에서 자신들 스스로에게 분명하게 이해시키기 위해 사용해왔던 가장 효과적인 무기라고 말합니다. (16)

그리고 바로 민중들의 효과적인 무기역할을 위해 그는 중세의 줄라레를 따다가 바로 현대의 줄라레가 된 것이다. 그렇다면 포가 인용하는 민중의 편에 선 줄라레의 역할은 무엇일까. 줄라레는 여기저기를 돌아다니던 중세의 방랑시인, 어릿광대, 익살꾼 등을 가리키는 말이다. 그는 음악가일 수도 있고 마술사, 곡예사, 문학작품을 낭송하는 자일 수도 그 외 다른 자가 될 수도 있다. 포에게 줄라레는 허가 받은 어릿광대가 다른 인물로 변장을 한 채 벌이는 '경멸'의 구현이다. 그가 표현하는 이러한 '불경'은 중세 시대 예술의 공통적인 요소였다. 프랑스 기적극에서는 왕이나 황제 심지어는 교황조차도 상당히 심한 경멸의 대상으로 취급당하고 있다. 양치기들이 양을 훔치고

---

8 Fo, Dario. *Manuale minimo dell'attore*. Torino: Einaudi. 1987. p.121.

노아의 주정을 담아 코믹극을 만들어내는 영국 미스테리극의 코믹한 요소들에서도 이 경멸은 반영되어있다. 포는 줄라레를 이렇게 말한다.

줄라레는 여기저기를 돌아다니며, 강력한 권력층에 대한 그로테스크한 공격을 가하는 작품으로 광장에서 익살광대 짓을 벌인다. 줄라레는 인물은 민중들 속에서 나온 인물로서 민중들에게서 분노를 이끌어내어 그것을 그로테스크한 매개수단을 통해 투영한다. 민중들에게 연극이란 항상 표현, 소통의 주요 매개 수단이었다. 뿐만 아니라 여러 사상들을 포함한 도전과 선동의 수단이기도 했다. 연극은 극적인 형태로 만들어진 그리고 말로 하는 민중들의 신문이었다. (Hood, x vi.)

또한 그는 "아리스토파네스나 몰리에르의 희극 작품에서 어릿광대는 늘 기본적인 인간의 필요조건인 굶주림에 전념하고 있는데, 그것은 음식물과 성에 대한 굶주림뿐만 아니라 존엄성에 대한 굶주림, 힘에 대한 굶주림, 그리고 정의에 대한 굶주림이기도 하다"고 하였다(*Fabullazzo*, 375).

한편 방언이 수백 개가 넘던 중세 당시 줄라레는 어떤 언어를 사용했을까. 포는 이 부분을 두고 줄라레의 표현 언어인 방언은 차라리 또 하나의 언어라고 말하는 편이 더 낫다고 한다. 왜냐하면 13~15세기의 포강 유역의 언어로서 한 배우가 연극에서 이 언어를 사용하였는데, 그는 매일매일 도시들을 바꿔가며 지내야 하는 사람이었다. 오늘은 브레쉬아, 내일은 베로나, 베르가모 등등. 그래서 이 언어에서 저 언어로 아주 딴판인 방언으로 공연을 해야 하는 처지에 놓이게 되었다. 그 당시에는 수백 개의 방언이 있었는데 도시마다 아주 큰 차이가 났다. 그렇다면 줄라레는 그 당시에 그가 어떻게 했을까? 그는 자신만의 언어를 개발했다. 여러 많은 방언에서 형태를 따왔고 특정한 순간에는 단어들을 대치할 수 있었다고 한다. 뭔가를 이해시키기 위해 어떤 단어를 골라야 할지 잘 몰라 곤경에 빠질 때면 곧바로 세 개, 네게, 다섯 개의 동의어를 제시해준다는 것이다. 예를 들어 '《*Non me toccar a mi*(날 건드리지 말아요), *che mi a son zobina, son fiola, tosa son e garsonetta*》. 뒷부분의 표현들은 전부가 다 "난 소녀예요, 난 소녀예요, 난 소녀예요 또 난 소녀예요"로서 사람들은 그 가운데 각자 자기들이 가장 잘 이해할 수 있는 용어를 고를 수 있다는 것이다. 이런 반복은 다른 목적으로도 사용되어지는데, 시적인 순간을 배가시키기 위해서, 무엇보다도 의미전달과 동시에 연극의 리듬감을 살리며 연극성을 극대화시켰다는 것이다(29).

3. 질문하기

1) 〈미스테로 부포〉에서 풍자를 통해 다리오 포가 다루는 주제는 무엇인가?
2) 다리오 포의 공연 기법 특징은 무엇인가?
3) 미스테리 극과 포의 '미스테로 부포'의 차이는 무엇인가?
4) 줄라레는 누구이며 어떤 역할을 하였는가?
5) 콤메디아 델라르테의 극 형태는 무엇인가?

4. 공연사에서의 주요 작품(해외공연)

4.1. 1969년 이후 포의 공연들

(공연하는 다리오 포, 1991)

공연들은 다리오 포가 직접 공연한 것들이 거의 대부분이다. 포의
공연들은 책의 내용과 항상 꼭 같지는 않으며 상황에 따라 변한다.
라이 TV에서 제작한 공연 영상은 유투브[9]를 통해 쉽게 확인할 수 있
다. 처음 시작 부분은 포와 그의 부인 프란카 라메와 '라 코무네' 극단
원들의 춤과 노래가 음악에 맞춰 코믹하게 펼쳐진다. 이후 본격적인
공연이 시작되면 다리오 포가 다시 등장하여 빈 무대에서 혼자 2시간
이 넘도록 쉴 틈 없이 속사포처럼 대사를 쏟아낸다. 관객들은 꼼짝도
안하고 그의 나레이션 공연에 빠져들고 박수와 웃음소리가 그치지
않는다. 무대 장치도 음악도 특별한 무대 의상도 없고, 조명도 변화
하지 않은 채, 다리오 포의 나레이션과 어느 공연보다 집중하고 있는
관객들의 반응들이 무대와 객석을 채운다.

---

9 https://www.youtube.com/watch?v=9EdIFECzTVE 그 외 1991년 공연의 각 편
들이 유투브에 있다. https://www.youtube.com/watch?v=gKdKu8h-NXg 등...

(객석과 통로를 가득 채우고도 자리가 모자라 무대 위까지 앉은 관객들, 1991)

4.2. 2016년 공연

(5월 20일, 파도바 제옥스 극장 9시 / 5월 27일, 밀라노 챠크 극장, 9시 / 로마 8월 1일, 로마의 카베아 오디토리움 파르코 델라 무지카 극장, 9시, 로마에서는 공연날짜가 6월 16일이었으나 다리오 포의 후두기관지염으로 인해 8월 1일로 연기)

올해로 90세의 다리오 포가 〈미스테로 부포〉 공연을 치렀다는 게 믿기 어려울 정도이다. 제목은 기존과는 달리 '호랑이 이야기와 다른 이야기들 *la Storia della tigre e altre storie*'이라는 부제가 붙어있다. 과거, 저항의 시대(1968∼69)에 자리를 잡았던 줄라레 공연 〈미스테로 부포〉는 다리오 포와 프랑카 라메의 경력에서 있어서 전환점이 되었을 뿐만 아니라 즉각적으로 세계 연극의 획기적 이정표가 되었다. 이탈리아와 해외에서의 지속적이고 커다란 성공으로 인해 '미스테로 부포'라는 타이틀은 하나의 공식이 되었고, 이 독백극 모음은 포와 라메에게 그들의 시대를 적극적으로 이야기하는 풍부한 레파토리였다. 앞서 언급했듯 '미스테로 부포'의 내용이 매번 꼭 같지 않고 상황에 따라 변화를 주듯, 올해 2016년 포는 그의 각기 다른 두 편의 걸작 즉 1979년의 〈호랑이 이야기와 다른 이야기들〉(포의 독백극)[10]과 1982년의 〈외설스런 파볼라쬬 *Fabulazzo Osceno*〉(파르파야 토폴라 역할)에서 탄생하여 두 편의 이야기로 이루어진 새로운 버전의 〈미스테로 부포〉를 무대에 선보였다. '호랑이 이야기'는 고대 중국에서 나온 이야기에 기초를 두고 있다. 한 중국 군인이 오랜 행군 동안에 다리를 다치고 무리에서 떨어져 호랑이가 사는 동굴 근처에 버려지고 그 호랑이와 친하게 되어 헤어지기 힘든 친구가 된다는 내용의 이야기이다. 여기서 호랑이를 갖는다는 건 의지력, 자유와 사회적 정의를 수호하는 것을 의미한다. '파르파야 토폴라' 이야기는 중세 프랑스의 이야기를 포의 부인 프란카 라메가 이탈리아어로 번역한 작품이다. 이 이야기는 성과 에로티시즘을 풍자하는 외설적 코믹 독백극으로, 여성의 성을 나타내는 신화적 알레고리이다. 이 극은 믿기 어려울 정도의 우여곡절을 겪는 양치기 지아반 페트로에 대한 이야기이다. 그는 홀로 알프스에 떨어져 사는 솔직하고 똑똑한 인물로 삶을 전부 양털 무더기 속에서 보내며 산, 강, 계곡에 서식하는 식물과 동물에 대해서는 모두 안다. 하지만 불행하게도 그가 만나게 될 젊고 아름다운 알렉시아의 사랑과 성을 포함하여 인간과 세상에 대해서는 아무 것도 모른다. 그는 그녀와의 만남으로 인해 인생이 허리케인 속처럼 온통 뒤집힌다. 그곳에서 순수함은 기만과 교활함의 실제와 충

---

10 https://www.youtube.com/watch?v=ISNOxx4JXGM 2007년 제노바의 폴리테아마 극장 공연

돌하게 된다. 과거 1982년 〈외설스런 파볼라쪼〉 공연에 대한 인터뷰 중 외설스러움에 대한 질문에서, 포와 라메는 외설은 이탈리아 문화의 열쇠들 가운데 하나이며 이것은 데카메론과 연결되어 있는 것의 한 형태라고 말하였다. 한편 이번 2016년 공연에 대해서 포는 '이번 공연의 특별한 키를 들라면 그것은 의성어, 리듬, 템포, 제스처, 말, 음향에 기반하고 있다는 점'이라고 한다.[11] 두 내용으로 보아 주제와 형식면에서 포가 행해오던 나레이션 극의 특징들이 이 공연에서도 기본적으로 작동하고 있다는 점을 짐작해볼 수 있겠다. 공연을 보지도 못하였고 관련 자료도 수집하기 어려운 상태에서 실제 공연의 특징들에 대해 필자가 더 이상 언급하기는 어렵겠다. 그러나 포가 그의 이번 새로운 공연으로 초대하며 "우리에게 연기는 단순히 직업이 아니라 우리가 새로운 상황을 창조해내고 관습과 규율을 제거해버릴 때 무엇보다도 최고의 기쁨에 도달하는 오락이기도 하다. 우리는 우리의 걸음이 당신에게 전달되기를 그리고 당신을 놀라게 하고 웃게 하고 생각하게 만들 수 있기를 희망한다"고 밝혔듯, 그의 작품의 일관성과 안주하지 않고 매번 거듭나는 도전 정신에는 여전히 변함이 없음을 확인할 수 있겠다.

---

11 「Il secolo XIX」지(紙), 24 DIC, 82.

‖ 참고문헌 ‖

D'Amico. *Alessandro. Storia del Teatro Drmmatico*, Vol I. Roma: Bulzoni
    Editore, 1982.

Fo, Dario. *Fabullazzo*, Milano: Kaos Edizioni, 1992.

_____. *Manuale minimo dell'attore*, Torino: Einaudi, 1987.

_____. *Mistero Buffo*, Torino: Einaudi, 1977.

Hood, Stuart. *Introduction of Comic Mistery*, edited and introduced by Stuart
    Hood. London: Methuen Drama, 1987.

Toschi, Paolo. *Le Origini del Teatro Italiano*, Torino: Universale Scientifica
    Boginghieri, 1976.

http://www.teatrionline.com/2016/03/dario-fo-in-mistero-buffo-la-storia-de
    lla-tigre-e-altre-storie-2016/

https://www.youtube.com/watch?v=9EdIFECzTVE

https://www.youtube.com/watch?v=ISNOxx4JXGM

http://www.archivio.francarame.it/scheda.aspx?IDScheda=16075&IDOpera
    =61

미셸 비나베르의 〈어느 여인의 초상〉

하형주

1. 작가와 작품

1.1. 시대적 흐름

프랑스 일상극의 대표적 작가인 미셸 비나베르(Michel Vinaver, 1927~)의 작품들을 이해하기 위해서 선행되어야 할 중요한 사실은 바로 그의 작품이 쓰여졌던 70~80년대의 시대적 사상에 대한 이해일 것이다. 이 시기 프랑스 철학은 구조주의로부터 후기구조주의으로의 사상적 전환이 이루어진다. 구조주의는 데카르트로부터 샤르트르에게까지 이어진 주체 중심에 대한 비판, 특히 사르트르의 실존주의 관점에 반발하며 주체의 죽음을 주장하였다. 사실, 이 죽음은 바로 데카르트적인 "코기토(cogito, 나는 생각한다)"의 원리를 출발점으로 삼는 것을 포기해야 함을 말하며, 헤겔에서 정상을 누렸던 서구의 지식체계와 이데올로기가 지나치게 자기중심적 동일화라고 비판한다. 그래서 이들은 서구적 이성의 보편성에 대해 비판하면서 주체라고 불리워지는 것이 가상적 허구에 지나지 않으며, 인간이 더 이상 자신의 주인으로서의 역할이 불가능해지고 사회와 구조의 지배를 받게 된다고 말한다. 따라서 구조주의는 내 속에 생각되어지는 '그(il)'

가 있음을 말하며, "개인적 자아에 종언을 구하고, 그 자리에 주관 없는 익명적 체계, 익명적 사유를 내세운다."[1]

하지만, 이렇게 이성적 철학의 죽음을 말하는 구조주의는 여전히 구조를 선험적 보편적인 것으로 보는 한계를 갖는다. 프랑스 68혁명을 분기점으로 등장한 후기구조주의는 여전히 필연을 전제로 사고하는 구조주의를 비판하며 구조의 역사성과 상대성을 중시한다. 후기 구조주의는 서구 유럽문명 배후에 있는 형이상학의 역사 전체를 반성하며, 이 형이상학이 가진 이분법적 중심론이 얼마나 평범한 일상에까지 변형되어있으며 어떻게 위장된 형태로 다양화되어있는가를 비판한다. 특히 68혁명 이후 사람들은 더 이상 정치적 이념보다는 오히려 이러한 거대이념으로 희생되어지는 개인의 삶에 주목하게 된다. 그래서 전통 형이상학의 해체로서 탈중심론을 주장하며 후기구조주의는 다원성, 우연성, 그리고 더 이상 거대서사가 아닌 미시적 이야기에 주목한다. 이러한 해체론적 관점과 함께, 미시적 삶을 살아가고 있는 소시민적 삶과 그들의 일상성에 근거해 글쓰기를 행하고 있는 극작가 비나베르를 이해해야 할 것이다.

1.2. 작가의 생애와 작품

미셸 비나베르는 1927년 1월 13일 파리에서 고미술상을 하는 아버지와 변호사였던 엄마 사이에 태어났다. 그의 외삼촌, 위젠느 비나베르는 맨체스터 대학에서 로마 문학을 가르치는 교수였다. 그는 부모로부터 물려받은 미적 감각과 취미 그리고 언어에 대한 열정을 갖지만, 법적 소송에 대한 혐오로서 말이 가지는 허위들을 거부하는 경향

---

1 김형효, 『구조주의의 사유체계』, 도서출판 인간사랑, 1990, 18~24쪽 참조.

도 동시에 가진다. 비나베르의 원래 성은 Grinberg인데, 그가 글을 쓰기 시작하면서 자신의 엄마 성인 비나베르를 필명으로 선택하였다. 그의 가족은 러시아 유태계였지만, 비나베르는 특별히 유태문화에 영향을 받지 않았으며, 오히려 프랑스 문화의 영향 하에 있었다. 언어적 감각을 지닌 그는 문학 학사를 마치고 영어에 탁월한 능력을 드러낸다. 또한 그는 1944~45년 이차세계대전 말미에 전쟁에 자원하여 참가하는데, 이 경험을 통해 전쟁이 드러내는 문제들에 직면하게 된다. 이는 나중에 그의 작품들, 〈한국사람들〉이나, 〈이휘제니 호텔〉 등의 작품에서 그 영향을 살펴볼 수 있다.

그리고 1953년 그는 다국적 기업 질레트(Gillette) 회사의 C.E.O.로 들어가는데, 이는 경제적 문제로부터 자유로이 창작활동을 하고자 했었던 그의 의지였다. 하지만 회사생활로 인해 창작시간이 절대 부족하였기에, 그는 잠을 줄이며 새벽시간에 주로 글을 썼다. 이 다국적 기업 간부로서의 그의 생활은 그를 일상극의 대표 주자로서 자본주의 시스템이라는 거시세계 속에서 휘둘리는 소시민의 삶을 담아내는 데 중요한 계기가 되며, 그의 작품에서 지속적으로 등장하는 다국적 기업이라는 소재를 가능하게 한다.

비나베르의 글쓰기는 먼저, 소설에서 시작되었다. 1953년에 발표된 첫 번째 소설, 『내 길을 발견했어 J'ai trouvé ma voie』은 사실, 그의 나이 17살(1944년)에 쓰여진 글이었다. 이 소설의 제목은 아이러니하게 붙여진 것이다. 또한, 그는 엘리어트(T. S. Eliot)의 긴 시 〈황폐한 땅〉을 번역하였는데, 이 시는 그의 창작 활동에 깊은 영향을 주었다고 한다. 이어서 그의 두 소설이 나오는데, 『Lataume』(Gallimard, 1950), 『L'Objecteur』(Gallimard, 1951) 출판되었으며, 『L'Objecteur』는 젊은 문학예술가에게 부여하는 훼네옹(Fénéon)상을 수상하였다.

그리고, 그가 코프만(E. Copfemann)과의 인터뷰[2]에서 말한 것처럼 자신이 연극을 좋아했다기보다, 희곡적 형식의 글쓰기를 좋아했다고 한다. 그는 처음부터 모든 것을 인과적으로 연결시키는 소설적 글쓰기가 아니라, 처음에는 연결되지 않았던 글들이 점점 연결되어져 가는 글쓰기인 희곡에 매력을 느꼈다고 한다. 그의 첫 번째 희곡은 『한국 사람들, Les Coréens 혹은 오늘, Aujourd'hui』(1956)로서 부상으로 인해 부대를 잃어버린 군인들과 약간 무관심한 한국의 한 시골 마을 사람들 사이의 대립된 관점들을 병치시키는 글쓰기이다. 이 마을의 열두 살의 어린 소녀와 프랑스 군인 사이에 생긴 인간적 따스함으로 드러나는 이 작품의 모든 사건들은 평범하고, 인물들의 성격이 강하게 부각되지 않으며, 대사들은 이념적인 것을 거의 드러내지 않는다. 이 작품에 대해 롤랑 바르트(Roland Barthes, 1915~1980)는 『프랑스-업저버, France-Observateur』에서 이 작품에서 군인이 "예"라고 대답하는 것은 명령도, 이데올로기도 아니며 바로 밥(식사)에 대해서라고 말하며, 비나베르의 인물들은 결코 정치에 대해 말하지 않는다고 하였다. 또한 그의 연극은 사실주의 연극이 아니며 오브제적 연극이라고 언급한다. 그래서 이 이론가는 비나베르의 작품에서 드러나는 현실에 대한 관점은 우리 프랑스 연극에서 새로운 것이라고 생각한다고 말하며 그의 작품의 독창성을 칭찬하였다.[3] 첫 희곡 작품에서 이렇게 그의 독창성을 인정받으며 비나베르는 자신의 창작 활동을 이어간다. 1958년의 『문지기들, les Hussiers』, 『이휘제니 호텔 Iphigénie Hôtel』(1960)을 출판한 이후, 그는 『배위에서, Par-dessus bord』(1972)의 작품이 나오기 전까지 12년의 세월동안 글쓰기를 중

---

2 Michel Vinaver, "Entretien avec E. Copfemann", in *Ecrit sur le théâtre*, par M. Henry, L'Aire, 1982, p.275. (이후에 E.T.로 줄여 표기할 것임을 밝힌다.)

3 M. Vinaver, *Théâtre complet 1*, Actes Sud, 1986.

단한다. 이 기간 동안 그는 이탈리아 질레트 자회사의 사장이 되었고, 1966년에 프랑스 자회사의 사장이 되면서 그는 앙시(Annecy)에 1966 부터 1970년까지 머물렀다. 그리고, 그의 대표적 글쓰기, 몽타주 기법이 드러난 『구직 La demande d'emploi』이 1973년에 출판되었으며, 이후 그의 활발한 작품활동으로, 『반대자, 그는 말없이 행한다, Dissident, il va sans dire』, 『니나, 그것은 다른 것, Nina, c'est autre chose』, 『일과 나날, Les travaux et les Jours』(1977), 『거꾸로, A la renverse』, 『일상, L'Ordinaire』, 『이웃사람들, Les voisins』 그리고 『어느 여인의 초상, Portrait d'une femme』(1984)이 출판되었다. 1988년에 그는 『텔레비젼 방송, Emission de la television』을 쓰고, 1997~98년에 『왕, King』을 창작하였으며, 미국의 9・11 테러 이후 2001년에 나온 『2001년 9월 11일, 11 septembre 2001』의 작품들이 있다.

이 작품들은 대부분 극적인 역동성이 제한된 반복되는 일상적 삶, 즉 거대서사가 아닌 소시민의 일상적 삶을 바탕으로 하여 씌어졌다. 작가 비나베르는 무의미하고 평범한 일상의 대화에도 불구하고 한 가지 의미가 부상하는 일상성은 헛된 것이 아니라고 말한다. 그래서 작가는 끊임없이 반복되어지는 무의미한 작은 것들에서, 혹은 불확실한 일상에서 중요한 결정적인 것을 드러내는 삶에 관심을 가지며, 이 일상성에 근거한 그의 글쓰기는 그 "무엇을 찾는 행위"[4]이다. 〈구직〉은 전 직장에서의 해고 후 직장을 구하는 파즈의 미시적 세계가 자본주의 논리로 돌아가는 거시적 세계와 중첩되어 그려진다. 또한, 〈일과 나날들〉은 커피기계를 만들어내는 꼬송(Cosson)이 다국적 기업에 의해 병합되어지면서 이 회사의 에프터서비스 부서에 근무하는 다섯

---

4 Michel Vinaver, "Mémoire sur les travaux" Habilitation à diriger les thèses, *Etudes théâtrales*, Paris III, 1986, p.25.

직원들이 구조 조정이라는 문제에 직면해 갖게 되는 불안정한 입장을, 그리고, 〈거꾸로〉에서는 일반적으로 대부분의 여성들이 사용하는 선텐 크림과 이 선텐 크림을 생산하는 기업 브로젝스 지점과 피부암, 그리고 텔레비전 방송을 통해 드러나는 과장된 광고와 인터뷰 등을 소재로 다룬다. 〈어느 여인의 초상〉 역시 일간지 사회면에서 볼 수 있는 살인사건을 그 소재로 다루고 있다. 하지만 이 사건은 1951년에 한 여대생이 자신의 남자친구를 죽인 사건으로 1984년 33년이 지난 후 다시 소환해낸다는 점에서 그 의미는 더 구체적으로 살펴보아야 할 것이다. 이렇게 일상성에 근거한 이 작가는 단순히 일상적 삶을 드러내는 것이 아니라, 단편화된 글쓰기와 이질적 시·공간의 대사들의 충돌을 통해 그들이 타성에 젖어 살아가고 있는 이 미시적 세계의 근본적 문제를 새로이 바라보게 한다.

2. 희곡 읽기

2.1. 작품개관

『어느 여인의 초상』5은 1951년 3월 17일에 있었던 폴린느 뒤뷔송(Pauline Dubuisson)의 살인사건에서 소재를 가져온 작품이다. 이 소재를 가져오는 과정에서, 작가의 관심을 끌었던 것은 살인자의 심

---

5 이 책의 번역본은 서명수 번역본(도서출판 연극과인간)을 참고로 하며, 이해를 돕기 위해 필자의 번역을 대신하기도 할 것이다. 그리고 서명수 번역본(2006년 초판인쇄)에서의 등장인물이 바뀐 오류가 있었는데, 33쪽에 오자노씨 4천 8백은-) 오자노씨가 아니라 '총포상'의 대사이다. 그리고, 49쪽에 첫 번째 인물, 자비에의 "파리로 가기로 정했대?"의 대사는 자비에가 아니라, '끌로데트'의 대사로 "자비에가 파리로 가기로 정했대?"임을 밝혀둔다.

리적 상태가 아니라, 폴린느 뒤뷔송 개인에 대해, 그리고 그녀를 둘러싸고 있었던 그 시대의 사람들, 변호사. 재판장, 검사에 대해 관심을 가진다고 바르바라 메태-샤스타니에(Barbara Métais-Chastanier)와의 인터뷰에서 비나베르는 말하였다. 작가는 이 작품에서 재판이 행해졌던 1953년의 허구적 시간을 그대로 차용한다. 그래서 희곡, 『어느 여인의 초상』에서 소피 오자노가 자신의 애인인 자비에 베르제르를 살해한 시점은 실제 사건이 일어난 1951년 3월 17일이다. 이는 작품에서 그녀의 25살 생일, 1952년 3월 11일에 부모가 소피가 집에 들리지 않는다는 말을 주고받는 대사를 통해 아직 부모가 자신의 딸이 살인을 해 구속되었다는 사실을 모른다는 사실이 의문점을 주었지만, 법정 장면을 동일 시점으로 잡아 소피가 슐레진저 박사를 보러간 1950년 8월이 사건이 있기 몇 달 전이라는 뤼벨의 대사에 근거했다. 작가는 이 글이 쓰인 1984년에 1953년의 법정에서의 시간과 그 시대적 상황 역시 배경으로 가져오면서, 후기구조주의에 의해 환기되었던 이성 중심논리가 가진 한계에 대한 반성을 다시 상기시키며 동시대적 의미를 만들어낸다.

텍스트는, 소피 오자노가 자신의 애인이었던 자비에 베르제르를 권총으로 살해하고, 1953년 법정에서 재판을 받는 축을 씨실로 하고 있다. 그리고 이 씨실 위로 다양한 날실들, 소피의 어린 시절, 소피부모, 꼴로나 교수, 하숙집 주인인 기보부인, 자비에의 친구들 등 많은 날실들이 이 씨실과 교차·병치된다. 이 교차과정에서 작가는 몽타주 방식을 차용하여 이질적 시·공간의 대사들을 충돌시킨다. 이렇게 혼란하게 교차·병치된 부분은 일례를 보면,

"기보부인. - 소피 널 위해 산 차 한 잔과 초코 비스켓이야.
자비에. - 사람들은 본래 선하다고 생각하는 게 나의 약점이야

소피. - 너와 결혼할 수 없어

프랑신느. - 떠나야 되면 떠나

　　　나뿐만 아니라 아무한테도 주소를 알리지 말고 일 년이

　　　나 이 년. 난 기다릴 테니까"

위의 대사들은 전혀 서로 다른 시·공간에서 이루어진 대사들이다. 기보부인의 대사는 릴의 하숙집에서 식사를 하지 않는 소피에게, 그리고 자비에는 파리 까페에서 프랑신느와 그리고 소피의 대사는 과거 자비에가 그녀에게 청혼한 시점이다. 이렇게 네 개의 대사는 서로 다른 시·공간의 이질적 대사들이 교차·병치되며 서로 충돌한다. 그래서 인물들의 대사들은 서로의 말들을 간섭하고 단절시키기를 중단하지 않는다. 이러한 비나베르의 글쓰기는 통일된 질서를 창출하는 것이 아니라, 오히려 불연속적이며 무정형적인 서로에게 무관심한 질료들을 조합하는데 있다. 이렇게 우연적이고 단절된 대화들을 통해 작가는 깨트림, 즉 습관화된 생각과 사고를 깨트리는 자극, '낯설음'의 순간을 창출하고자 한다.

2.2. 시·공간

그런데 이들 대사가 이질적 시·공간의 충돌을 통해 병렬텍스트, 동시성, 순간성을 산출한다는 점에서 텍스트 분석을 위해 무엇보다 선행되어야 할 작업은 이질적 시·공간을 구분해내는 작업일 것이다. 당연히 텍스트 안에서 작가는 시·공간을 알려주는 단서를 제공한다. 작품 처음 지문에서, 비나베르는 재판이 이루어지는 시 공간을 "1953년 파리 지방법원"으로 적어놓고 있다. 그리고 소피 오자노가 자비에와의 이별 후 울름의 슐레진저 박사를 만나러 간 시기가 재판장의 말을 통해 1950년 8월로 되어있다. 그리고 이어지는 제2검사 뤼벧의 대사는 소피와 끌로데트의 대사 사이에 끼어들면서 그녀들의 이 대사가 살인 사건 몇 달 전으로 묘사함으로 그녀가 끌로데트를 통해 자비에에 주소를 알아낸 시점을 말함을 이해할 수 있다. 또한 작품 초반에 기보부인이 릴에서 자비에에게 보낸 전보를 통해 그녀가 3월 15일 파리로 갔음을 알 수 있다. 그리고 자비에의 친구 꼬르네이유에 의하면, "전보가 맘에 걸렸든지 죽기 이틀 전부터 뭔가에 쫓기는 사람 같았어요"라고 진술한 부분에서 살인 사건은 실제 사건과 동일한 시점인 3월 17일 경 일어났음을 짐작할 수 있다. 이렇게 작품 속의 대사나 지문을 통해 알려진 시 · 공간을 정리해 보면 다음과 같다.

1927년 3월 11일 소피출생/1940년 소피 13세 - 큰오빠 잠수함사고로 죽음, 그리고 작은오빠는 전투기 훈련 중 죽음/1944년 소피 17세 - 독일 군의관 슐레진저 대령의 던케르크 병원에서 내연의 관계/소피 릴의 의과대학 입학과 자비에 소피에게 말을 건다-자비에집/소피, 끌로데트(소피친구)와 자비에 앙베르 미술관에 감/자비에 꼴로나 교수집 찾아감/자비에 그의 친구들과 릴의 술집/던케르크 부모집 소피생일/의사자격증 시험 합격 후 자비에 소피에게 청혼/
자비에의 청혼 1년 후 소피는 청혼을 거절하고 자비에와 헤어짐/자비에 프랑신느와 약혼/자비에 파리 가기 전 릴의 어느 보도에서 소피 만남/자비에가 파리로 이사 가고 난 2주 후 릴에 와 이틀 동안 머무름/소피는 자비에에게 다시 시작하자고 하지만 자비에는 약혼 사실을 말하고 거절/소피는 절망하고 자살을 결심. 자비에가 기보부인에게 이 사실을 알려주고 기보부인은 소피가방에서 독약 꺼냄. 소피식사거부/자비에 프랑신느와 까페(릴)/1950년 소피 비엔나의 르구이씨와 있다가 8월 울름의 슐레진저 박사 보러감/친구 끌로데트로부터 자비에 파리 병원 캐비넷 주소 알아냄- 파리 올라갔다 자비에 안 만나고 그냥 내려옴/3월 7일 아침 소피 자비에 캐비넷 방문. 못 본지 18개월 됨- 같이 저녁을 먹고 밤을 함께 지낸 후 다음날 릴로 돌아감-총포상/소피의 24살 생일(1951년 3월11일)에 던케르크 부모 집 방문/소피 총 구입-릴의 기보부인에게 총을 보여줌/3월 15일 자비에 기보부인으로부터 전보 받음-소피 파리 올라감/자비에 꼬르네이유 만남-자비에 불안해함/자비에 파리 까페에서 프랑신느 만남/3월 17일 자비에가 집으로 들어가는 것을 보고 소피 자비에 캐비넷 방문, 그리고 자비에 죽임/소피 자살시도/소피 아버지 자살/소피 무기징역

이 시·공간에서 소피와 자비에의 헤어진 시점이후 자비에는 프랑신느와 약혼을 했고, 소피가 그를 만나 다시 시작하자고 했을 때 약혼을 이유로 거절한다. 따라서 이 사건의 앞, 뒤를 조명해보는 것은 단순히 시간의 순차적 나열을 위해서가 아니라, 이질적 시·공간의 충돌을 살펴보기 위해 중요하다. 그런데. 이렇게 이질적 시·공간의 대사를 병치시키는 전략은 몽타주(le montage)에 의해 이루어진다. 몽타주에 대해서는, 에이젠슈타인이 말한 것처럼, 선형적 인과관계에 의존하는 플롯구성보다는 파편화된, 그래서 연결보다는 충돌을 말한다. 그래서 이 작가의 극작에서 몽타주는 스토리 구성보다는 파편화된 이미지를 지각하게 하는 역할을 한다. 이 지점은 바로 비나베르가 자신이 사용한 단어들이 마치 회화에서 물감처럼 하나의 재료로서 사용되어지길 바라며 단어들 그 자체의 물성을 강조한다는 점에서 더욱 그러하다.

2.3. 글쓰기의 전략 : 몽타주

2.3.1. 불연속성(la discontinuité)

비나베르에게 있어서, 몽타주는 먼저, 인과적 연속성의 단절을 위한 불연속(la discontinuité)을 위한 것이다. 그런데 이 단절은 단순히 파편화된 글쓰기가 아니라, 습관화된 의식들의 단절 역시 의미한다. 이는 자크-프랑수아 마르샹디즈(Jacques-François Marchandise)와의 인터뷰에서 비나베르가 "연극은 한 상태에서 다른 상태로 가는 통로여야만 한다"[6]고 언급하면서 더 분명해진다. 이는 우리의 일상적 삶의 다양한 관계, 즉 경제적 관계, 사회적 집단 속에서의 내밀한 관계, 그리고 다른 사람들과 대립하고자 하는 이들의 관계 속에서 '불연속' 혹은 '단절'의 순간을 만들어 그들의 타성에 젖은 습관적 삶에 대한 인식을 자극하고자 함이다.

> F1. "소피. - 이거 얼마예요?
>
> 　오자노부인. - 제일 잘 영그는 나무부터 봐요
>
> 　　　　 그 애라구 정리가 안되겠어요
>
> 　　　　 전쟁 아니우 때가 때이니 만큼
>
> 　소피. - 그럼 저건요?
>
> 　　　　 하나두 몰라요
>
> 　총포상. - 우선 장전을 하고
>
> 　소피. - 그야 당연히 총알을 넣어야겠죠
>
> 　자비에. - 괜찮아

---

6 Entretien avec Jacques-François Marchandise, "M. Vinaver, 〈Les travaux et les jours〉", *Art Press*, n° 230, Décembre, 1997, p.43.

난 너한테 숨기는게 없잖아

소피가 날 봤어 우연은 아닌 것 같애

내가 어딜 가는지 다 알던데

비관적이야 말이 안 통하는 것 같애"

　이러한 예는 비나베르의 다른 작품, 〈구직〉에서도 단적으로 나타
난다. 〈구직〉에서는 전 직장에서 굴욕적인 수모를 받고 해고된 파즈
가 새로운 직장을 구하기 위해 이력서를 여러 회사에 내고 면접을
보러오라는 통보를 받게 되고, 다국적 기업인 CIVA 회사의 인사부장
발라스와의 인터뷰를 그 씨실로 한다. 그리고, 파즈의 개인적 삶에서
그의 부인, 루이즈와 여고생 딸 나탈리의 임신과 그녀의 중절을 위한
꾸르브부아행을 결심하는 이들 부부 등의 대사 등이 날실로 교차된다.

　　F2. "발라스.　당신은 1927년 6월 14일 마다가스카에서 태어났군요

　　　　루이즈.　여보

　　　　파즈.　　육체적으로만

　　　　발라스.　그것은 분명해 보이군요

　　　　루이즈.　몇 시야?

　　　　나탈리.　아빠 내게 그러지마"

　　F3. "발라스.　당신 해고의 상황을 말해주세요

　　　　파즈.　　흑인이라고 정말? 난 왜 전혀 생각하지 못했었지 이
　　　　　　　　상 하군 너 엄마에게 네 남자친구가 흑인이라고 말했
　　　　　　　　어?

　　　　루이즈.　여보 사람들이 당신을 빨리보길 원해 게다가 충분한
　　　　　　　　호감을 갖고 있는 글이었어

나탈리.   네게 맡길게

루이즈.   꾸르브부아행 화요일 14시

파즈.   사람들은 이 회사가 진실되고 가치 있음을 보게 될 것
        입니다

        솔직히 말하면 난 긍정적인 답변을 받길 기다리지 않습
        니다

발라스.   당신이 해임되었던 이유가 왜

나탈리.   아무말 하지마

루이즈.   왜 그래 여보?"

먼저, 〈어느 여인의 초상〉의 단편 F1의 대사들과 〈구직〉 작품 초반에 나오는 단편 F2의 대사들은 도대체 어떤 맥락에서 무슨 말을 하는지, 그리고 무슨 상황인지 관객들에게 전혀 예상할 수 없게 하면서 어떤 설명도 하지 않는다. 독자/관객들은 이렇게 병치되는 단편화된 대사들을 한꺼번에 인식한다는 것이 불가능함을 경험하게 된다. 그래서 이때 관객들이 가지는 이해는 종합적이라기보다 단편적인 이해에 만족해야 한다. 그런데, 이 단편적인 이해가 인간이 가질 수밖에 없는 한계임을, 작가는 자연스럽게 파편화된 대사들을 통해 표출하고 있다. 이는 또한 작가가 작품에서 자신의 메시지를 직접적으로 말하고자 않는 이유이기도 하다.

또한, 세 단편 모두에서, 작품 속의 등장인물들은 전통극에서 전형적으로 나타나는 주요한 인물과 부수적인 인물들이 아니라, 모든 인물들이 동등한 비중으로 존재한다. 〈어느 여인의 초상〉에서 재판장, 검사, 변호사, 소피, 자비에, 프랑신느, 기보부인, 오자노부인, 오자노씨 그리고, 〈구직〉에서 파즈, 발라스, 루이즈, 나탈리 모두 동등한 비중으로 나타난다. 그래서 비나베르의 작품에서 나오는 인물들은 어

느 한 명에게 주요한 위치가 부여되지 않으며 동등하게 비위계적으로 이루어진다.

뿐만 아니라, 단절된 파편화된 대사들에 대해 관객들은 당황하며, 혼란스런 낯선 감정에 도달하게 된다. 비나베르는 자신의 『연극에 관한 글쓰기, Ecrit sur le théâtre』에서 "이 순간이 비판적"이라고 설명한다. "왜냐하면 관객은 전혀 예상치 못한 충격에 의해 어리둥절해하며 이 위협에 저항하기 때문이다. 그때부터 관객은 자신의 완전함을 보전하기 위해 긴장하며 몰두하게 된다"[7]고 설명한다. 다시 말해, 그의 단편화된 글쓰기는 이 현실 사회의 습관화된 이념에 대해 비판적 '거리'를 가능하게 하는 저항적 작업을 수행한다. 따라서, 이 단절은 위반의 개념으로 전환되며, "위반의 개념은 우리 내면에 구축된 성을 좌절하게 하며 그 스스로 조심하고 경계하게 하면서 우리의 한계를 넘어서게 하는 역할을 한다는 것이다."[8]

결국, 불연속적 단절을 통해 생겨나는 이질적 시·공간의 대사들은 서로 간섭하며 충돌한다. 그래서 드러난 불협화음은 이 시대, 이 사회의 진짜 얼굴을 드러낸다. 서로 다른 모순적인 모습들을 같이 공존시키며 이 사회의 거짓된 화해를 거부한다. 그래서 작가는 자신의 글에서 유기적인 조화와 통일보다는 이들 대사들을 그대로 병치시키며, 병렬적 구조를 지닌다. 그래서 희곡, 〈어느 여인의 초상〉에서 차장검사와 제 2 검사인 뤼벤과 그리고 변호사 깡세의 대사는 어느 한 대사에 강점을 두지 않은 채 대립적인 관점이 그대로 병치된다.

    "차장검사. - 전 용서할 수 없습니다.

---

    7 M. Vinaver, E.T., p.34.
    8 본인의 졸고, 「침묵의 미학적 글쓰기」, 『드라마연구』 제28호, 한국드라마학회, 2007, 198쪽.

이 괴물을 인간의 연약한 행복을 생각하여

극형에 처할 것을 주장합니다.

깡세. - 이 과장된 주장들 속에서

전 홀로 일어섰습니다

왜냐하면 너무 과장된 주장들이어서 마치 납덩이처럼

제 어깨를 누르고 있는 것 같기 때문입니다."

이제, 이렇게 서로 다른 이질적인 시·공간의 대사가 충돌하면서 생겨나는 순간적 유추로서의 제 3의 언설과, 또한 그로부터 유래하는 희극적 효과를 살펴볼 것이다.

2.3.2. 이질적 시·공간의 충돌

몽타주 전략에 의해 서로 다른 시·공간의 대사들이 침입, 간섭하면서 만들어진 단편화된 대사들은 자연스럽게 충돌하게 된다. 독립적인 각 대사들은 충돌하는 순간 두 대사들의 우연한 만남이 이루어진다. 이 만남의 순간 하나의 대사가 이질적인 시·공간의 다른 대사와의 상대적 관계에 의해 새로운 의미해석을 가능하게 한다. 그런데 이 이질적 시·공간의 대사들은 상대적으로 관계되면서 순간적인 유추를 창출해내는 제 3의 언술을 드러내거나, 아니면 아무것도 아닌 상태로 떨어진다. 그래서 작가는 『연극에 관한 글쓰기』에서 "관심은 순간에 존재하거나 아니면 존재하지 않는다."[9]라고 말한다. 이렇게 중첩된 대사들은 오로지 '순간'에 어떤 의미를 부상시킨다.

a) 순간성-제3의 언술

---

[9] M. Vinaver, *E.T.* p.132.

먼저, 〈어느 여인의 초상〉에서 이 순간적 의미 창출을 행하며 제3의 언술을 행해지는 대사들을 살펴보고자 한다.

"자비에. - 괜찮아

　　　　난 너한테 숨기는 게 없잖아

　　　　소피가 날 봤어 우연은 아닌 것 같애

　　　　내가 어딜 가는지 다 알던데

　　　　비관적이야 말이 안 통하는 것 같애

　자비엔느. - 그리고?

　　　　그 다음엔?

　자비에. - 너랑 내 애길 해줬지

　총포상. - 잘 보세요"

이 상황은 자비에와 프랑신느가 파리 까페에서 만나 프랑신느에게 소피에 대한 이야기를 하는 장면과 소피가 총포상에 가서 총을 사는 장면이 서로 끼어들어 간섭해 충돌하고 있다. 이때 자비에가 프랑신느와의 관계를 말하며 소피에게 다시 시작할 수 없다고 한 사실을 말하고 있을 때, 총포상의 "잘 보세요"라는 대사가 자비에의 말 뒤에 이어지면서 자비에에게 누구를 사랑하는지 그 진실을 잘 보라는 의미로 해석이 가능해진다.

그리고 또 다른 장면에서 자비에와 프랑신느의 대사에 끼워든, 소피와 대화하던 기보부인의 대사가 서로 충돌한다.

"프랑신느. - 나보다 더? 나 보다 더 사랑했어?

　기보부인. - 계속 있겠다면야

　　　　근데 너무 갑자기 있다 없다 하니"

전혀 다른 두 시·공간 릴의 하숙집에서 기보부인과 소피의 대사와 파리의 까페에서의 자비에와 프랑신느의 대사의 겹쳐짐을 통해 자비에의 소피에 대한 마음을 이들을 잘 아는 기보부인의 대사를 통해 드러낸다고 볼 수 있다. 또한, 던케르크 소피 집에서 엄마, 오자노부인과 아빠인 오자노씨의 대사가 법정에서의 소피의 변호사 깡세의 대사가 겹쳐지면서 소피가 오빠들의 죽음으로 갖게 된 고통과 절망에 부딪히며 부모의 무관심한 가정환경에서 자신을 드러내지 않으며 살아갈 수밖에 없었던 상황을 드러낸다.

"오자노 부인. - "그럴 필요없어" 매일 같은 말만 해
깡세. - 사람들에 의해 마음이 메마르고
오자노씨. - 항상 그게 그거잖아
오자노부인. - 우리가 처음 알았을 땐 달랐어요
깡세. - 또 스스로 둘러 쓴 보호막 아래에서
오자노씨. - 뭐 그게 그거였지"

이런 상황은 그의 작품 〈구직〉에서도 잘 드러나는데, 위에 언급했었던 두 개의 단편들(F2, F3)에서 파즈는 다국적기업 인사부장과의 인터뷰에서 거짓으로 자신으로 포장하고 있다. 결국 단편2에서의 그의 말은 집에서 부인의 대사와 겹쳐지면서 그의 말이 거짓임을 드러나고, 단편3에서의 파즈의 말은 루이즈의 "장님"이라는 말과 함께 그가 진실을 보지 못하고 회피하고 있음을 나타낸다. 이렇게 전혀 다른 시·공간의 대사들이 겹쳐지면서 만들어진 충돌된 대사를 통해 작가는 자연스럽게 제 3의 언술을 드러내며, 이를 통해 작품이 말하고 있는 것에 대한 독자/관객의 유추가 가능해진다. 그래서 작가는 자신의 공연에서 관객들에게 눈으로 보기보다 귀로 듣기를 부탁한다. 이 이

질적 대사들의 병치는, 그래서 마치 회화에서 하나의 색이 다른 색이 덧칠되어지면서 변화되듯 매번 새로운 관계 속에서 상대적으로 의미화된다.

F1. "파즈. 당신에게 이미 말한 것처럼 나는 낙관주의입니다
   루이즈. 어제 그는 울었어"
F2. "파즈. 우리는 행복해
   루이즈. 장님이야"
F3. "발라스. 우리 회사는 인간을 중요하게 생각합니다
   루이즈. 당신에게 일격을 가해야겠군"

위의 F3의 두 대사역시 전혀 다른 시·공간의 대사가 연결되면서 다국적 기업의 인사부장의 말이 거짓임을 드러내며 그의 거짓된 말에 일격을 가해야 함을 드러낸다. 이 순간 관객의 기대와는 다른 대사의 끼어듦을 통해 야기된 이 엉뚱한 충돌은 관객들에게 웃음을 제공한다.

b) 웃음
비나베르의 작품에서 이와 같이 이질적 시·공간 충돌을 통해 순간적 유추가 가능하게 하는 제3의 언술은 매번 이루어지지 않는다. 하지만 너무나 엉뚱한 대사들의 연결은 관객들에게 웃음을 제공한다. 이 경우는 〈어느 여인의 초상〉에서보다 그의 몽타주 작업을 단적으로 드러내는 〈구직〉의 경우에서 더 두드러진다.

"나탈리. 아빠가 너무 불쌍해보여서 권총을 사줄거야
발라스. 탁월해 탁월해"

이 두 대사의 순간적 연결은 관객에게 처음에는 당혹감을 주지만, 이들은 곧 자신들을 회복하고 웃음을 터뜨리게 된다. 사실 텍스트 안에서 파즈는 발라스와의 인터뷰 과정에서 끊임없이 거짓을 드러내며 이 사회의 타성에 젖어있는 이데올로기를 그대로 드러내 보여준다. 그는 결코 자신의 진실을 직면하지 않을 뿐 아니라 끊임없이 자신을 포장해낸다. 그래서 파즈가 스스로 반성하기보다 오히려 자신의 오만함을 보이려고 노력하면 할수록 그는 더욱 더 깨트려진다. 이 지점은 바로 〈어느 여인의 초상〉에서 "그 속에 있는 것을 알기 위해 깨트려야 해"라는 소피의 말처럼, 현실적 상황 앞에서 그 자신을 포장하고 자신을 드러내지 못하는 이 두 인물의 모습이 웃음을 통해 관객 스스로에게 그 질문은 던져진다. 작가는 자신의 희극에 대해 "충격적인 것에 도달하는 기회를 가진 것"[10]으로 정의한다. 그는 설명하길, 이러한 희극은 앙리 베르그송의 〈웃음〉에서 말한 자기보다 못한 사람에 대해 웃는다는 전통적 희극 개념과는 다르다. 다시 말해 이 웃음은 "불화적 마찰에서 오는 가벼운 일탈이고 열림"이며 그 순간 관객들이 가지게 되는 인식의 순간이기도 하다. 그래서 그는 말하길, 이 웃음은 일상성을 흔드는 것이라고.[11] 따라서 그의 작품에서 드러나는 희극적 효과는 단순한 웃음이 아니라 인식의 전환을 가져오는 역할을 한다.

두 작품에서 나타나는 것처럼, 비나베르의 작품은 극적인 역동성이 제한된 반복되는 일상적 삶, 즉 거대서사가 아닌 소시민의 일상적 삶을 바탕으로 하여 쓰여진 글쓰기이다. 작가 비나베르는 무의미하

---

10 M. Vinaver, *E.T.*, p.34.
11 M. Vinaver, *E.T.*, p.129.

고 평범한 일상의 대화에도 불구하고 한가지 의미가 부상하는 일상성은 헛된 것이 아니라고 말한다. 그래서 작가는 끊임없이 반복되어지는 무의미한 작은 것들에서, 혹은 불확실한 일상에서 중요한 결정적인 것을 드러내는 삶에 관심을 가진다. 그래서 이 일상성에 근거한 그의 글쓰기는 무(無)로 향한 행위가 아니라 그 "무엇을 찾는 행위"이다.

이상과 같이 몽타주 전략과 함께 나타나는 비나베르의 독창적 글쓰기는 기존의 인과론적 연속성에서 벗어나 이질적 대사의 난입으로 파편화되어지면서 다원적이고 복수적인 의미 층들의 역동성을 드러낸다. 뿐만 아니라. 충돌을 일으키면서 단편화된 대사들의 단어는 소통의 도구로서가 아니라, 단어 자체의 질료적 이미지로서 물성을 드러내는 역할을 한다. 작가는 이렇게 단어들을 이미지로 소진시키며 기존의 언어를 해체한다.

2.3.3. 이미지의 물성

언어전달 기능을 거부하는 대사들은 마치 여러 잡지에서 오려내어 몽타주된 연관성 없는 사진처럼 드러난다. 그런데, 이 단편화된 이미지는 마치 화석처럼 이미지 그 자체로서 현실 그 자체의 상황을 증거하는 기능을 한다. 그래서 〈어느 여인의 초상〉에서 자비에의 파편적 대사들, "사람은 자신의 삶을 지배해야 하고 또 그럴 수 있다고 믿어요" [...] "행복이라기 보다 자기 자신의 이상에 도달하는 거요" 등에서 자비에의 이성에 의한 발전, 현실의 삶보다 목적론적 삶으로의 지향, 뿐만 아니라, 안정을 추구하고자 하는 그의 단편적 성격들을 드러낸다. 또한, 작품 후반부에 끌로데트가 자비에에 관해 소피에게 말할 때, 자비에는 너랑 "아주 끝났다는데 그리고 프랑신느라는 여자와 약혼했데구 알지 좀 약삭빠른 느낌이 드는 거 뭐 복잡한 일도 없겠고"에서 이러한 자비에의 단면을 증거해내고 있다. 그리고 제 2검사인 뤼벨이 소피에 대해 하는말, "그에게서 뭘 바랬습니까? 돈이지요"는 이 사회의 논리, 모든 것을 자본 논리로 이해하고 판단하는 이데올로기를 그대로 드러내며 소피가 의사인 자비에에게 원한 것이 돈이라는 그들의 논리로 그녀를 판단하고 있음을 드러낸다.

깡세가 소피를 변호하는 대사, "무엇보다도 남을 이겨야 하고 애정표현은 자제해야 하고 그래야 승리를 맛볼 수 있다는 집안 분위기의 영향 이것이 바로 지옥같은, 괴물같은 교육입니다"를 통해서 소피가 자신의 감정을 숨기고 살아갈 수 밖에 없었던 상황들을 증거해낸다. 이 상황은 단순히 소피의 상황만이 아니라, 이러한 사회적 환경아래에서 살고 있는 우리 모두의 상황임을 드러낸다. 그래서 데이비드 브래드비(David Bradby, 1942~2011)는 비나베르가 자신의 작품에서 우리 시대의 일반화된 초상화를 그려내고자 한다[12]고 말하였다. 그리고, 〈구직〉에서도 이 경우를 간단하게 살펴보면, 파즈가 자신의 딸 나탈리에게 "진짜 흑인이라고? 허 정말 이상하군 난 그럴 것이라고 생각해보지 않았었는데 넌 엄마에게 네 남자친구가 흑인이라고 말했어?"라고 질문하는 대사는 자연스럽게 그 사회에 존재하고 있는 인종 차별에 대한 이데올로기를 그 자체로 드러낸다.

살펴본 것처럼, 작가 비나베르는 해체론적 사유와 함께 자신의 작품을 평면적이고 열려진 채 두며 권위적인 직접적 메시지 전달, 즉 헤게모니적 관점을 표명하지 않고자 한다. 그는 자신의 〈연극에 관한 글쓰기〉에서 헤게모니적 관점을 드러내고자 하는 연극은 공허하며 희망을 사라지게 한다[13]고 언급한다. 그래서 비나베르는 자신의 작품

---

12 David Bradby, "Parcours dans l'oeuvre", *Théâtre Aujourd'hui*, N°8, 2000, p.13.
13 M. Vinaver, *E.T.*, p.132.

에서 모든 인물들을 동등하게 비위계적으로 그려내면서 그들 각자의 다양한 입장들을 병렬적으로 공존시키며 자신의 직접적인 메시지를 전달하지 않고자 한다. 또한 단일화된 논리를 거부하는 그의 글쓰기는 다양성으로 열려있으며 누구의 말이 진실인지 드러내지 않으면서 혼종의 질서를 드러낸다. 작가는 우리가 발견하거나 묘사하는 모든 것은 순간에만 진실일 수밖에 없다고 말한다. 순간에 머무르는 우리의 운명에서 우리는 자신의 경험 안에서 이해되어진 것을 증거할 수밖에 없기에 혼종성(l'hétérogénéité)은 필수불가결한 것[14]이라고 작가는 언급한다. 그래서 단일화된 질서가 아닌 이 혼종의 질서는 습관화된 것에 대한 단절을, 그래서 낯설음을 제공하면서 인식의 확장을 열어 놓는다.

결국, 몽타주 전략을 통한 불연속적인 단편적 글쓰기, 파편적 대사의 삽입, 충돌 등을 통해 순간성, 비위계적, 병렬적 글쓰기, 그리고 대사들은 더 이상 의미전달로서가 아닌 이미지로서 기능한다. 그래서 그는 자신의 글쓰기에서 드러나는 이 이미지는 마치 우리가 여행 중 차창너머로 보게 되는 스쳐지나가는 다양한 인상의 풍경처럼 드러나길 원한다. 그래서 하나의 단일화된 논리로 나아가는 기계극이 아니라, 그의 작품은 풍경극(pièce-paysage)이라고 칭해진다. 그럼에도 이러한 그의 글쓰기가 작품 끝에서 어떤 의미를 드러내는 것은 한 문장에서 다른 문장으로의 미끄러짐이 가능하기 때문이다. 이 순간 관객들은 무대와 객석 사이의 빠르고 중단되지 않고 "가고오는 것(un va-et-vient)"을 통해 순간적 유추를 행할 수 있다. 그래서 그의 글쓰기는 전혀 다른 이질적인 것의 만남의 시학을 형성하는 언어로 거듭난다.

---

14 Michel Vinaver, "Mythes de la Grèce ancienne", *Revue Critique*, N°95, 1955, p.316.

3. 질문하기

1) 미셀 비나베르의 〈어느 여인의 초상〉에서 쓰여진 극작술의 특징은 무엇인가?
2) 미셀 비나베르의 극작술에서 작가가 궁극적으로 피하고자 한 헤게모니적 관점의 극작술의 문제점은 무엇이라고 생각하는가?
3) 작품에서 이질적 시·공간이 우연적으로 충돌하며 행해지는 효과는 무엇인가?
4) 작품에서 나타나는 웃음은 전통적 의미에서의 웃음과의 차이는 무엇인가?
5) 작가 미셀 비나베르는 30년이 지난 이 사건을 가져와 소피 오자노의 살인사건을 통해 무엇을 말하고자 하는가?

4. 주요 공연

4.1. 외국공연

〈어느 여인의 초상〉은 프랑스에서 끌로드 옐신(Claude Yersin) 연출에 의해 앙제(Angers)의 누보극장(Nouveau Théâtre)에서 2003년 3월 11일 공연되었다. 또한, 에릭 아이거만(Eric Eigenmann)에 의해 공연되었는데, 이 연출가는 이 작품을 입체 화가의 작품처럼 연출해 낸다. 특히, 연출가는 작가에 의해 구성된, 장소를 그리고 시대를, 또한 지엽적인 것과 주요한 사건들을 섞은 단편화된 대사들의 복잡한 몽타주를 다성적이고 부조화의 초상으로, 또한 단편들의 충돌로부터 부상하는 아이러니를 드러내고자 하였다고 한다.

그리고 안느마리 나자리니(Anne-Marie Lazarini)에 의해 2010년 1월 28~29일 파리근교 프론티네이오로즈(Fontenay-aux-Roses)에 있는 수르스극장(Théâtre des Sources)의 공연을 시작으로 지속적으로 공연하고 있다. 그 공연일정과 극장은 다음과 같다.

2010년 3월 17일~3월 20일 루앙(Rouen) 노르망디 국립드라마센터(CDN de Normandie)

2010년 3월 23일~4월 1일 파리근교에 위치한 불로뉴-빌랑쿠르(Boulogne-Billancourt)의 동서파리지앙극장(Théâtre de l'Ouest Parisien)

2010년 4월 6일~4월 10일 마르세이유(Marseille)에 있는 라크리에(La Criée)극장

2010년 4월 20일~4월 30일까지 스위스 쥬네브(Genève)에 있는 쥬네브코메디극장(Comédie de Genève)에서 공연되었다. 이 연출가는 이미 2002년에 비나베르의 〈일과 나날(Les Travaux et les jours)〉역시 공연하였다.

(에릭 아이거만 연출, 2003)

(안느-마리 나자리니 연출, 2010)

4.2. 국내공연

미셸 비나베르의 〈어느 여인의 초상〉은 국내에서는 주로 대학교 제작공연에서 이루어지고 있다. 현재 알려진 것으로는 한양극예술연구회 제79회 정기공연으로 조재윤 연출에 의해 2013년 9월 2일~9월 7일 학교 내 한양플라자 1층 소극장에서 공연되었다. 이에 대한 구체적인 자료는 부재한다. 그리고, 한국예술종합학교에서 2007년 5월 6일부터 9일까지 김한내 연출에 의해 연극원 예술사 프로젝트로 공연된 적이 있다. 이 공연 역시 학교 실험무대에서 공연되었다.

그러나 비나베르의 〈니나, 그것은 다른 것〉이라는 작품은 극단 산수유의 류주연 연출에 의해 〈니나〉라는 공연명으로 선돌극장에서 공연된바가 있다. 하지만, 〈어느 여인의 초상〉은 여전히 학교 밖에서 공연되지 못하고 있다. 아마도 그 이유는 이 작품이 가지는 이질적 시·공간이 연계되어 있는 이 공간 형상화에서의 어려움과 대중적 이해에 대한 불확실성을 그 이유로 들 수 있겠다.

‖ 참고문헌 ‖

Michel Vinaver, *Théâtre complet 1*, Actes Sud, 1986.

_____, *Ecrit sur le théâtre*, par M. Henry, L'Aire, 1982.

_____, "Mémoire sur les travaux" Habilitation à diriger les thèses, *Etudes théâtrales*, Paris III, 1986.

_____, "Mythes de la Grèce ancienne", Revue *Critique*, N°95, 1955.

Entretien avec Jacques-François Marchandise, "M. Vinaver, 〈Les travaux et les jours〉", *Art Press*, 1997, n° 230, Décembre.

Entretien avec Jean-Loup Rivière, "Pièce jointe" in *Les voisins*, Romans populaires, 1989.

David Bradby, "Parcours dans l'oeuvre". *Théâtre Aujourd'hui*, N°8, 2000.

_____, en collaboration avec Poincheval Annabel, *Le Théâtre en France de 1968~2000*, Paris, Honoré Champion, 2007.

Patrice Pavis, *Le Théâtre contemporain analyse des textes de Sarraute à Vinaver*, Paris, Armand Colin, 2002.

김형효, 『구조주의의 사유체계와 사상』, 인간사랑, 1990.

하형주, 「침묵의 미학적 글쓰기」, 『드라마연구』 제28호, 한국드라마학회, 2007.

_____, 「포스트모던 연극의 새로운 극작술과 그 한계: 미셸 비나베르의 작품을 중심으로」, 『한국연극학』 제53호, 한국연극학회, 2014.

사라 캐인의 〈폭파, Blasted〉
- 폭력의 연극성과 정치성, 미학 -

최 영 주

1. 작가와 작품

사라 캐인(Sarah Kane)은 1971년 영국 에섹스 지역 브렌트우드 (Brentwood)의 타블로이드 신문 〈미로, Daily Mirror〉의 앵글리아 지부 신문기자였던 부모 사이에서 오빠 사이몬(Simon Kane)과 한 살 터울인 막내로 태어났다. 사이몬은 '그녀가 어린 시절 신앙심이 깊었 고 남에게 유달리 친절하였으며 극도로 섬세하면서도 지적 욕구가 강한 어린이였다고 회상한다. 그러나 캐인은 사춘기에 접어들면서 종 교를 떠났고 대신 연극에 열정을 보이기 시작했다. 그녀는 대학 시험 (A-Level)을 준비하며 연극에 심취하기 시작하는데, 학교 연극에서 셰익스피어 희곡과 리틀우드(Joan Littlewood)의 〈멋진 전쟁, What a lovely War〉을 연출하였고, 폴리테크닉 극장에서 체호프의 〈곰〉의 조연출로 활동하기 위해 무단결석을 서슴지 않았을 정도로 연극에 열중했다.'[1]

이후 캐인은 브리스톨 대학의 영문과에 입학하였고 많은 정신적 갈등과 자유를 만끽하며 본격적으로 연극에 매달린다. 대학 동창이

---

1 Simon Hattenstone, "A sad hurrah", The Guardian, Saturday 1 July 2000, https://www.theguardian.com/books/2000/jul/01/stage.

자 친구였던 스코틀란드 극작가 그레이그(David Greig)에 따르면, 그
녀는 대학 시절 '학과에 적응을 못한 채 연극에 몰두했고 또 한편으로
는 록밴드 조이 디비전(Joy Division)에 심취하면서 발칸에서 일어났
던 학살에 분노하며 한없이 음울하게 청춘을 지냈다.'[2] 시선을 사로잡

는 또 하나의 사실은 캐인이 극단적인 폭력과 거친 어휘, 음울한 휴머로 정평이 난 하워드 바커(Howard Barker)의 〈빅토리, Victory〉에 출연하며 바커에게 몰두했다는 것이다. 그 밖에 캐인은 연기 흔적도 남겼는데, 자신의 단막 시나리오 〈스킨, Skin〉을 연출한 오코넬(Vince O'Connel)은 한 지역 극장에서 자신의 희곡에 출연한 캐인의 연기에서 강한 인상을 받았다. 오코넬은 "그녀는 연극을 알고 있었다. 연극을 어떻게 하는지를 알고 있다는 강한 인상을 받았다"[3]고 당시를 회상하였다. 그 밖에 캐인은 에딘버러 프린지 축제에 세 편의 모놀로그 (〈코믹 모놀로그, Comic Monologue〉, 〈굶주린, Starved〉, 〈그 여자가 말한 것, What She Said〉)를 가지고 참가한 바 있다. 캐인은 1992년 브리스톨 대학을 졸업하였고 그 해 여름 에딘버러 프린지 페스티벌에서 웰러(Jeremy Weller)의 〈매드, Mad〉를 보고 인상을 받는다. 정상인 배우와 뇌손상을 당한 아마추어 배우들이 같은 무대에서 보여준 "완전히 체험적인" 방식의 공연에서 캐인은 깊은 충격을 받는다.[4] 자신이 하고자 하는 연극의 방향이 설정된 것은 그 즈음이다. 1992년 캐인은 버밍햄 대학 석사 과정에 입학하여 데이비드 에드가(David Edgar) 극작 과정에 참여했지만 전통적 극작법으로 진행된 과정에 만족하지 못했다. 그러나 과정의 마지막 워크숍에서 45분 분량으로 쓴 〈폭파, Blasted〉에 객석에 있던 런던 연극 에이전트 멜 케논(Mel Kenyon)이 관심을 가지면서 극작가의 길이 열리게 된다.

케논은 워크숍에서 보았던 〈폭파〉의 초고가 "원석에 가깝고 정교

---

2 Simon Hattenstone, 같은 글.

3 Vince O'Connel, http://www.iainfisher.com/kane/eng/sarah-kane-study-gr0.html. 2015년 7월 4일.

4 Aleks Sierz, *In-Yer-Face Theatre: British Drama Today*, London: Faber and Faber, 2000, 92.

하며 열정적이다. 케이트와 이안의 관계가 놀랍다. 특히 공간과 침묵의 사용이 남달랐다"[5]고 회상한다. 이후 캐인은 〈폭파〉를 완성하며 신진 작가의 창작극 드라마투르기를 지원하는 극장인 부쉬(Bush)에서 문예 감독 리터러리 매니저 보조로 일한다. 열 다섯 번이나 수정 작업을 거친 후 완성된 〈폭파〉는 1994년 맥도날드(James Mcdonald)의 연출 하에 로열 코트 극장에서 낭독극으로 먼저 발표된 후 1995년 초연에 이른다. 그러나 〈폭파〉는 초연 당시 폭력과 강간 등의 충격적 내용에 대한 비평가들의 혹평으로 캐인에게 깊은 상처를 입힌다. 프레스 리허설 공연에서 65석의 로열 코트 업스테어즈 극장 관객의 3분의 1이 공연 도중에 나갔고, 각 신문 매체들은 인신공격에 가까운 캐인에 대한 비난 일변도의 혹평을 쏟아냈다. 작가에 대한 부정적 인식이 바뀌기 시작한 것은 〈정화된 자들, Cleansed〉에 이르러서이다. 그녀는 계속된 평론가들의 혹평으로 우울증이라는 마음의 병을 얻었고, 끝내 〈4.48 싸이코시스, 4.48 Psychosis〉를 유작으로 자살하고 만다.

무엇보다 캐인의 위상은 1995년 데뷔하여 1998년 막을 내리기까지 5년 동안 다섯 편의 희곡과 한편의 단막극 시나리오를 발표하여 사실주의에 매몰된 영국 연극의 풍경을 혁신하고 영국을 넘어 유럽 전체에 새로운 글쓰기의 흐름을 이끌어낸 동력에서 확인된다. 짧은 이력에도 불구하고 그녀의 작품들은 아직도 끊임없이 논의되고 공연되고 있다는 점에서도 예외적이다. 충격적인 자살 소식과 더불어 센세이셔널한 작품 소재로 인해 세간의 시선을 끌어왔지만, 그녀가 성취한 실험적 글쓰기와 새로운 연극성이야말로 영국의 경계를 넘어 동시대 연극에 남긴 유산으로 이제 정착되어 가고 있는 중이다. 〈폭

---

5 Graham Saunders, *Love Me or Kill Me: Sarah Kane and the Theatre of Extremes*, Manchester: Manchester Up, 2002. 145.

파〉와 〈패드라의 사랑〉, 〈정화된 자들〉이 신사실주의 계보에 속한다
면, 〈갈망하다〉와 〈4.48 싸이코시스〉는 해프닝과 퍼포먼스 아트의 영
향을 받은 포스트드라마 계열의 희곡으로 독일어권의 괴츠(Rainald
Goetz), 로어(Dea Loher), 쉼멜페니히(Roland Schimmelpfennig), 옐리
네크(Elfriede Jelinek)의 작품들과 맥을 같이 한다.[6] 전통을 혁신하고
동시대 글쓰기를 선도함으로써 그녀가 이룬 문학적이고 연극적 성취
는 주목되어야 한다.

사라 캐인의 작품

〈폭파〉(*Blasted*, 1995년 로얄 코트 극장 업스테어즈에서 초연, 제
    임스 맥도날드 연출, 프란치스카 윌켄Franziska Wilcken, 존
    린스트럼Jon Linstrum, 폴 아디티Paul Arditti 음향))

〈스킨〉(*Skin*, 1995) -단막극 시나리오

〈패드라의 사랑〉(*Phaedra's Love*, 1996 게이트 극장 초연, 사라 캐
    인 연출, 비안 커티스Vian Curtis 디자인)

〈정화된 자들〉(*Cleansed*, 1998년 로얄 코트 극장 다운스테어즈에서
    초연, 제임스 맥도날드 연출, 제레미 허버트Jeremy Herbert
    디자인, 니겔 에드어즈Nigel Edwards 조명, 폴 아르디티Paul
    Arditti 음향, 웨인 맥그리거Wayne MacGregor 움직임)

---

6 국내에서 사라 캐인의 희곡은 필자가 2004년 한국낭독공연팀에서 활동 당시 번역
하였고, 그 중 〈폭파〉(문삼화 연출)와 〈4.48 사이코시스〉(박정희 연출)가 낭독극으로
처음 국내에 소개되었다. 이후 〈폭파〉는 한예종 워크샵 공연으로 몇 차례 공연된 바
있고, 〈4.48 사이코시스〉는 박정희 연출, 극단 풍경 제작으로 2006년 서울국제공연제
에 〈새벽 4시 49분〉이름으로 아르코 예술극장 소극장에서 공연되었으며, 〈간청하다〉
는 2012년 양정웅 연출로 극단 여행자 제작으로 메리홀극장에서 공연되었다. 이 글에
서 인용된 〈폭파〉의 글은 2004년 당시 필자가 낭독 공연 당시 소개한 번역을 사용하였다.

〈갈망하다〉(*Crave*, 1998년 에딘버러 트라버스 극장 초연, 비키 페더스턴Vicky Featherstone 연출, 조지아 시온Georgia Sion디자인, 니겔 에드워즈 조명)

〈4.48 싸이코시스〉(*4.48 Psychosis*, 2000년 로얄 코트 업스테어즈 초연, 제임스 맥도날드 연출, 제레미 허버트 디자인, 네겔 에드워즈 조명, 폴 아르디티 음향)

2. 희곡 읽기

2.1. 전체 개관하기

(1) 작품의 의의

플롯 전체를 관통하는 극적 사건이자 화두는 폭력이다. 그러나 캐인은 희곡에서 폭력에 천착하는 이유를 폭력 자체를 묘사하기 위한 것이 아니라 전쟁의 잔혹성을 알리기 위한 의도적인 선택이었음을 명확히 밝힌다. 그 의도에 대해 그녀는 "폭력적이 된다는 것 그리고 폭력을 당한다는 것이 무엇을 의미하는지를 논의하고자 했다"[7]고 주장한다. 〈폭파〉에서 전쟁의 폭력은 사회적 폭력으로 그리고 개인의 폭력으로 연결된다. 이안과 케이트 사이의 폭력은 젊은 여성에 대한 중년 남성의 폭력이자 동시에 지적으로 그리고 사회적으로 우월한 강자에 의한 약자의 폭력과 중첩된다. 군인과 이안 사이의 폭력은 국

---

7 Ahmet Gökhan BÇER, "Depiction of Violence of Onstage: Physical, Sexual and Verbal Dimonsions of Violence in Sarah Kane's Experiential theatre", Interview with Sarah Kane(1997, 16 September) 재인용, *The Journal of International Social Research* 16.4(2011), 82.

가 사이의 폭력이 개인 사이의 폭력으로 전환된 행위로 전쟁의 상황에서 발생한 폭력은 인간성을 황폐화시킨다. 〈폭파〉에서 폭력이 '체험적인' 극적 행위로 무대에서 수행되는 한편, 베른즈는 구조적인 차원에서 폭력이 만들어내는 브레히트적 소외효과에 주목한다. 베른즈에 따르면, 캐인은 "구조의 비연속성을 통해 의도적으로 소외 효과를 만들었는데, 1장과 2장 리즈의 호텔방을 3장의 전쟁터로 연결하면서 먼 거리에서 일어나고 있는 사건을 이곳의 문제로 환기시킨다."[8] 베른즈의 관점은 폭력 자체의 행위보다 극의 구조를 통해 폭력이 관객의 인식에 스며들어 나타나는 효과에 주목한다. 즉, 작가는 플롯의 비약을 통해 리즈의 한 호텔 방인 사적 공간에서부터 유럽, 보스니아, 전쟁터의 사회적 공간으로 인식을 확장시켜 폭력을 역사화한 것이다. 또한 작가는 폭력의 야만성을 극적 상황을 통해 환기하는 한편으로 극의 결말에서 용서와 구원의 비전을 제시하는 데서도 주목할 만하다.

이상의 맥락에서 초연 당시 〈폭파〉를 연출했던 맥도날드(James Mcdonald)의 불만 역시 타당성을 지닌다. 맥도날드는 평론가들이 캐인의 의도를 전혀 포착하지 못했다고 불평한다.

그녀는 전도유망한 신예 작가 차원을 넘어서 있다. 그녀는 어느 누구도 모방할 수 없을 만큼 독자적이고 용감하며 동시에 시적인 작품들을 보여줬다. 또한 그녀는 개인적인 것으로 정치적인 것을 이야기하고자 했고, 그것을 위한 새로운 형식을 찾아냈다. 그녀는 새로운 글쓰기가 기존의 드라마 형식을 답습하고 있을 때, 각 희곡마다 자체의 아이디어와 느낌들을 담아낼 새로운 구조를 찾아냈다.[9]

---

8 Gram Saunders, 앞의 책, 63~4.

맥도날드는 평론가들이 작가의 희곡을 이해하지 못했다고 문제를 제기하면서 희곡 모두가 내용에 따라 각기 실험적 형식을 구축하고 있고 개인의 이야기를 빌어 정치적 발화를 하고 있다고 주장하고 있다. 애블렛(Sarah Ablett) 역시 〈폭파〉의 구조적 형식이 성취한 정치적 의도와 윤리적 당위성에 주목한다. 애블렛은 캐인이 "관객에게 미디어에 침윤되어 무감각하게 된 폭력과 전쟁의 실상을 직시하게 한다. (캐인은) 연극을 통해 ... 그것들을 극복하기 위해서가 아니라 변화의 가능성으로서 포용하기 위해"[10] 보고 견디도록 한다는 것이다. 이는 캐인의 작품 세계에서 폭력과 병적 우울함 등에만 관심을 기울인 초연 당시 세간의 관심이 간과하고 있는 측면이며 이제 새삼스럽게 환기되는 작가의 영역이기도 하다. 그레이그 역시 캐인의 전집 서문에서 그녀의 모든 희곡에는 "폭발적인 연극성과 서정주의, 정서적 힘, 음울한 휴머"[11]가 스며있다고 주장한 바 있다. 개인의 상황에 천착하여 당대 사회의 문제를 제기하며 연극성과 수행성, 시적 서정성을 활성화시키고 휴머를 담아낸 것이 캐인이 열어 보인 90년대 새로운 글쓰기의 지평이라고 할 수 있다.

(2) 집필 배경

캐인이 작품을 발표한 1990년대 영국 연극계는 새로운 글쓰기가 태동하던 시기였다. 셰익스피어로부터 쇼우(George Bernard Shaw) 등의 흐름을 거쳐 이어져 온 영국 연극의 전통은 90년대 이르러서도

---

9 James Mcdonald, "They never got her", *The Observer*, 1999, 2, 27. https://www.theguardian.com/theobserver/1999/feb/28/featuresreview.review9.

10 Ablett, Sarah, 앞의 글, 70.

11 David Greig, "Introduction", *Sarah Kane: Complete Plays*, London: Methuen, 2001, ix.

여전히 희곡 중심의 드라마적 요소가 강한 보수적인 길을 걷고 있었다. 관객의 대부분은 중년 이상이었고, 젊은 세대는 영화와 같은 새로운 미디어 문화에 경도된 채 연극 문화를 외면하고 있었다. 이 같은 맥락에서 새로운 글쓰기란 사실주의에 경도된 영국 연극의 전통을 도발하는 실험적 글쓰기를 뜻하는 동시에 젊은 세대의 감성에 부합하는 글쓰기를 뜻한다. 즉, 밀레니엄을 10여 년 앞둔 1990년대의 영국 연극계에 사실주의 전통을 벗어난 일련의 폭력과 섹스, 강간, 마약 등을 날것 그대로 무대에서 재현하려는 일련의 하드코어적인 문화 양태가 하나의 연극 사조로 등장한다. 이러한 현상은 대처(Margaret Thatcher) 시대의 신자유주의와 더불어 예술 지원의 삭감으로 야기된 기성세대에 대한 젊은 세대의 폭발하는 분노와 저항심과 만난다. 그리고 이 맥락에서 로얄 코트(Royal Court), 내셔널 스튜디오(National Studio), 트라버스(Travers), 소호(Soho), 부시(Bush) 등의 극장은 신진 작가들의 산실을 자처하고 나선다. 여기서 배출된 20대 안팎의 젊은 작가들은 의도적으로 '잘 만들어진' 전통 극 스타일을 의도적으로 이탈하여 동시대의 문제를 직접적이고, 파격적이며, 적확한 표현을 통해 탐색한다. '도발적' In-Yer-Face(Aleks Sierz), '도전적 confrontational'(Raimund Borgmeier), '충격적 sensational'(Merle Tonnies), '종말적 Apocalyptic'(Gram Saunders), '뉴 자코비안주의', '뉴 부르탈리즘'(Michelene Wandor) 등으로 표현되는 이들 신진 작가들의 글쓰기 경향은 90년대 세기말적인 감수성을 연극으로 끌어들이며 새로운 문화 현상으로 자리매김을 하게 된 것이다. 이를 통해 새로운 글쓰기의 핵심 전략은 '퍼포먼스와 수행성을 활성화시켜 파편적이고 파열적이며 본능적인 글쓰기를 실천하고 이를 통해 의미와 감정을 이입시키며 카타르시스로 봉합되는 것을 방지하는 데서 발견된다고 할 수 있다.'[12] 케인의 일련의 희곡들은 90년대 영국 연극에서 확산된 새로운 글쓰기의 이정표가 된다.

90년대라는 시대적 배경 외에 〈폭파〉는 작가의 다양한 개인적 경험과 연극적 상상력이 만들어낸 작품이기도 하다. 〈폭파〉를 쓰던 당시 그녀는 우연히 텔레비전 뉴스에서 보스니아 전쟁의 참상을 목격하게 된다. 특히 한 늙은 할머니가 텔레비전 카메라에 대고 흐느끼며 하던 말 '제발 누구라도 우리를 좀 도와주세요. 유엔이 여기로 와서 우리를 좀 도와주세요'라는 말이 작가를 충격에 빠뜨린다. 보스니아 전쟁의 참상은 작가가 '왜 희곡을 써야 하는지에 대한 물음과 함께 실험적이고 체험적(experiential)인 연극을 쓰겠다는 애초의 각오를 환기하게 된 계기가 된다.[13] 결과로 1장과 2장 중반까지 남녀의 관계에 천착해오던 플롯은 2장 중반 이후 군인의 등장과 함께 갑자기 전쟁의 폭력과 병치되어 전개된다. 이와 같이 이 작품은 작가의 상상력과 현실의 경계에서 만들어졌으며, 그 동안 타부시되고 감춰져 있던 진실을 무대 중앙으로 불러와 관객의 눈앞에 들이 밀듯 극단적인 체험으로 재연하고 있다. 작가는 이야기가 아니라 체험을 보여주고 있으며 이 가운데 허위와 가식을 모두 벗겨내어 전쟁이 빚어낸 실존의 한계 속에서 인물들을 밀어 넣는다.

2.2. 장면 구성

(1) 플롯과 단락 나누기

희곡은 다섯 개의 장으로 구분되어 있고, 각 장은 시간의 경과에

---

12 Christoph Henke and Martin Middeke, "Introduction: Drama and/after Postmodernism", *Contemporary Drama in English* 14 (2007). 13~17.

13 Graham Saunders, *Love Me or Kill Me: Sarah Kane and the Theatre of Extremes*, 앞의 책, 38~9.

따른 사건의 발생과 함께 전개된다. 각 장의 마지막 순간에 들려오는 음향 효과이자 극적 효과로써 사용된 봄비, 여름비, 가을비, 겨울비는 시간의 흐름을 알려주는 기호들이다. 또한 장면의 변화는 인물의 등퇴장에 따른 관계를 중심으로 구분해볼 수도 있는데, 이안과 케이트, 이안과 군인, 그리고 이안과 케이트의 관계로 진행된다. 그러나 양식에 초점을 맞출 때 극은 전체적으로 일관되지 않으며 호텔방에 폭탄이 떨어지는 3장을 전후로 실내극, 표현주의극, 부조리극의 경향을 보여준다. 전반부는 리즈의 고급 호텔방에서 전개되며 주인공 이안(Ian)과 케이트(Cate) 그리고 이안과 군인의 권력 관계가 핀터(Harold Pinter) 식의 미니멀하고 함축적인 언어 게임으로 사실적으로 전개된다. 후반부는 폭파와 함께 폭력의 전시와 동시에 표현주의적이고 부조리극의 양식이 섞인다. 이 같은 구성 방식에 대해 윅슨(Wixson)은 케인이 "심리적-지형적 드라마투르기를 해체하여 장소와 자아의 새로운 모델을 무대에 구축했다"[14]고 보고 있다. 윅슨은 케인이 "추상적 상징과 은유를 피함으로써 정치적이고 윤리적인, 그리고 실존적인 무의식을 무대에서 재현할 수 있었다"[15]고 판단한다. 3, 4, 5장은 폭력과 파괴가 윤리와 실존적 무의식으로 승화되는 공간이랄 수 있다.

가) 1장:

무대: 영국 리즈의 고급 호텔방이다. 방에는 등퇴장을 위한 두 개의 문이 있는데, 문 하나는 복도에서 호텔방으로 연결되고 다른 문 하나는 욕실로 향한다. 방 안에는 커다란 침대와 작은 미니바가 있고, 바

---

14 Christopher Wixson, "In Better Places: Space, Identity, and Alienation in Sarah Kane's Blasted", *Comparative Drama* 39.1 (2005), 75.
15 앞의 글, 75~6.

에는 얼음에 찬 샴페인이 놓여 있다. 전화와 커다란 꽃다발이 있다.

장면 전개: 1장은 극적 시간과 실제 시간이 동일한 사실주의적 양식으로 전개된다. 이 장은 두 인물이 호텔에 도착하면서 시작되며 이안이 케이트에게 성관계를 조르고 강요하는 상황 후 무대에서 발생하지 않지만 이안에 의한 케이트의 강간으로 끝이 난다. 장면이 전개되면서 대사를 통해 두 인물의 과거, 현재의 관계와 개인적인 상황이 드러난다. 특히 40대 중반의 백인 중년 남성으로 나이가 많고 지적으로 우월한 이안과 20대에 명민하지 못한 여성 케이트의 남녀 관계가 사회적인 권력 관계로 조명된다. 인물의 대사는 매우 짧은 스타카토식의 단문으로 전개되며, 하나의 소재에서 다른 소재로 이행하면서 긴장을 축적한다. 1장의 분위기는 이안의 심한 기침, 쫓기는 듯 불안한 이안의 제스처, 이안의 인종차별적인 표현, 관객의 불편한 시선을 유발하는 이안과 케이트의 어울리지 않는 외모와 관계, 케이트의 거부에도 불구하고 이안의 강압적인 성행위의 강요, 타블로이드에 실릴 사건을 보고하는 갑작스런 전화와 케이트의 발작적인 기절 등으로 긴장을 자아낸다.

나) 2장

무대: 2장의 무대는 1장과 동일한 리즈의 고급 호텔 방이나 1장의 (무대 밖에서 이루어진) 이안에 의한 케이트와의 강압적인 성관계를 상징하듯이 꽃병의 꽃들이 이리저리 흩뜨려져 있다.

장면 전개: 2장은 강간이 있던 다음날 아침 이안과 케이트 간의 신경전으로부터 시작하여 군인이 등장하면서 군인과 이안의 갈등 상황

을 예고하며 끝난다. 이안은 폐암으로 인해 고통이 극심해지며, 고통이 가라앉자 술을 마시고 담배를 피우며 케이트와 다시 성관계를 갖고자 한다. 반면 케이트는 이안을 비난하고 그가 목욕탕에 들어간 사이 그의 가죽 자켓의 소매를 찢는 것으로 복수한다. 자신의 옷이 찢겨진 것을 발견한 이안이 케이트의 우둔함을 비웃는 순간 케이트는 다시 정신을 잃는다. 이후 이안과 케이트의 관계는 변화를 보이는데, 이안이 그녀를 보호하기 위해 연락을 끊었다고 말하자 그녀는 이안을 애무하기 시작한다. 오랄 섹스를 하던 중 케이트는 이안 자신이 킬러라고 말하는 순간 분노하며 그의 성기를 깨문다. 케이트가 목욕탕으로 가서 물을 틀어넣고 창문으로 도망간 사이 누군가 방문을 노크한다. 이안이 방문을 연 순간 군인이 들어와 이안에게 기관총을 겨누며 그의 샌드위치를 먹고 방 안을 뒤진다. 군인은 여권을 보고 이안이 기자임을 확인하며 침대 위 배게 위에 오줌을 싼다. 여름비 내리는 소리가 들리며 무대가 어두워지면서 폭발음이 귀를 찢는 것과 함께 2장은 끝난다.

다) 3장

무대: 호텔 벽 한 면이 박격포에 폭파되어 구멍이 나 있고, 그 충격의 여파로 물건들이 떨어지며 먼지가 무대를 뒤덮고 있다.

장면 전개: 3장에서 군인의 존재는 호텔 밖 전쟁터의 폭력이 이안과 군인 사이의 폭력과 결합되는 계기가 된다. 군인이 기관총으로 이안을 겨누고 있는 상황이다. 먼저 이안은 군인에게 자신이 군인이 아니고 웨일즈인이자 영국인이라고 밝히며 이름을 말한다. 군인은 자신이 전쟁터에서 자행한 여자 아이의 강간과 살해 그리고 같은 방식

으로 강간을 당하고 살해된 여자 친구에 대해 이안에게 말한다. 군인은 이안이 살인을 해 본적이 없다고 간파하고 동시에 그에게 그런 일을 신문에 써야한다고 주장한다. 이안은 그런 일은 사람들의 관심사가 아니고 더구나 영국과는 상관없는 일이라고 거절한다. 군인은 절규하며 자신이 겪은 전쟁터의 참혹한 경험을 재연하듯이 이안을 강간하고 두 눈을 먹는다.

라) 4장

무대: 3장과 동일한 상황이며 두 눈에서 피가 흐르고 있는 이안이 바닥에 앉아 있고 그 옆에는 총으로 자신의 머리를 쏘고 죽은 군인의 시체가 있다.

장면 전개: 비에 젖은 채 케이트가 목욕탕 문으로 아기를 안고 들어온다. 그녀는 도시가 폐허가 되었고 군인들이 접수했다고 전해준다. 케이트는 우는 아기를 달래려고 애쓰고 이안은 어차피 자신은 죽게 될 것이니 권총을 달라고 케이트에게 조른다. 케이트가 마지못해 권총을 건네주자 이안은 입에 대고 방아쇠를 당기지만 총알이 없어 권총은 찰각 소리를 낸다. 이 순간 케이트는 아기가 죽은 것을 발견한다. 케이트는 제어할 수 없는 웃음을 터뜨린다.

마) 5장

무대: 4장과 동일하다. 그러나 행위가 전개되면서 무대는 계시록을 환기시키는 상징적 공간처럼 된다.

장면 전개: 케이트는 마루 밑에 아기를 묻고 나무 조각으로 십자가를 만들고 흩어진 꽃을 모아 십자가 밑에 놓아두고 기도를 한다. 케이트는 먹을 것을 구하려고 다시 나간다. 빛과 어둠이 교차하는 가운데 몽타쥬처럼 자위하고 똥을 싸고 자기의 목을 조르고 웃다가 울고 악몽을 꾸고 군인의 몸을 껴안는 이안의 모습이 보인다. 이어 이안은 십자가를 뽑아버리고 묻어 놓은 아기를 먹는다. 이안은 이제 아기를 묻어 놓은 구덩이로 들어가 머리를 내놓은 채 비를 맞으며 앉아 있다. 이때 케이트가 다리 사이로 피를 흘리면서 빵과 소시지, 술을 들고 들어온다. 그녀는 이안 옆에 앉아서 자신이 먼저 음식을 먹고 난 후 이안에게 먹여 준다. 고맙다는 이안의 말과 함께 공연은 끝난다.

2.3. 인물 분석

〈폭파〉에서 케이트와 이안은 자연주의 양식으로 구축된 인물이다. 작가는 지문을 통해 인물들의 나이와 사는 곳, 사회적 계급과 특징을 구체적으로 설정하고 있다. 그러나 공연 과정에서 캐인의 인물들은 르빠쥐(Louise Lepage)가 제기하듯이 '입센의 인물들이 사회적, 문화적, 생물학적으로 구성되어 자신의 말과 행동의 주체로서 등장한 것과는 차이가 난다.'[16] 캐인의 인물들은 주어진 역할과는 다른 "자아와 역할을 스스로 취함으로써 본질적으로 변화 가능한 개인으로 존재한다. … 케이트와 이안은 자아와 극적 성격의 경계에서 결코 자유롭지도 일관되지도 안전하지도 않다"[17]는 것이다. 르빠쥐의 주장은 이 극에서 인물들이 어떻게 연기되어야 하는 지에 대한 중요한 실마리를

---

16 Louise Lepage, "Rethinking Sarah Kane's Characters: A Human(ist) Form and Politics", *Modern Drama* 57.2 (2014), 253~4.

17 Louise Lepage, 같은 글, 255~25.

제공한다. 르빠쥐에 따르면 '21세로 남부 런던 어투를 지닌 중하층 출신이며 스트레스를 받으면 말을 더듬는' 케이트가 왜 이안을 사귀었고 또 왜 지금 이안을 만나러 호텔에 왔는지, 그리고 왜 그녀 같은 성격이 축구를 좋아하는지 동기를 찾기 어렵다. 캐인의 인물의 성격과 행동은 "바람이 부는 대로 방향을 바꿔 항로를 개척하는 익숙한 배의 조종사와 같은"[18] 일관되지 않고 복잡한 양상을 보여준다. 여기에 필자는 캐인의 인물들이 배우에 의해 연기되는 과정에서 시공간에 반응함으로서 더욱 분명하게 존재하게 된다고 부연하고자 한다. 즉, 〈폭파〉의 경우 배우는 인물을 연기함에 있어 이야기(fable)를 재현하는 것에서 나아가 관객의 지각적 체험 안에서 존재해야 한다. 배우는 작가가 그려놓은 인물들 밖의 잉여의 극적 상황을 생산함으로서 보다 현실적으로 존재하게 된다. 이는 캐인의 인물들이 작가에 의해 완전하게 설명되지 않은 채 부분적으로 구축되었고 대사와 행위를 통해 스스로를 호명하는 인물로서 자아를 수행하는 것과 관련을 맺는다. 배우는 역할을 심리적으로 구축하는 대신에 행동을 통해 지금·이곳의 시공간 안에 존재함으로서 설득력을 얻게 된다. 이를 위해 배우는 자신의 역할을 심리적인 극적 성격으로서 구축하는 것 외에도 미장센의 구도와 관계망 안에서 구축해야 한다고 본다.

(1) 인물 자신과 타인에 대한 정보를 통해 인물 구성하기

① 케이트

가) 외모와 행동 특성

---

[18] Louise Lepage, 같은 글, 259.

케이트는 21세로 남부 런던 어투를 지닌 중하층 출신이며 스트레스를 받으면 말을 더듬는다.

그(이안)는 멈춰서 엄지손가락을 빨고 있는 **케이트**를 본다.

"네 꼴이 레즈비안 같이 보여."

"넌 레즈비안처럼 입었어."(이안)

케이트 떨기 시작한다. 이안은 웃고 있다. 케이트 기절한다.

……

"내가 기절했었나요? …… 항상 있는 일이예요."(케이트)

나) 가치관

"우리의 유색 동포를 사랑하신다?"(이안)

…… "그들을 내버려둬요."(케이트)

"죽은 고긴. 피가 난. 동물을 먹을 수 없어요."(케이트)

"난 축구가 좋아요."(케이트)

"당신 목소리가 불행하게 들렸어요."(케이트)

"내가 바보스럽다고 생각하죠. 난 바보가 아녜요."(케이트)

"난 저능아가 아냐. 당신은 잔인해. 난 사람에게 총을 쏘진 않아."(케이트)

"난 하느님을 믿어요."(케이트)

"기도. 가끔 해요."(케이트)

다) 직업과 상황

"아녜요. 내 동생은 학습장애가 좀 있는 거뿐이에요."(케이트)

"너희 엄마가 불쌍하다, 너희 둘이 그 모양이니."(이안)

"엄마에게 돈을 타 써요."(케이트)

"광고 회사에 이력서를 냈어요."(케이트)

"돈을 우습게 여기지 마. 넌 그걸 너무 쉽게 얻었어."(이안)

"난 한 푼도 없는걸요."(케이트)

"우린 언제나 당신 집에 가곤 했어요. / 몇 년 전이야. 이젠 넌 다 컸고."(케이트-이안)

"난 더 이상 당신의 애인이 아녜요."(케이트)

"난 샤운(Shaun)에게 그의 거라고 말했어요."(케이트)

"(당신은) 전화를 안했어요, 이유도 말하지 않은 채."(케이트)

=〉케이트는 중하층 출신으로 현실적으로 영악하지 못하며 엄마에게 의존하며 살고 있고 손가락을 빠는 버릇이 있는 21세 여성이다. 스트레스를 받으면 말을 더듬고 발작적으로 정신을 잃는 신체적 결함도 갖고 있다. 그녀에게는 어린 시절 죽은 동생이 있고 생존한 다른 동생 역시 학습 능력이 부진한 것으로 알려져 있는 상황이다. 다른 한편으로 그녀는 인종차별이 없는 박애주의자이고 채식주의자로 평화를 사랑한다. 이안이 케이트를 포기하지 못하는 이유는 그녀에게서 아내로부터 얻을 수 없었던 평온함과 함께 그녀를 정복함으로써 확인하는 남성성의 우월감 때문일 것이다. 케이트가 이안의 아들 매튜와 동년배이며, 서로 집안 사정을 잘 알지만 같은 계층에 속하지 않는 것, 그리고 매튜가 아버지와 의절할 정도로 증오하는 것으로 봐서 케이트는 매튜의 여자 친구였을 가능성도 있다. 이안은 케이트의 전 남자친구였으며 그들이 헤어진 이유는 이안이 일방적으로 케이트에게 연락을 안했기 때문이다. 현재 케이트는 남자 친구 샤운이 있다.

② 이안

가) 외모와 행동 특성

45세로 웨일즈에서 태어났으나 대부분의 삶을 리즈에서 살았으므로 그의 어투는 리즈(Leeds)의 지방색을 띤다.
"우리의 유색 동포를 사랑하신다?"(이안)
우린 그가 목욕탕에서 심하게 기침하는 소리를 듣는다.
"담배는 왜 안 끊어요?" "옷이 담배 냄새로 절었어요.(케이트)
심장, 폐, 간, 그리고 신장 등이 모두 통증에 휩싸이자 이안은 무의식적인 신음 소리를 낸다. 고통을 못 견딜 것 같은 바로 그 순간 통증이 가라앉기 시작한다.
이안은 담배를 피우며 물을 타지 않은 진을 마시며 서 있다.
"총을 갖고 있는 영국인을 만난 적이 없어. 대부분 사람들은 총이 뭔지도 몰랐어.
군인이야?"(군인)
"아무도 죽여 본 적이 없군."(군인)

나) 가치관

"내가 널(케이트) 사랑하는 거 알지."(이안)
"그 돌대가리가 영어를 알아들은 건지 모르겠네."(이안)
"내 몸에 좋다는 걸 하고 싶지 않아."(이안)
"히틀러는 유태인에게 잘못한 거야 호모들에게 상처를 준 거지 그 작자는 그놈들 대신에 중동 검둥이 놈들과 축구에 미친놈들을 날려버렸어야 해 이랜드 거리에 폭탄을 날려버렸어야 해."(이안)

"난 지방 신문 기자야, 요크셔. 외국에서 일어난 일을 다루지 않아.
   ……
총질, 강간, 호모 신부나 학교 선생들의 이상한 손장난에 희롱당하
는 애들. 한 조각의 땅덩이를 위해 서로 갈구는 군인은 다루지 않아.
기사는 좀 … 개인적인 일이어야 해."(이안)
   "신은 없어. 산타도 없고, 요정도, 물의 여신도, 빌어먹을 그런 것
은 없어."(이안)
   "모든 것에는 과학적 논리가 있는 거야."(이안)

다) 직업과 상황

"작년. 내가 정신이 들었을 때 의사가 썩어가는 이 고기 덩어리를
들고 들어왔어.
   썩은 냄새. 내 폐."(이안)
   "우린 언제나 당신 집에 가곤 했어요.
   몇 년 전이야. 넌 이제 다 컸고."(케이트-이안)
   "당신은 내게 끔찍하게 굴었어요.
   그런 적 없어.
   전화를 안했어요, 이유도 말하지 않은 채.
   할 수 없었기 때문이야, 케이트."(케이트-이안)
   "스텔라(Stella)는 알아요?
   내가 뭣 때문에 그 여자에게 말하고 싶겠어?
   두 사람은 결혼한 부부잖아요. …
   걔 엄마는 레즈비안이야. 여자보단 내가 낫지 않아?"(이안-케이트)
   "걘(이안의 아들 매튜) 날 증오해."(이안)
   "난 스텔라가 마녀로 변할 때까진 사랑했어. 계집이랑 그 짓을 하다니.

그래서 내가 너를 사랑하게 된 거야."(이안)

"너를 문제에 끌어들이고 싶지 않아.

.....

그들이 나를 죽일 거야. 날 실컷 이용해먹고."(이안)

"내가 하는/ 진짜 일/ 난/ 이제/ 킬러가/ 된 거야"(이안)

"이안 존스. 저널리스트."(군인)

"웨일즈인이야."(이안)

"난 이혼했어."

"그(매튜)에게 말해- 그에게 말해-"(이안)

"걘(매튜) 스물네 살이야."(이안)

"우리 모두 배고파 미칠 지경이지. 권총으로 자살을 하지 않으면 굶어 죽을 거야."(이안)

=〉 이안은 요크셔 지방 타블로이드 기자로 현재 45세이다. 그는 폐암 말기 상태인 중산층 남성이다. 그는 철저하게 백인 중심의 정체성을 지니고 있다. 그에게는 여성, 동성애자, 유색인종에 대한 혐오증이 농후하다. 이안의 전 부인 스텔라는 레즈비언이고 아들 매튜와는 오랫동안 왕래를 하지 않은 것 같다. 그는 끊임없이 기침을 하고 폐암으로 인한 극심한 통증으로 고통을 겪지만 여전히 술과 담배를 탐닉하고 있다. 그가 지금 호텔에 투숙하게 된 것은 정부의 비밀 첩보원의 역할을 하다가 제거 대상자로 몰렸기 때문이다. 그는 예민해 있고 신변의 위협을 느끼고 있다. 공연 전의 상황에서 그는 오랜만에 케이트에게 전화를 했을 것이다. 그리고 호텔을 잡고 기차역 근처에서 케이트를 만났을 것이고 그녀와 함께 호텔로 돌아왔을 것이다. 극중 이안의 변화는 매우 중요한 극의 의미를 담고 있다. 즉, 이안은 군인에게 전쟁의 참상에 대한 기사를 쓰지 않겠다고 말했지만, 마지

막 장면에서는 케이트에게 (전쟁터에서 군인에게 폭력을 당해 죽게된) 자신의 상황을 매튜에게 말해달라고 부탁한다("그에게 말해- 그에게 말해"). 그리고 "고맙다"고 마지막 말을 케이트에게 건넨다.

③ 군인

가) 외모와 행동 특성

군인은 침대 모서리에 앉아 2인분 식사를 순식간에 먹어 치운다.
그(군인)는 침대 끝에 서서 베개 위에 오줌을 갈긴다.
"난/ 지금/ 섹스를 하고 싶어/ 이안."(군인)

나) 가치관

"그런 일이 일어났었다고 증명하려면. 난 여기 있고, 할 수가 없어.
그러나 넌.
다른 사람들에게 얘기해야 해."(군인)

다) 직업과 상황

"나도 있었어./ 콜./ 끝내주게 예뻤지."(군인)
"콜, 새끼들은 그녀를 결단냈어. 목을 잘랐어. 귀도 자르고. 코를 잘라서, 현관에 못으로 박아 놨어."(군인)

=〉작가는 군인에 대해 자세히 소개하지 않고 있다. 군인에 대한 정보는 그가 다른 군인들과 함께 전쟁터에서 여자를 강간하고 민간

인들을 살해했으며 그의 여자 친구 역시 비슷한 방식으로 강간당하고 살해당했다는 것이다. 그러나 군인의 등장은 극의 방향을 완전히 다른 방향으로 향하게 하며 극의 양식을 바꾼다. 이안을 강간하고 그의 눈을 먹는 등 군인의 행동이 극심한 혐오를 불러일으키지만, 군인은 이 극의 가장 중요한 메시지를 관객에게 전달한다. 즉, 이안에게 한 군인의 말-"그런 일이 일어났었다고 증명하려면, 난 여기 있고, 할 수가 없어. 그러나 넌, 다른 사람들에게 얘기해야 해."-은 작가가 관객에게 전하는 핵심적인 주제이다. 영국 내 문제만 관심사로 여기는 영국 관객에게 전쟁의 참혹함을 극적 경험으로 깨닫게 하고자 한 것이다. 그가 전하는 메시지는 정치와 사회, 개인이 모두 연결되었다는 것이다. 특히 사회적 고통은 개인의 고통과 불가분 관련된다.

2.4. 중심 주제와 아이디어

① 사회적 고통과 개인의 고통은 연관된다.
② 남성성과 남성성의 해체
③ 여성성과 모성애
④ 전쟁의 참혹성과 인간애
⑤ 연극과 폭력
⑥ 새로운 잔혹성
⑦ 구원의 가능성

3. 희곡에 대해 질문하기

1) 90년대 영국의 새로운 글쓰기는 어떤 글쓰기의 방법인가요?

2) 이 극에서 사용된 양식과 스타일은 무엇인가요?

3) 이 희곡에서 "체험적"이란 표현 방식은 어떤 장면에서 발견되나요?

4) 이안과 케이트는 어떤 관계인가요?

5) 이안의 직업은 무엇인가요?

6) 케이트는 왜 이안을 만나러 왔다고 생각하나요?

7) 이 작품에서 나타나는 상징은 어떤 것들이 있나요?

8) 1장부터 5장까지 진행된 극적 시간은 얼마나 되나요? 그 근거는 무엇인가요?

9) 5장을 통해 연상할 수 있는 이전 작품에 대한 연극적 오마쥬는 무엇인가요?

10) 이 작품에서 작가가 관객에게 전하고자 한 가장 중요한 메시지는 무엇인가요?

4. 공연사에서의 주요 작품

4.1. 제임스 맥도날드(James Mcdonald) 연출의 초연과 재공연(1995, 2001)

〈폭파〉는 1995년 1월 12일 로열 코트 업스테어즈 극장에서 맥도날드 연출로 초연되었다. 이안은 핍 도나쥐(Pip Donaghy), 케이트는 케이트 애쉬필드(Cate Ashfield), 그리고 군인은 더모트 케리간(Dermot Kerrigan)이 분하였다. 프레스 리허설에서 관객의 삼분의 일이 공연 도중 자리를 떠났으나 초연에 대한 매스콤의 혹평은 역설적으로 노이즈 마케팅이 되어 연일 매진 사례로 이어졌고 공연에 대한 엇갈린 평가와 함께 양분된 극단의 관점으로 이목을 집중시키게 된다. 초연에 대한 매스컴의 혹평의 정도는 일간 신문 '데일리 메일' 의 헤드라인을 예외적으로 장식한 "더러운 쓰레기의 향연"[19]이라는 구절을 통해 엿볼 수 있다. 영국 연극 비평가의 대부인 '가디언'의 빌링턴(Michael Billington) 역시 〈폭파〉의 초연에 대해 "순진한 짓거리"라고 질타하며 공연이 담고 있는 "항문 성교, 구강 성교, 무대에서의 소변, 인육 먹기" 등의 내용에 대해 관객에게 경고하고 나섰다.[20] 반면, 긍정적인 평가의 예로는 '인디펜던트'의 반응을 주목할 수 있는데, 브레이드는 또 다른 평론가 스펜서(Charles Spencer)의 "무감각한 비평가들조차 토하게 만들었다"고 인용하면서 캐인의 작품이 "20세기 후반의 장엄하고도 음울한 비전이자 인간의 야만성에 대한 정직하고도 용감한 묘사"[21]라고 지원하였다. 동료 작가들 역시 "그녀는 용감하게도 멀지 않은 곳에서 일어난 전쟁을 이곳(런던) 중심으로 끌어들였다고"[22] 평가하였다. 이 같은 양분된 반응을 통해 알 수 있는 바는 내용에 집중할 때 관객이 폭력적인 장면에 대한 당혹스런 반응을 보였지만, 그 의도와 양식의 실험에 눈을 돌릴 때 〈폭파〉는 기존 연극이 이루지 못한 연극적 성취로 간주할 점이다. 〈폭파〉가 2001년 로열 코트의 다운스테어즈 극장에서 재공연되었을 때 보여준 빌링턴의 태도, "인도적이며 열정적인 증언"이라고 표현한 구절은 이후 달라진 평가나 관객의 반응을 대변한다. 빌링턴의 말에는 물론 작가의 죽음에 대한 암묵적인 사죄가 내재된 것이기도 하다. 그러나 초연 당

---

19 Jack Tinker, "This Disgusting Feast of Filth", *Daily Mail*, 19 January 1995.

20 Michael Billington, "The Good Fairies Desert the Court's Theatre of the Absurd", *Guardian*, 20 February 1995.

21 Mary Braid, "Young Playwright blasted for 'brutalist' debut Work", *Independent*, 20 January 1995.

22 Hellen Iball, *Sarah Kane's Blasted*. London: Bloomsbury Methuen Drama, 2015. 2.

시 무대와 객석이 붙어 있는 소극장 환경과 달리 다운스테어즈의 미장센을 관조할 수 있는 환경이 긍정적인 면모를 드러내주었다는 시어즈의 말처럼[23] 미장센에 대한 미학적 관조는 공연 의미를 이해하는 데 있어서 매우 중요한 기능을 한 것 같다. 이러한 점에 있어 연출가 달드리(Stephen Daldry) 역시 유사한 지적을 하였는데, 그는 이 공연에서 "은유적인 풍경이 이해되지 못하거나 논란에 의해 모호해져버린 것이 매우 실망스럽다"[24]고 말 한 바 있다.

달드리의 지적에 대한 적절한 예로는 이 공연에서 가장 당혹스러운 장면으로 거론된 5장의 한 장면을 들 수 있다. 초연 당시 작가는 이안이 아기의 인육을 먹는 카니발리즘의 행위가 "'연극적 이미지로 수행되어야 한다'고 강조한다. 그 행위에 대한 참혹함은 관객의 상상에서 만들어진 반응이어야 한다'[25]는 것이다. 작가의 주장은 초연 당시 이 장면이 사실적으로 재현된 데 대한 문제를 지적한다. 또한 작가는 마지막 장면에서의 이안의 모습에서 정죄되지 못한 예수의 모습을 연상하였다고 말한 바 있다. 공연의 의미는 "비에 의해 이안의 피가 씻기는 것을 보았을 때 나는 예수의 모습을 스치듯이 본 것 같다. … 그것은 이안이 사후의 삶을 비웃었던 사후의 삶이었다. 그건 지옥이었다."[26]의 체험으로 확장되고 심화되어야 한다. 캐인은 이 장면에 대해 '〈리어왕〉과 〈고도를 기다리며〉도 중첩시킨다.'[27] 눈이 뽑혀 피를 흘리는 글로스터의 이미지와 무덤 속에서 앉아 있는 이안의

23 Aleks Siers, "Interview with Aleks Siers, Mireia Aragay, and Zozaya" *British Theatre of the 1990s: Interviews with Directors, Playwrights.* Eds. M. Aragay, H. Klein, E. Monforte,P. Zozaya, 149~150.

24 Grham Saunders, *Love Me or Kill Me*, 재인용, 9.

25 Grham Saunders, 같은 책, 66.

26 Grham Saunders, 같은 책, 64.

27 Grham Saunders, 같은 책, 67~8.

모습이 환기되어야 한다고 본 것이다. 반면, 손더스는 5장의 이안의 모습에서 콜릿지의 〈노수부의 노래〉에서 노수부가 알바트로스를 죽이고 난 후 겪게 되는 초자연적인 시련과 고독을 환기한다.[28] 재공연에서 향상된 관객 반응의 핵심적 차이는 체험적 미장센이 관객의 인식으로 승화될 수 있었는지의 여부에

(제임스 맥도날드 연출, 로열 코트 극장, 2001)

있었다고 할 수 있다. 관객으로 하여금 체험적 장면에 매몰되지 말고 의식의 확장을 이루는 것이 작가의 의도로 보인다.

4.2. 오스터마이어 연출의 런던 공연(2006)

오스터마이어(Thomas Ostermeier)가 연출한 〈폭파〉는 2006년 1월 7일부터 11일까지 런던의 바비칸 극장에서 공연되었다. 샤우비네(Schaubühne)에서 캐인의 희곡들은 레퍼터리화되었는데, 오스터마이어는 그 근거를 캐인의 의도와 샤우비네의 방향이 공유하는 지점에서 찾고 있다. 즉, "이야기에 토대를 두고, 인물을 진지하게 택하였으며, 우리가 사는 세상에 대해 이야기하고 있다. 관객이 이야기를 인식하게 만들고 현실로부터 동떨어진 인위적 양식으로 빠지지 않는다"[29]는 점이 오스터마이어가 캐인의 희곡에 매료된 이유이다. 샤우

---

28 Grham Saunders, 같은 책, 65.
29 Aleks Sierz, "For Us, She is Classic", *The Telegraph*, 23 Oct 2006.

비네의 전작들에서처럼 오스터마이어는 〈폭파〉에 당대의 사회적 현실을 맥락으로 개입시킨다. 즉, 이안과 케이트의 관계에는 당시 독일 신문을 장식했던 8년 동안 납치되었다가 탈출한 오스트리아 소녀의 사건이 배경으로 드리우고, 이안의 인종차별적 태도는 독일에 팽배해 있는 이슬람계에 대한 차별 태도가 중첩되어 제시된다. 캐인의 〈폭파〉를 통해 오스터마이어가 제기하고자 한 바는 지금 이곳의 사회적 현실이다. 희곡에 대한 진지한 태도는 공연의 장면으로 연결되고 연기와 무대 등의 미장센의 격조는 그간의 런던 공연들을 조야하게 여길 만큼이나 세련되고 미학적이었다.

먼저, 관객의 시선을 사로잡은 것은 파펠바움(Jan Pappelbaum)이 만든 장중하게 연출된 고급스러운 호텔 방의 무대이다. 공연 시작부터 이안 역의 뮤헤(Ulrich Mühe)는 노크소리에 과민하게 반응하고 창가를 불안하게 서성인다. 심하게 동요하며 불안해하는 이안의 태도와 텔레비전의 소음을 뚫는 이안의 거친 기침소리는 첫 순간부터 관객을 불편하게 긴장시킨다. 여기에 케이트 역의 슈틀러(Katharina Schüttler)는 유난히 작가 캐인의 모습과 닮아 있다. 타블로이드 기자인 이안의 폭력적 태도와 케이트의 순수함이 캐인의 작품을 둘러싼 매스콤의 가학적인 비판과 겹쳐져 보이는 것은 그 때문이다. 공연 중반(희곡의 2장 끝 무렵) 폭파 소리와 함께 한 동안 암전이 지속된다. 암전 속에 지속된 소음이 관객을 불편하게 긴장시키면서 무대가 밝아지자 산산이 부서져 내린 호텔방의 변화된 모습은 전쟁의 상황을 일순간에 호텔 방으로 끌어들인다. 이어 3장과 4장의 장면은 매우 리얼하게 연출되어 전쟁에 대한 참혹함이 체험적으로 지각된다. 런던 공연의 관객 중 하나였던 스미스(Dawn Smith)는 샤우비네의 런던 공연에서 무대 위의 장면이 자신의 현실과 다르지 않음을 재차 확인한다. 스미스는 무대로부터 "전쟁은 끔찍한 거야. 그것은 닿는 것마

Schaubuhne am Lehniner Platz, Berlin.
Scenic design by Jan Pappelbaum, 2005.

다 부숴버리고 뒤틀어. 샤우비네는 이 가공되지 않은 사실을 용감하게 우리에게 보여주었다. 세상에 갈등이 있는 한 우리에게도 죄가 있고 우리는 연약하다"[30]라고 고백한다. 한편, 5장의 장면에서 빌링턴은 시적인 여운마저 느꼈다고 고백한다. "케이트는 무덤 속에 있는 이안을 위해 술과 소시지를 가지고 전쟁터로부터 돌아온다. '고마워'라는 이안의 한 마디는 ... 인간에게 남아 있는 품위를 함축한다. 그게 작가가 암시한 것처럼 우리가 붙잡아야할 전부일 것이다."[31]

30 Dawn Smith, "Zerbombt - The sound of two hands clapping",
http://www.selectideas.co.uk/german-society/reviews/zerbombt.htm#sean
31 Michale Billington, "*Blasted*(Zerbombt)", *Guardian*. 8 November, 2006.

‖ 참고문헌 ‖

Ablett, Sarah. "Approaching Abjection in Sarah Kane's Blasted." *Performance Research* 19.1 (2014): 63~71.

Billington, Michael, "The Good Fairies Desert the Court's Theatre of the Absurd", *Guardian*, 20 February 1995.

_____, "*Blasted*(Zerbombt)", *Guardian*. 8 November, 2006.

Braid, Mary, "Young Playwright blasted for 'brutalist' debut Work", *Independent*, 20 January 1995.

Iball, Hellen, *Sarah Kane's Blasted*. London: Bloomsbury Methuen Drama, 2015. 139~157.

Lepage, Louise, "Rethinking Sarah Kane's Characters: A Human(ist) Form and Politics", *Modern Drama* 57.2 (2014), 252~272.

Gökhan BÇER, Ahmet, "Depiction of Violence of Onstage: Physical, Sexual and Verbal Dimensions of Violence in Sarah Kane's Experiential theatre", *The Journal of International Social Research* 16.4(2011), 81~88.

Greig, David, "Introduction", *Sarah Kane: Complete Plays*, London: Methuen, 2001. iv-xviii.

Hattenstone, Simon, "A sad hurrah", *The Guardian*, Saturday 1 July 2000.

Henke, Christoph and Martin Middeke, "Introduction: Drama and/after Postmodernism", *Contemporary Drama in English* 14 (2007). 1~33.

Kane's Blasted, *Comparative Drama* 39.1 (2005). 75~91.

Mcdonald, James, "They never got her", *The Observer*, 27, Feburary, 1999.

O'Connel, Vince, *http://www.iainfisher.com/kane/eng/sarah-kane-study-gr0.html*. 2015년 7월 4일.

Saunders, Graham, *Love Me or Kill Me: Sarah Kane and the Theatre of Extremes*, Manchester: Manchester Up, 2002.

Sierz, Aleks, *In-Yer-Face Theatre: British Drama Today*, London: Faber and Faber, 2000.

Sierz, Aleks, "For Us, She is Classic", *The Telegraph*, 23 Oct 2006.

Smith, Dawn, "Zerbombt - The sound of two hands clapping",

http://www.selectideas.co.uk/german-society/reviews/zerbombt.htm#sean

Tinker, Jack, "This Disgusting Feast of Filth", *Daily Mail*, 19 January 1995.

Wixson, Christopher, "In Better Places: Space, Identity, and Alienation in

Sarah Kane's Blasted", *Comparative Drama* 39.1 (2005). 75~91.

데이비드 헤어의 〈철로, The Permanent Way〉

남지수

1. 작가와 작품

데이비드 헤어(David Hare, 1947~)는 영국 현대연극을 이끄는 기수인 동시에 영화, TV드라마, 뮤지컬 등을 넘나들며 전방위적 활동을 펼쳐온 영국의 대표적인 극작가이다. 특히 그가 시나리오를 맡았던 영화 〈디 아워스, The Hours〉(2002)와 〈더 리더-책 읽어주는 남자〉(2008)의 세계적인 흥행은 그의 대중적 명성을 높이는 데 크게 기여했다.[1] 하지만 작가로서의 헤어를 깊이 이해하기 위해서는, 그가 거의 반세기 동안 영국 사회를 향한 신랄한 비판과 풍자를 가한 정치적 글쓰기를 수행해 왔다는 점에 주목할 필요가 있다.

헤어가 본격적으로 연극에 뛰어든 것은 1960년대 후반이었다. 당시 서양에서는 소련의 체코침공과 프라하의 봄, 베트남 전쟁과 미국 반전운동, 파리 학생운동, 인권운동 등 보수적 정치관과 권위적인 기성문화에 거부하는 반문화 운동이 거세게 불었다. 보수당의 정책실

---

[1] 영국 아카데미상(1979), 뉴욕 드라마 비평가상(1983), 베를린 필름페스티벌 골든 베어상(1985), 올리비에상(1990), 런던 연극비평가상(1990) 등의 화려한 수상이력은 헤어의 활동보폭을 가늠케 하는 척도이다. 1998년에는 영국왕실로부터 기사작위를 받아 데이비드 헤어경(Sir David Hare)으로 존칭된다.

패로 높은 실업률과 만성적 침체상태에 놓여있던 영국에서도 이러한 세계적 시류에 편승하며 사회 저항운동이 일어났다. 헤어 또한 급진적이고 진보적인 지식인으로서 이에 적극 동참했다. 특히 그는 연극인으로서 현실을 외면하고 현실의 위기를 다루지 않는 연극들에 분노하며, 연극을 통해 정치적이고 사회적인 변화를 모색해야 한다고 목소리를 높였다. 이러한 그의 활동은 60년대 후반 영국에서 정치극이 맹렬하게 전개되는데 상당히 기여했다.[2]

이로 인해 연극활동 초기의 헤어는 연극양식이나 기법을 탐구하거나 공연의 완성도에 천착하기보다는, 현실에 대한 관심과 비판적 태도를 강조하며 정치 극작가로서의 모태를 다진다. 그는 1968~71년 순회극단(Portable Theatre)과 그 부속극단 슈트(Shoot)에서 연출가 겸 작가로 활동하며 프린지연극운동(Fringe Theatre Movement)을 주도했다. 프린지연극운동이란 관습적인 극장공간을 벗어나 -술집, 노동조합홀, 시민회관 등지에서- 노동자와 학생, 진보적 지식인을 대상으로 한 공동체적 오락으로서의 공연활동을 말한다.[3] "연극은 내게 언론보다 훨씬 더 깊이 있게, 소설이나 시보다 더 대중적인 방법으로 사회 그 자체를 논의할 수 있는 독특한 심판장"[4]이라는 헤어의 말에는 연극을 사회적 변화를 촉발시킬 수 있는 구체적인 도구로서 인식하는 그의 신념이 잘 드러난다.

70년대 헤어의 활동에서는 극작가로 성장하기 위한 전문적 훈련과정이 돋보인다. 그는 로얄코트 씨어터(Royal Court Theatre)와 노팅

---

2 이와 함께 1737년부터 영국연극계에 존속되어 왔던 연극대본 사전 검열제도가 1968년 폐지된 사건은 극작가들의 정치적 글쓰기가 좀 더 자유롭게 수행될 수 있었던 또 다른 동력이기도 했다.

3 김유 · 이원주 편저, *Contemporary British Plays*, 서울: 신아사, 2012, 8쪽 참조.

4 Georg Gaston. "Interview: David Hare", *Theatre Journal*, vol. 45, 1993, p.223.

험 플레이하우스(Nottingham Playhouse)에서 인턴극작가로 2년간 수학했고, 이후 좌파적 의식을 공유하는 동료 극작가들과 함께 조인 트스톡씨어터 그룹(Joint Stock Theatre Group)을 창단해 본격적인 극작활동을 시작한다. 이상적 관념에 빠진 교사들과 비현실적인 학교의 모습을 풍자해 서사극적으로 구성한 데뷔작 〈슬래그, Slag〉 (1971), 노동당의원의 위선적인 모습을 그린 〈위대한 전시, The Great Exhibition〉(1972), 모교 캠브리지의 경직성을 힐난한 〈이와 웃음, Teeth 'n' Smiles〉(1976) 등이 이 시기의 활동에 속한다. 이 작품들은 사회적 변화에 유리된 채 폐쇄적인 시스템을 고수하는 경직되고 보수화된 영국 사회의 면면을 보여준다.

80년대 들어서 마가렛 대처(Margaret Thatcher)의 집권으로 급속도로 극우화된 영국사회는 정치 극작가로서의 헤어의 아이덴티티를 더욱더 공고히 다지게 했다. 당시 영국은 신자유주의 헤게모니의 강화, 노동운동 탄압, 맹목적 물신주의, 반체제적 예술에 대한 검열 등으로 요약될 수 있는 대처주의(Thatcherism) 노선으로 인해 좌익문화의 입지가 급격히 약화된 시기였다.[5] 물론 이때에도 헤어는 사회를 향한 날 선 비판을 멈추지 않았다. 그리고 심지어 90년대 전후 동구 사회주의 국가의 연이은 몰락과 베를린장벽 붕괴로 사회주의 유효성에 대한 회의적 분위기가 일어나고, 대처정권이 종식하면서 정치 극작가들의 활동이 무뎌진 것처럼 보였을 때 -특히 도발적 연극 (in-yer-face theatre) 등이 유행하던 90년대 중후반 조차도-[6] 그는 여

---

5 대처는 1979~90년까지 세 차례 총리를 연임하였고, 그 후 또 다시 보수당의 존 메이저(John Major)가 97년까지 총리를 수행하면서 영국은 20년간 신자유주의 정책을 맹렬히 펼쳐나갔다.

6 Rebecca D'Monte, Graham Saunders (eds.), *Cool Britannia? British Political Drama in the 1990s*, London: Palgrave Macmillan, 2007, p.20 참조.

전히 영국에는 정치극이 필요하다고 강력히 주장했다. 이 시기 발표한 작품으로는 영국 국교회와 사법체제의 모순을 다룬 '국가 삼부작인 〈질주하는 악마, Racing Demon〉(1990), 〈속삭이는 판사들, Murmuring Judges〉(1991), 〈전쟁의 부재, The Absence of War〉(1993) 등이 대표적이다.

밀레니엄 이후 9·11 테러로 인해 전 세계적으로 정치극이 증가하는 경향 속에서 헤어의 정치적 글쓰기는 더욱 주목받는다. 철도민영화를 소재로 한 〈철로, The Permanent Way〉(2003), 부시와 블레어를 등장시켜 이라크 참전에 대한 논쟁을 다룬 〈스터프 해픈즈, Stuff Happens〉(2004), 금융자본주의와 은행의 붕괴를 다룬 〈파워 오브 예스, Power of Yes〉(2007) 등이 대표적이다. 이 시기의 작품들은 단순히 권력이나 체제를 비판하기보다는 부조리한 현실의 제도가 붕괴되거나 부패한 권력들이 드러나면서 발생하는 인간의 고통, 다시말해 국가적인 구조 안에서 개인의 삶과 존재의 문제를 이야기하는데 집중한다.

그런데 흥미로운 것은 헤어의 글쓰기는 극작가로서의 완숙기에 접어든 밀레니엄 이후 한층 더 실험적으로 확장되는 면모를 드러낸다는 점이다. 사실 이러한 특성은 〈질주하는 악마〉 발표 당시 일견 예견된 측면이기도 했다. 이 작품은 성공회 신부들을 직접 인터뷰한 자료를 토대로 대처시절 밀어붙인 신자유주의 원칙으로 인해 사제들의 삶이 어떻게 변화하게 되었는지를 이야기한다. 헤어는 자신이 주목하는 현실의 문제나 대상을 인터뷰함으로써 그것의 본질에 보다 근접하는 동시에, 현실의 언어를 연극적 언어로 치환함으로써 시대정신을 포착해내는 글쓰기를 실험하는 것이다. 헤어는 이 작품 이후 인터뷰와 리서치에 기반한 작품들을 꾸준히 발표하는데, 〈철로〉, 〈스터프 해픈즈〉 등이 대표적이다. 헤어의 이러한 변화된 글쓰기는 "만약 정치극이 살아남고자 한다면 스스로를 재창조해야만 한다"는 영국평론가 마이클 빌링턴의 말을 상기시키기도 한다.[7]

사실 이와 같은 글쓰기 방식은 90년대 후반부터 영국연극계에서 주요하게 부상해온 버바팀 연극(Verbatim Theatre)으로 -버바팀이란 '말/글자 그대로'라는 의미를 지니는 용어로서- 수렴될 수 있다. 버바팀 연극이란 90년대 영어권 국가를 중심으로 적극적으로 실험되어온 한 가지 방식으로, 어떠한 이슈 또는 그것과 관계된 인물들의 인터뷰와 리서치를 수행하고, 그 자료들을 편집해 인용, 재배열, 재맥락화하는 기법으로 구성된 연극을 말한다. 이러한 특성으로 인해 버바팀 연극은 종종 '증언의 연극(Theatre of testimony)' 또는 '증인의 연극(Theatre of witness)'이라 불리기도 한다. 특히 영국에서는 시사적 이슈가 터지면 2~3개월 안에 이를 소재로 삼은 버바팀 연극이 무대화되는 등, 버바팀 연극이 정치사회적 문제를 신속히 다룸으로써 대안 언론으로서의 역할을 수행하는 측면도 있다.[8] 뿐만 아니라 버바팀 연극은 상대적으로 언론의 관심에서 빗겨난 사건을 재조명함으로써 대중의 의식을 환기시키기도 한다. 헤어는 동시대 영국에서의 버바팀 연극의 경향 덕분에 -트라이시클 극장(Tricycle Theatre)의 대표적 레퍼토리인 〈정의의 색, The Color of Justice〉(1999)을 특별히 언급하며[9]- 자신 역시 버바팀 기법에 진지한 관심을 갖게 되었다고 밝힌

---

7 Michael Billington, "Theatre of war", *The Guardian*, 2001. 2. 17.

8 박정환, "청문회 등 실제 기록을 연극 대사로…'버바팀' 연극 주목", 〈뉴스1〉, 2016. 7. 1.

9 영국 버바팀 연극에 있어 트라이시클 극장을 빼놓을 수 없다. 런던 북쪽 다민족 주거지역인 킬번(Kilburn)에 위치한 트라이시클 극장은 90년대 후반부터 공적 기록들을 -청문회, 판결문, 신문기사 등- 편집·재구성한 '법정연극(tribunal theatre)'을 적극적으로 수행해왔다. 이들은 인종혐오, 전쟁, 핵무기, 인권 등의 사회적 문제를 실제 자료나 인터뷰를 편집해 연극을 구성함으로써, 극장을 토론과 논쟁의 공간으로 변화시키고자 한다. 법정연극은 편집의 극작술을 중심으로 한다는 점에서 버바팀 연극과 유

바 있다.[10]

하지만 영국 버바팀 연극이 주로 기자 출신 작가들의 -리차드 노튼 -테일러(Richard Norton-Taylor), 질리언 슬로보(Gillian Slovo) 등- 편집과 구성 하에 자료에 대한 정확한 인용과 상상력을 배제한 글쓰 기에 방점을 두는 경향이 있는 반면, 헤어는 자료의 사실성과 정확성 을 강조하기 위해 버바팀 기법을 활용하지 않는다. 그는 오히려 버바 팀 연극에는 허구적 상상력이 동반되어야 한다는 신념을 갖는 등 다 른 버바팀 작가들과는 다소 변별되는 성향을 보인다.[11] 리서치와 인 터뷰 자료를 버바팀함과 동시에 허구적 상황을 전경화 하는, 요컨대 허구적 상황 속에 일상의 언어를 구성함으로써 현실과 연극, 실재와 허구의 스펙트럼 사이에서 버바팀 기법을 활용하는 것이다. 그렇다 면 헤어의 버바팀 글쓰기는 어떠한 방식으로 수행되고 버바팀 텍스 트는 어떻게 접근·분석될 수 있는지, 그의 대표작 중 하나인 〈철로〉 를 사례로 탐색해 보도록 하자.

2. 희곡 읽기

2.1. 작품 개관하기

사하지만, 일반적으로 법적 기록에 근거한 연극을 일컫는다는 점에서 버바팀의 특수한 방식으로 간주된다.

10 90년대 이후 버바팀 연극이 부상한 것과 관련해 사회문화적 맥락에서 몇 가지 이유를 생각해 볼 수 있다. 리얼리티를 강조하는 대중매체의 열풍, 단편적 정보들로 삶을 잠식해 나가는 인터넷 매체, 사회적 이슈와 논제들을 다루어야 한다는 연극의 사회적 책무와 도덕적 의무감, 그리고 정치와 언론에 대한 불신과 환멸로 인한 대안 언론으로서의 연극에 대한 기대 등을 이야기할 수 있을 것이다.

11 David Hare, *Verbatim Verbatim*, Hammond, Will. Steward Dan. (eds.), London: Oberon Books, 2008, p.59.

〈철로〉 분석을 위해서는 먼저 영국사회에 대한 개괄적인 이해가 요구된다. 영국 보수당은 1993년 철도민영화법(British Coal and British Rail(Transfer Proposals) Act 1993)을 제정한다. 이것은 대처정권 이후 강경하게 실행되어온 신자유주의 정책들 중 -운송, 통신, 은행, 공항, 가스 등 공공서비스의 민간화- 하나였다. 보수당은 경쟁구도를 갖춤으로써 만성 적자상태에 놓여있던 철도운영에 있어 효율성과 수익성, 서비스 개선을 기대할 수 있다고 주장하며 선로와 차량, 역사, 운송사업 등을 쪼개어 민간에 매각하거나 위탁하는 민영화를 추진했다. 결국 영국 국영철도(British Rail)는 백여 개의 기업으로 분할매각되었고, 이 과정에서 노동자들은 대폭 삭감되거나 하청업체 노동자로 전락하게 되었다.

하지만 예측과는 달리 철도민영화의 결과는 재앙에 가까웠다. 영국 철도는 잦은 사고와 느림보 운행, 운임 폭등, 서비스 저하 등 총체적인 문제들을 발생시켰다. 뿐만 아니라 민영화 이후에도 국민들과 정부의 재정부담이 증가한 반면 기업은 이윤을 취하는, 즉 손실은 사회화되고 이익은 사유화되는 모순적 상황이 벌어졌다. 그 결과 민영화를 강력히 지지했던 보수당마저도 이것이 잘못된 정책이었음을 시인했고, 결국 영국 철도는 '네트워크 레일(Network Rail)'이란 이름으로 2003년 재공영화 되었다.

〈철로〉는 영국 철도민영화와 민영화 이후 발생한 철도사고에 대해 인터뷰와 리서치한 자료를 버바팀 기법으로 구성한 작품이다. 작품을 구상하게 된 과정은 조금은 즉흥적이었다. 헤어는 조인트스톡 극단에서 데뷔작 〈슬래그〉(1971)와 〈판셴〉(1976)을 함께 작업했던 맥스 스태퍼드-클락(Max Stafford-Clark) 연출과 후속 작품을 논의하던 중, 스태퍼드-클락의 추천으로 헤트필드 열차사고를 다룬 -스코틀랜드 작가 이안 잭(Ian Jack)이 쓴- 『영국을 멈추게 한 충돌(The Crash that Stopped Britain)』이란 책을 접하게 된다. 책으로부터 영감을 받은 헤어는 스태퍼드-클락과 철도에 관한 연극을 만들어 보자는 합의만을 이룬 채 작품을 구성하기 위한 워크숍에 착수하게 된다.[12]

작가가 쓴 텍스트를 리딩하면서 시작하는 일반적인 리허설과는 달리, 워크숍은 전혀 다른 방식으로 진행되었다. 대본이 없는 상황에서 배우들은 철도와 관련된 연극을 만들기 위해 자료를 리서치하고 인터뷰를 수행하는 '배우-연구자(actor-researcher)'의 임무를 부여받았다. 그들은 2주 동안 철도사고를 당했던 피해자들과 민영화와 관련된 다양한 인물들을 -민영화를 담당했거나 관련된 업무를 수행했던 정부인사, 철도노동자와 노조위원장, 사고 생존자와 피해자 유가족, 레일트랙(Rail Track) 대표 등- 인터뷰했다. 그리고 이 자료는 헤어를 비롯해 팀원들과 공유되면서 텍스트가 구성될 수 있는 원천이 되었다.

그런데 〈철로〉에는 자료를 공유하고 글쓰기로 수렴하는 과정에서 특별히 흥미로운 점이 포착된다. 헤어는 일반적인 버바팀 연극처럼 인터뷰를 레코딩한 자료나 채록된 스크립트를 활용하기 보다는, 대본을 구성하는 데 있어 배우들의 즉흥적인 전달을 중요하게 간주했다. 그는 인터뷰이의 행동이나 특징, 억양, 호흡, 제스처, 인터뷰 환경 등

---

12 〈판셴〉은 윌리엄 힐톤(William Hilton)의 『판셴: 어느 중국 마을에서의 혁명에 관한 다큐멘터리』란 책에 바탕한 작품으로, 스태퍼드-클락의 연출기법에 큰 영향을 미쳤다. 그를 포함한 모든 단원은 리서치와 자료수집을 수행할 뿐만 아니라 마치 자신이 희곡을 쓰는 것과 같은 입장에서 극작가에게 리서치 과정에 대해 전달하는 임무를 부여받았다. 배우들은 단순히 정보를 수집하는 것뿐만 아닌 이야기가 될 만한 것을 찾아내야 했는데, 헤어는 이러한 배우들의 모습을 '사냥꾼-수집가(hunter-gatherer)'라고 표현하기도 한다. "워크숍이란 정확히 말해 연습도, 저널리스트적 탐구도 학술적 연구도 아닌 이 세 가지를 모두 포함하는 것"이라는 스태퍼드-클락의 말에는 그의 작업 방식에서 엿보이는 연극철학이 잘 녹아있다. 이러한 맥락에서, 헤어는 스태퍼드-클락의 작업방식을 〈철로〉에 실험적으로 적용해 본 것이라 할 수도 있다.

에 있어서 핵심적인 부분들을 전달하고자 하는 배우들의 즉흥적 표현에 집중하였고, 작가로서 이 과정을 더욱더 응축시켜 활용하고자한 것이 〈철로〉 극작술에서의 특별한 지점이었다고 밝히기도 한다.[13] 인터뷰를 자료화 또는 보고화 하는 데 있어 수행자의 재현(해석)에 주목하는, 다시 말해 인터뷰 내용뿐만 아니라 배우의 몸을 통해 필터링된 정보들과 즉흥적인 피드백이라는 연극적 과정이 글쓰기에 있어 중요한 요소로 활용된 것이다. 요컨대 〈철로〉는 배우-연구자와 작가, 연출가가 극작 과정에서부터 긴밀한 협업관계를 구축해 텍스트적 앙상블을 추구한 사례로서, 버바팀 글쓰기 방식에 있어 하나의 모델을 제시했다고 볼 수 있다. 뿐만 아니라 이 같은 공동창작에 기반한 글쓰기는 헤어가 평생 수행해온 작가 주도적 글쓰기와도 변별됨으로써 그의 극작술적 외연이 확장된 계기이기도 했다.

즉, 〈철로〉는 어떠한 주제나 사건, 이슈 등에 대해 인터뷰와 리서치를 수행하고, 정리된 기록을 편집하는 것이 버바팀 연극이라고 간주되던 통념을 넘어서게 해 준 시도라고 할 수 있겠다. 버바팀 연극에서는 리서치 내용을 온전히 인용하는 것도 중요하지만, 리서치 과정에서 특별히 포착할 수 있는 인터뷰어와 인터뷰이의 -때로는 언어로 표현하기 어려운- 관계와 정서 또한 드라마투르기적 원천으로 활용될 수 있음을 보여준 사례이기 때문이다.

2.2. 장면구성

〈철로〉는 1부 프롤로그-2부 이야기-3부 에필로그의 단순한 구조를

---

13 The Royal National Theatre Board. *The National Theatre Education: The Permanent Way Workpack*, London: NT Education, 2003, p.4.

갖는다. 사실 버바팀 연극은 복잡한 사안이나 쟁점을 주어진 시간 안에 보여주어야 하기 때문에 형식상 단순화된 구성을 보이는 경향이 있다. 〈철로〉의 1부와 3부에서는 여러 인물들이 등장해 철도민영화와 철도의 현재를 둘러싼 자신의 견해와 의견을 토로한다면, 2부에서는 별다른 무대전환 없이 인물들의 등퇴장만으로 십여 개의 상황이 -민영화 추진단계에서부터 철도사고, 사고 수습과정에 이르는 일련의 과정들이- 삽화적으로 나열된다. 등장인물들은 철도민영화 또는 철도사고와 직간접적으로 관련된 인물들로서 인터뷰/증언을 수행한다. 따라서 그들의 대사는 일종의 방백의 형태이고, 극중 간헐적으로 언급되는 '데이비드'라는 호명은 이들이 작가와 인터뷰를 수행하고 있는 상황임을 은연중에 드러낸다.

37명의 극중 인물들은 일면 대립관계를 구축하는 듯 보인다. 철도민영화 지지론자와 반대론자, 생존자(잊으려는 자)와 유가족(기억하려는 자), 사실을 왜곡·은폐시키려는 자와 파헤치려는 자, 그리고 무관심한 자 등의 구도 속에서 각자의 입장을 말하기 때문이다. 하지만 인물들 간의 대립은 기존 드라마에서 나타났던 것처럼 갈등을 형성하고 해결되는 방식으로 귀결되지 않는다. 인물들은 각자의 견해를 증언의 방식으로, 고백적으로, 때로는 웅변적으로 관객들에게 서술할 뿐이다. 인터뷰 상황으로 설정된 대사는 관객들로 하여금 인물들의 관계를 통해서가 아닌 개별 존재의 이야기를 통해 서사를 구성하게 하고, 갈등을 구성하는 대신 각자의 견해와 논쟁의 양측을 제시함으로써 사회적 현안에 대한 일종의 반대심문을 가능케 한다.

따라서 인터뷰 형식으로 이야기하는 〈철로〉에서 인물들의 발화상대는 연극 '안'의 인물들이 아닌 연극 '밖'에 있는 관객들이 된다. 그렇기 때문에 극적 갈등은 극중 인물들 사이에서 발생하는 것이 아닌, 말하는 자(등장인물/배우)와 듣는 자(관객) 사이에 수행적으로 구성된다. 따라서 관객들은 현실에 대한 등장인물들의 논쟁을 접하며 나와 같은 의견에 대해 공감을 나누기도, 나와 다른 의견에 대해서는 비판적으로 사고하기도, 또는 합리적이지 않아 보이는 주장에 대해 저토록 강한 확신을 갖고 이야기할 수 있다는 것 등에 흥미를 갖고 관극할 수 있게 된다.

요컨대 〈철로〉는 극작술의 방식에서부터 플롯과 인물, 장면구성에 이르기까지 기존 드라마의 관례나 법칙들을 따르지 않는다. 그렇기 때문에 작품을 분석하는 데 있어서도 플롯분석, 인물분석, 장면분석 등에 일반적으로 적용되어온 방법이나 관점을 특별히 제안하기가 어렵다. 아래의 장면나누기 또한 상황의 쟁점과 인물들의 등퇴장에 따라 십여 개의 장면으로 임의적으로 구분한 것이기에, 분석자에 따라 이보다 많거나 적은 장면으로 구분될 수 있을 것이다.

2.2.1. 장면 나누기[14]

1) 1부 프롤로그: 철도민영화를 둘러싼 시민들의 불만

매일 아침 기차를 타고 런던으로 출퇴근하는 승객 아홉 명이 등장해 철도와 관련된 불평을 늘어놓는다. "영국, 그래요 아름다운 나라죠. 철도도 하나 운영하지 못하다니, 부끄러운 일입니다"라는 첫 대사에는 텍스트가 다루는 이슈가 응집되어 있다. 승객들은 런던이 당면한 고질적 문제들, 예컨대 공공설비 노후화, 인프라 부족, 태만한 관료 등에 대한 사회적 불만과 철도하나 제대로 운영하지 못하는 정부의 무능력함을 비판한다. 대부분의 승객들은 민영화 이후 더 느려

---

14 데이비드 헤어, 〈철로〉, 최정우 역, 2008. (이 글에서 인용되는 텍스트는 최정우의 번역본을 따르고 있음을 밝힌다.)

지고 더욱 더러워지고 더욱더 사고가 빈번해진 철도에 대해 비판적 목소리를 높이지만, 승객4처럼 대중의 무관심과 방관을 시니컬하게 지적하는 인물도 있다.

승객들의 대사는 관객을 향한 방백의 형태이기 때문에 말들은 하나로 수렴되지 않는다. "요점이 뭐에요? 요점이 뭐냐고요?"라는 프롤로그의 마지막 대사는 영국 철도를 둘러싼 어지러운 상황과 함께 앞으로 전개될 문제들에 내재된 복잡함을 드러낸다.

2) 2부 이야기

2-1) 철도민영화 추진논리와 추진방식

철도민영화 업무에 긴밀하게 관계했던 재무부 고위관료, 고위공무원, 투자은행가가 등장한다. 장면의 처음과 끝에서 발화되는 재무부 고위관료의 대사는 이 연극이 철도에 관한 연극이며 인터뷰 형식을 취하고 있음을 보여준다. 왜 이렇게 지루한 주제로 연극을 만들려는지 모르겠다고 말하는 그의 대사는 순식간에 장면을 연극적 사건으로 변환시킨다.

이들은 익명의 상태에서 자신이 철도민영화와 관련해 어떠한 일을 수행했는지를 중심으로 민영화의 추진배경과 추진논리, 추진방식 등을 설명한다. 이 과정에서 철도민영화는 소위 "낚시꾼이 하는 일처럼 쉬운 물고기를 먼저 잡으러 가는" 방식의, 즉 어떠한 철학이나 비전 하에 계획되고 실행된 것이 아님이 드러난다.

2-2) 신자유주의 사상에의 경도

철도민영화로 인해 이득을 보았다는 점에서 공통적인 철도경영 고위임원과 경험 많은 철도기술자가 등장한다. 경험 많은 철도기술자

는 조기퇴직 후 운 좋게 컨설턴트로 재고용되었다. 철도경영 고위임
원은 민영화에 내재된 구조적 문제들을 언급하지만, 동시에 경영자의
입장에서 민영화 이후 철도운영에 많은 고충이 있었음을 토로한다.
두 사람은 자본을 최고의 가치이자 논리로 믿는 신자유주의 인물군
에 속한다.

2-3) 철도민영화 부실의 증언

오렌지색 작업복 차림에 우스꽝스러운 닉네임으로 불리는 일군의
인물들이 등장한다. 이들은 선로안전 및 유지보수를 맡고 있는 노동
자들로, 철도와 관련된 경력이나 식견이 일천함에도 불구하고 민영화
이후 하청기업에 고용되었다. 하청에 하청을 거듭하는 기업구조 속
에서 이들은 정확히 자신의 상관이 누구인지 조차 제대로 모르는 채
일을 수행하고, 당연히 일에 대한 자부심이나 책임의식은 결여되어
있다. 이들의 대사는 민영화 추진방식과 안전관리에 있어 총체적인
부실이 있음을 증거한다.

2-4) 사우솔 사고

민영화 이후 발생했던 열차사고들이 본격적으로 호명되기 시작하
면서 1997년 발생한 사우솔 사고(Southall)가 언급된다. 영국 교통경
찰이 당시의 상황을 증언한다. 그는 사고수습 과정에서 목도했던 경
찰 관료들의 무능력, 재난대책 및 수습 가이드라인의 부재 등 여러
문제점들을 지적한다. 사고조사팀은 사우솔 사고가 기관사의 실수로
발생한 것이라 결론 내렸지만, 영국 교통경찰은 이 사고가 철도시스
템의 구조적 문제에서 기인했다는 강한 의혹을 제기한다.

사우솔 사고 유족도 등장한다. 아들을 잃은 유족어머니는 시신안
치소에서 본 아들에 대한 기억을 떠올린다. 평범한 생활을 영위했던

유족어머니의 삶은 하루아침에 송두리째 바뀌었다. 유족어머니는 정확한 사고 진상규명을 요구하는 투쟁을 이어나가고 있고, 공권력을 상대로 저항하는 경우 피해자가 하루아침에 폭도로 호명될 수 있다는 권력의 횡포를 고발한다.

2-5) 래드브로크 그로브 사고

가장 많은 사상자가 발생했던 1999년 래드브로크 그로브(Ladbroke Grove) 사건이 호명된다. 이 사고는 사우솔 사고 조사기간 동안에 발발했다. 앞선 장면들에서는 특정 입장을 공유하거나 동질 집단의 인물들이 같이 등장했다면, 이 장면에서는 대립적 관계의 인물이 함께 등장한다는 점에서 특징적이다.

래드브로크 사건의 특징 중 하나는 생존자와 피해자 유족 사이의 갈등이 가시화되었다는 점이다. 데님 옷을 입은 청년과 생존자모임 설립자는 생존자를 대표한다. 이들은 "유족들이 대응하는 방식과 생존자들이 대응하는 방식에 차이가 있음"에 불만을 느낀다. 유가족들은 철저한 진상규명을 끈질기게 요구하지만, 생존자들은 사고의 기억과 트라우마로부터 벗어나 새로운 삶을 시작하고 싶어한다. 두 집단의 대립적 태도는 슬픔과 고통을 마주하는 방식에 대한 메타포로서의 논쟁이라 할 수 있다.

2-6) 컬렌 조사위원회 패러디

31명이 희생당한 래드브로크 그로브 사고를 조사하는 '컬렌 조사위원회'가 간략하게 연극화된다. 관련된 인물들에게 면죄부를 주는 듯한 위원회의 운영방식에 유족들이 저항한다. 언론은 유가족을 '안전 파시스트'라고 조롱하는 기사를 송출한다. 그리고 데님 옷을 입은 청년과 유족어머니2는 보상금에 관해 이야기하는데, 유족어머니2가 아들의 죽음으로 7,500파운드를 받은데 반해 데님 옷을 입은 청년은 배낭과 망가진 소지품에 대한 보상으로 18,000파운드를 보상받았음이 밝혀진다. 이 장면은 산 자와 죽은 자에 대한 보상이 어떠한 기준에 따라 책정되는지를 보여주며 보상을 둘러싼 또 다른 모순적 상황을 드러낸다.

2-7) 해트필드 사고

2000년 4명의 사망자와 70여 명의 부상자를 남긴 해트필드 사건과 관련된 일련의 인물들이 등장한다. 스코틀랜드 잡지편집자는 사고 당시 해트필드 근처에 머물고 있었기 때문에 사건을 보도할 수 있었다. 그는 영국 철도민영화의 근본적인 문제점들을 지적하며 현재의 시스템 하에서는 결코 안전이 보장될 수 없다고 말한다. 뿐만 아니라 사고발발 후 조사위원회의 권고지침에도 그 어떤 실질적인 변화나 실행이 없었음을 강력하게 비판한다.

스코틀랜드 잡지편집자가 명확한 언어와 객관적인 입장에서 사건을 보도한다면, 교구목사의 말은 불명확하고 추상적인 표현으로 사건에 대한 본질을 흐린다는 점에서 대조적이다. 교구목사는 인터뷰에 응한 이유에 대해 "재난 이후 희망을 찾기 위한" 해트필드의 부흥을 소망하기 때문이라고 말한다. 그의 말은 해트필드 사고의 생존자와 희생자, 가해자와 피해자 그 누구에게도 어떠한 울림이나 물음, 도덕적 반향도 일으키지 못하는 공허한 말로 들린다.

2-8) 포터스바 사고

2002년 발생한 포터스바(Potter's Bar) 사고가 언급된다. 스코틀랜드 잡지편집자는 네 건의 사고 중 이것의 대응방식이 최악이었다고 평가한다. 사고조사나 고발도 없었고, 그 누구도 사고에 책임을 지지 않았다. 게다가 선로 유지보수를 맡고 있던 기업 자비스(Jarvis)는 사고 이듬해 선로개선 계약을 수주하게 되면서 최고 이윤을 달성하는 등 모순된 상황들이 재차 벌어진다.

공군소령은 포터스바 사고 생존자이다. 그는 충돌 전후 남아있는 기억, 그리고 맞은편에 앉아있던 한 여인을 구했던 기억의 파편들을 풀어 놓는다.

3) 3부 에필로그: 철도민영화 그 이후

주요 인물들이 나와 마지막 대사를 한다. 그들은 철도민영화와 철도사고가 야기한 삶의 변화에 대해 현재적 관점(2003년)에서 이야기한다. 레일트랙 사장은 사직 후 얼마 지나지 않아 월워스에 낙하산으로 임명되었고, 생존자들은 여전히 새로운 삶을 갈망하며, 유족어머니는 철저한 진상규명과 제도개혁을 위해 계속해서 목소리를 낼 것임을 다짐하고, 스코틀랜드 잡지편집자는 공공성에 대한 영국인들의 낮은 의식수준을 신랄하게 비판한다. 그러나 1997년 발생했던 사우솔 사고 이후 지금까지, 철도운영에 있어 어떠한 보완책이 실행되고 제도가 정비되었는지는 언급되지 않는다.

2.3. 인물분석

〈철로〉는 9명의 배우-연구자(actor-researcher)가 수행한 인터뷰와 취재를 바탕으로 공연텍스트가 구성되었다. 인터뷰를 수행하고 인터뷰이를 관찰하는 과정은 배우들로 하여금 극중 인물을 표현하는데 많은 참조가 되었을 것이다. 그렇다면 누군가가 실제로 발화했던 이 말을 연기해야 하는 배우의 경우 극중 인물에 어떻게 접근해 나가야 할 것인가? 이와 관련해 인물분석 과정에서 유념하면 유용할 몇 가지

지점들을 제안한다.

첫째, 버바팀 연극을 분석하는 데 있어서 인물이 처한 상황을 정확하고 논리적으로 이해하는 것은 중요하다. 버바팀 연극의 배우들은 인물의 감정이나 행동을 모방하기 보다는 주장, 증언, 고백, 회상 등의 방식으로 기억이나 견해를 서술하는 입장에 빈번히 놓이게 되기 때문이다. 따라서 그들이 처한 상황과 입장을 명확히 파악할 필요가 있다. 이 과정에서 텍스트에 주어진 정보들을 꼼꼼히 수집, 분석함과 동시에 실제 인물 또는 연관 인물에 대한 조사를 수행함으로써 인물 분석에 참조할 수도 있을 것이다. 〈철로〉에는 대부분의 등장인물들이 익명처리 되고 있지만 -대부분의 이름이 직위나 외적 특징으로 묘사되어 있어- 사안과 관련해 어느 정도의 리서치를 수행하다 보면 작가가 어떠한 인물을 참조했는지 파악하는 것은 그리 어렵지 않은 일이기도 하다.

둘째, 일반적으로 버바팀 연극은 작가의 상상력이 배제된 글쓰기라고 간주되지만, 기록을 충실히 버바팀한 텍스트라 하더라도 사실 또는 진실이 무엇인지를 밝히는 데 지나치게 경도될 필요는 없다. 특히 버바팀 연극은 보통 정치사회적 이슈를 다루기 때문에 독자들은 각자의 관점에 따라 선과 악, 정의와 불의, 윤리와 비윤리, 진실과 거짓 등의 프레임을 적용해 인물을 분석하고자 하지만, 그렇다고 너무 정치적 관점에 얽매여 그들을 바라볼 필요는 없다. 개인의 정치적 관점은 누군가에게 명백한 '불의'가 다른 이에게는 '정당하게 간주될 수 있는 상대적인 것이기 때문이다.

셋째, 〈철로〉는 인터뷰 언어를 편집한 텍스트이자 인터뷰를 전제하는 극중 상황으로 인해 인물들의 행동이나 감정적 분출이 많이 나타나지 않는다. 그렇기 때문에 신체적 행동이나 감정적 상태 대신 그들의 말에 놓이거나 숨겨진 정서들에 집중할 필요가 있다. 예컨대 은

폐, 왜곡, 책임전가, 완곡어법, 말장난, 냉소, 오만함, 부적절한 아포리즘 등을 통해 인물의 성격이나 특징적 행동양식 등을 분석하고 상상해 볼 수 있을 것이다.[15]

마지막으로 인물들이 방백의 형태로 이야기하고 있다는 사실을 유념할 필요가 있다. 방백은 무대 위 발화방식 중 관객과의 거리감이 최소화된 가장 진술한 형태의 대사이다. 무대 위에서 거짓말만 일삼는 셰익스피어의 인물들조차도 방백의 순간만큼은 자신의 속내를 고스란히 드러낸다는 점을 상기한다면 인물들의 입장을 살피는데 도움이 될 수 있을 것이다.[16]

이러한 요소를 참조하여 〈철로〉의 일부 인물에 대한 분석사례를 아래에 제시한다.

- 재무부 고위관료

철도민영화 추진 당시 재무부 분과에서 근무했던 공무원으로 강한 자기 확신과 오만함의 전형이다. 그는 자신의 견해를 이야기하는 방식에 있어 매우 권위적이고 확신에 차있는 표현들을 즐겨 사용한다. (밑줄 참조)

"나는 당신이 왜 철도에 관한 연극을 쓰려고 하는지 이유를 모르겠군요. 그건 정말 말할 수 없을 정도로 지루한 주제입니다. 확실히 당신이 말한 대로 이야기하기에 혈안이 된 사람들이 있죠. … 철도에 대해서 이야기하고 싶어하는 사람들은 당연히 얼간이들이에요."

"저는 오늘 당신께 철도에 관해서 말씀드렸습니다. 제가 이렇게 오랫

---

15 Richard Norton-Talyor, *Verbatim Verbatim*, ibid, 106쪽 참조.
16 David Hare · Max Stafford-Clark, *Verbatim Verbatim*, ibid, 66쪽 참조.

동안 철도에 대해 이야기한 것은 <u>이번이</u> 처음입니다. <u>저에 관한 한,</u> 이런 대화는 <u>다시는</u> 없을 거란 점을 기억해주세요. <u>지금껏</u> 이런 적은 없었습니다."

– 투자은행가

런던금융계에서 민영화 전문가로 활동한 그는 책임을 회피하는 자기변호로 일관한다. 철도민영화 실패를 인정하고 이에 대해 모종의 죄책감을 느낀다고 고백하지만, 공적 사안을 정확하게 예측하지 못한 구조적 문제, 자신은 의사결정권자의 지시를 따르는 사람에 불과하다는 점에서 개인적 책임은 느끼지 않는다며 선을 긋는다.

– 철도경영 고위임원

철도경영 고위임원은 인터뷰 와중 두 번이나 전화를 받으러 나간다. 통화를 마치고 그가 이미 이야기를 시작하면서 무대로 돌아오고 있는 행동은 그의 성격을 추측할 수 있는 대목이다. 뿐만 아니라 레일트랙의 운영방식과 철도민영화의 정당성에 대해 한참을 설명하다가 갑자기 "연극이라고요? 지금 연극이라고 말했나요? 책이 아니고요?"라고 말하는 장면은 아마도 인터뷰 당시 인터뷰이의 분주했던 상황이나 급한 성격을 반영한 것처럼 보이는데, 이러한 모습은 고위임원에게 기대되는 신중함이나 진중함을 배반한다. 뿐만 아니라 해트필드 사고 당시 현장으로 가던 중 이 사고의 책임이 다른 업체에 책임이 있다는 사실을 듣고 안도감을 표하는 그의 모습은 일종의 혐오감까지도 유발시킨다.

– 데님 옷을 입은 청년

생존자모임 설립자, 공군소령 등과 함께 철도사고 생존자를 대표한다. 래드브로크 그로브 사고를 겪은 데님 옷을 입은 청년은 일 년 반이 넘는 기간 동안 받아온 심리치료 덕분에 사고당일의 기억과 마주하는 인터뷰를 할 수 있게 되었다고 말한다. 그의 뇌리에 박혀있는 사고전후의 풍경들이 상당히 디테일하게 묘사된다. 하지만 사실 그는 사고의 기억을 떠올리고 싶지 않아하고, 살아남은 자로서 죄책감을 들게 하는 유가족의 행동에 분노를 표하기도 한다. 특히 그가 겪은 래드브로크 그로브 사고는 생존자와 유족들 사이에 대립이 가시화되었던 사고였다는 점에 주목할 필요가 있다.

- 스코틀랜드 잡지편집자

잉글랜드가 아닌 스코틀랜드 지역민이다. 그렇기에 그는 '잉글랜드 사람들'이라는 표현을 즐겨 쓰고, 이 점은 그로 하여금 사건에 대해 좀 더 객관적이고 냉철한 관점을 갖게 한다. 해트필드 사고 후 영국 철도사고에 관심을 갖게 된 그는, 해트필드와 포터스바 사고의 희생자 규모와 사고 처리과정 등을 매우 객관적인 정보들을 인용해 전달한다. 그는 일련의 사고를 조사하며 알게 된 철도회사와 정부의 무능과 무책임, 그리고 사회의 부패와 부조리에 민감하게 반응하지 않는 영국인의 의식을 강하게 힐난한다. 언론인으로서의 의무와 역할에 충실한 긍정적 표상이다.

"결국 결론은, 그들은 돈을 쓰는 것을 원하지 않는다는 것입니다. 그들은 사기업들이 시스템에서 돈을 뽑아가는 것을 막을 만한 배짱도 없고 그러한 상황을 통제할 의지도 없습니다. 솔직히 전 잉글랜드 사람들이 공공적인 것에는 성공적이지 못하다고 생각합니다. 거기엔 재능이 없는 것이죠. 보세요, 예를 들어, 그들의 도시에는 희망이 없습니다. 잉글랜드 사람들이 갖고 있는 파라다이스의 개념이란 게 고작 주말에는 도시를 벗어나 사냥을 하거나 비스터(Bicester)에 사는 겁니다. 그건 마치 우리는 함께 살겠다는 생각이 전혀 없다는 것과 같죠."

– 존 프레스콧(John Prescott)

존 프레스콧은 1997년 영국 노동당 부총리에 오른 실존 인물이다. 37명의 등장인물 중 존 프레스콧과 로드 컬렌(Lord Cullen) 만이 실제 이름으로 등장해 패러디된다. 그는 일부 장면에 간헐적으로 끼어드는데, 대부분 필요 없는 말이거나 당수로서의 기대에 미치지 못하는 말들을 내뱉는다. 사우솔 사고 당시 카메라 앞에 서서 "이런 일은 다시는 일어나서는 안 됩니다"라고 말했던 그는, 래드브로그 그로브 사고 때에도 토씨하나 틀리지 않은 말만을 되풀이 한다. 뿐만 아니라 유족어머니, 레일트랙 사장과의 대화에서는 사적인 감정에 토로하거나 심지어 상대를 비난하기도 하면서 한층 더 풍자적으로 재현된다. 존 프레스콧은 대책을 수립하기 보다는 정치적 책임으로부터 벗어나기 위해 고군분투하는 인물로서, 특정 당을 비판한다보다는 위선적인 정치인들을 풍자한다고 할 수 있다.

"우린 함께 일할 겁니다. 누구의 탓도 아니에요."
"당신이 만약 물러나면 퇴직금이라도 있죠, 난 물러나면 아무 것도 안 남습니다."

2.4. 중심주제와 아이디어

– 신자유주의 이데올로기와 철도민영화

영국은 '철의 여인(The Iron Lady)'이라 불리는 대처총리가 집권하게 된 1979년 이후 신자유주의 정책들을 강경하게 추진해 나간다. 신자유주의란 시장만큼 효율적인 부의 생산과 분배를 이끌 수 있는 제도가 없다고 간주하며 시장에 대한 국가(정부)의 간섭을 최대한 억제하는 일종의 시장만능주의로서, 이를 통해 궁극적으로 개인의 자유와 복지가 향상될 수 있다고 믿는다. 그렇기 때문에 신자유주의 이데올로기는 작은 정부를 지향하고, 시장에서의 무한경쟁을 부추기며, 민영화를 지지하는 정책들을 수립한다.

재정난에 처해있던 영국 국영철도도 이러한 논리 하에 민영화되었다. 이로 인해 열차사업, 철로건설, 철로유지, 운송사업 등 철도청이 총체적으로 주관해오던 사업들이 뿔뿔이 나뉘어 백여 개가 넘는 기업으로 분할매각 되었다. 하지만 정책입안자들의 기대와는 달리, 산업혁명의 발상지이자 한때 철도강국으로서 명성을 떨쳤던 영국은 민영화 이후에도 적자상태를 벗어나지도 못했고, 더욱이 계속해서 철도사고가 발생하면서 그 위상이 추락하게 된다. 〈철로〉를 이해하기 위해서는 민영화 추진동력이었던 신자유주의란 무엇인지, 영국 철도가 어떠한 논리와 방식으로 민영화 되었는지, 그 속에 도사린 정부와 사회의 무능과 무책임에 대한 이해가 필요하다.

하지만 〈철로〉는 대처시대의 유산으로서 철도민영화를 비판하는 데서 그치지 않는다. 이 작품은 대처정권의 종식 이후에도 여전히 영국 사회에 드리워져 있는 어둠을 이야기한다. 〈철로〉가 발표되었던 2003년 영국은 노동당이 집권하던 시기였지만, 여전히 보수당 시절부터 시작되어온 신자유주의 이데올로기가 강력하게 작동하고 있었다. 헤어는 철도민영화와 일련의 철도사고를 연극화함으로써 민영화에 대한 사회적 의식을 공유할 뿐만 아니라, 이들이 겪는 고통이 단지 철도에만 국한되는 문제가 아닌, 신자유주의 시대를 살아가는 것에 내재된 부조리와 절망을 보여주고자 하는 것이다. 나아가 〈철로〉는 권력이 대중을 어떻게 통치하는지, 그리고 대중은 이에 어떻게 반응하는지를 살피게도 한다. 이것은 우리의 일상에 내재된 정치사회적 무감각과 방관적 자세에 경고함으로써 우리에게 끊임없이 정부의 결정에 비판적 감시를 수행해야 하는 민주시민으로서의 사회적 책무를 환기시키기 때문이다.

- 미온적 진상규명과 사고수습 대책

네 번의 열차사고와 수습과정에는 반복되는 패턴이 발견된다. '사고발생-사고조사-대책수립-미실행'으로 이어지는 과정 속에 계속해서 재난이 발생하는 것이다. 또한 컬렌 조사위원회를 통해 패러디 되듯, 사고조사는 진실규명을 위해서가 아니라 책임을 등한시한 사람들에게 면죄부를 주기 위한 요식행위처럼 보인다. 누구도 책임지지도 처벌받지도 않은 상황 속에, 결국 모든 고통은 피해자와 유가족에게 오롯이 남겨진다. 마지막으로 언급되는 포터스바 사고 당시 조사위원회 구성요청이나 고소·고발이 없었던 것도, 더 이상 무책임하고 무능력한 정부에 기대할 수 있는 것이 없는 이 사회에 대한 깊은 절망과 환멸 때문이다. "부패란 뇌물이나 청탁 같은 것만이 아닌 모두의 이익을 위해 아무것도 하지 않는 정치인들, 레일트랙, 자비스 또한 그 대상"이라고 말하는 유족어머니의 대사는 모든 사고에서의 진상규명과 대책수립이 제대로 이루어지지 않았음을 고발한다.

3. 희곡에 대한 질문하기

1) 〈철로〉를 접하기 이전에 (철도)민영화에 대해 생각해 본 적이 있는가? 민영화 지지론자들이 내세우는 논리는 무엇이고, 이것이 지닌 맹점은 무엇인가? 철도민영화가 성공한 사례는 있는가?

(이 문제를 현재의 대한민국으로 확장해서도 살펴보자. 우리 또한 수도, 가스, 철도 등 다양한 공공 영역에서 민영화를 추진했거나 추진계획 중에 있기 때문에 작금의 대한민국 사회를 성찰하기 위한 매우 유효한 질문일 것이다.)

2) 이 작품에서 다뤄지는 철도사고에는 사우솔, 래드브로크 그로브, 해트필드, 포터스바 사례가 있다. 이 사건들에 대한 기록을 조사해 보고 철도민영화 이후 열차사고가 빈번해진 이유에 대해서 생각해 보자.

3) 헤어는 실제 인물들을 인터뷰한 자료를 토대로 작품을 구상하였다. 그러나 두 명의 인물을 제외하고는 모든 인물들이 익명처리 되었다. 그 이유는 무엇일까?

4) 장면 2~6에 제시된 근거를 토대로 사고에 대한 피해보상은 과연 어떠한 기준으로 이루어지는지 실례를 찾아보고, 생존과 사망을 둘러싼 보상문제에 대해 생각해보자.

5) 정치극 또는 정치적 이슈를 다루는 연극은 종종 관객들의 의식이나 태도를 변화하는 데 목적을 둔다. 그렇다면 〈철로〉를 통해 헤어가 관객들에게 기대한 것은 어떠한 반응이었을까?

6) 버바팀 연극이라는 형식이 부상하기 이전에도 인터뷰와 리서치에 기반한 연극, 예를 들어 재판희곡, 기록극, 다큐멘터리 연극 등 유사 형식들이 있어왔다. 그렇다면 이들과 변별되는 버바팀 연극의 특징이란 무엇인가?

7) 〈철로〉처럼 사회적 이슈나 논쟁에 주목하는 버바팀 연극들은 종종 '리빙 저널리즘(living journalism)'이라는 평가를 받기도 한다. 작가는 편집과 재구성을 통해 개인적 견해나 특정한 정치적 아젠다를 드러낼 수 있기 때문이다. 반면 일부에서는 버바팀 연극이 이미 우리가 알고 있는 정보들로 구성된 안일한 다큐멘

터리 또는 선동극에 지나지 않는다고 일갈하는 견해도 있다. 과
연 버바팀 연극은 저널리즘의 역할과 기능이 추락한 오늘날의
사회에서, 일종의 대안 언론으로서의 잠재성을 가질 수 있을까?

8) 버바팀 기법을 활용할 수 있는 사회적 이슈나 테마에는 어떠한
것이 있을지 떠올려 보자. 그리고 이 주제를 -어쩌면 또는 분명
히 재미없고 지루할지도 모를- 흥미로운 버바팀 연극으로 무대
화할 수 있는 방법이 무엇이 있을지 생각해 보자.

4. 공연사에서의 주요작품

(1) 국내 공연사례

〈철로〉는 극단 풍경 · 박정희 연출과 부산시립극단 · 김지용 연출
에 의해 공연된 바 있다. 2008년 박정희 연출로 처음 소개된 〈철로〉는
서울연극제에 참가해 연출상과 남우신인상을 수상했고, 2011년 극단
풍경 창단 10주년 기념공연이자 한국공연예술센터 우수레퍼토리로
재공연 되었다. 재공연 당시 정부가 2015년 개통예정인 수서발 KTX
에 대한 운영권을 민간에 이양하겠다고 발표하면서 KTX 민영화 논
란이 일었고, 이로 인해 작품에 대한 관심이 한층 높아지기도 했다.
2014년 공연된 김지용 연출의 〈철로〉는, 기사를 참고해 보건대 원작
텍스트를 충실히 따랐다는 인상이다. 하지만 지역극단이 갖는 제한
적 파급력을 고려해 여기서는 박정희 연출의 〈철로〉만을 언급하기로
한다.

개인적 견해이지만, 성실한 리서치와 연구를 바탕으로 텍스트에
대한 꼼꼼한 분석을 매우 중요시하는 것으로 정평 나 있는 박정희
연출은 헤어의 〈철로〉를 소개하는 데 적합한 연출가가 아니었나 싶

다. 헤어에 관한 연구는 주로 영문학에서 80~90년대 발표된 정치극을 대상으로 이루어져 왔고, 공연 당시 헤어의 변화된 글쓰기 방식이나 버바팀 연극에 대해서는 거의 소개되지 않은 시점이었기 때문에 테이블작업에서 많은 노력이 필요했을 것이라 추측되기 때문이다. 게다가 〈철로〉 분석을 위해서는 영국사회에 대한 특수한 이해가 요구되고 당시 우리 사회에서는 철도민영화가 사회적 이슈로 선점되지도 못했기 때문에, 형식도 내용도 쉽지 않은 이 작품을 어떠한 방식으로 국내 관객들에게 소개할 것인지 고심이 깊었을 것이다.

아마도 이러한 이유에서 박정희 연출은 〈철로〉에 한국적 컨텍스트가 강조된 각색을 시도했던 것 같다. 각색된 지점은 크게 두 부분이다. 원작에서 텍스트 밖에 위치한 것으로 상정되는 작가의 존재가 연극 안으로 소환되고, 여기에 2003년 발생한 대구지하철 참사가 덧입혀진다. 박정희 연출은 원텍스트를 해체시키는 것이 아니라 텍스트 일부에 각색된 상황을 만들어 덧붙이는데, 특히 에필로그 장면 이전에 대구지하철 참사 장면을 배치시킨다. 박정희 연출은 원작을 이렇게 재구성한 이유에 대해 "이 한 편의 연극이 우리 사회에 각성의 계기가 되길 바라는 마음에서"라고 설명한바 있다.[17]

이로 인해 원작 스토리를 감싸는 새로운 이야기의 층위가 구성되었다. 대구에 살고 있는 한 작가가 철도민영화를 소재로 희곡을 쓰기 위해 자료수집차 영국을 방문한다. 관련된 인물들을 만나 인터뷰를 수행하고 한국으로 돌아오는 날 대구지하철 참사가 발생한다. 그는 이 사고로 아내와 딸을 잃게 된다. 대구지하철 참사를 접붙이기 위해 새로운 인물들도 고안되었다. 대구참사를 속보하는 기자와 함께 대

---

17 문학수, "영국 철도의 '못된 구조' 빗대 무대서 'KTX 민영화' 논란을 묻다", 〈경향신문〉, 2012. 2. 8.

(극단 풍경 제공)

구시장, 방염전문가, 방재도시계획연구 소장, 대구지하철 노동조합원, 대구참사 유족과 생존자 등의 증언과 인터뷰가 등장한다. 이로써 낯설고 이질적인 영국 사회의 면면은 관객들이 쉽게 이해와 공감대를 형성할 수 있는 이야기로 연결된다.

하지만 각색된 〈철로〉를 둘러싸고 비판적 논점들이 제기되었다. 먼저 영국 철도민영화의 문제가 대구지하철 참사와 과연 대등하게 간주될 수 있는 이슈인가라는 점이다. 동일한 주제라도 어떠한 맥락에서 논의되느냐에 따라 그것이 달라지기도 하는데, 사실 이 두 가지 사건은 철도라는 테마만을 공유할 뿐 참사의 본질적 문제는 다르기 때문이다. 사고에 접근하는 방식에서의 지적도 있었다. 대구지하철 참사를 보도하는 장면 역시 인터뷰 형식으로 전달되지만, 이를 통해서는 참사와 관련된 객관적 정보나 사건 이면에 도사린 구조적 문제, 사건을 통해 우리가 깨달아야할 문제점 등이 전달되지 않았다는 것이다.[18] 또한 철도사고로 아내를 잃은 가장으로서의 작가의 슬픔과 고통이 다소 멜로드라마적으로 전개되는 부분은 에토스적 관점이 강조된 증언의 장면들에 순식간에 파토스적 동요를 일으키며 작품의 쟁점을 다소 희석시킨다는 인상이다. 특히 아내와의 마지막 통화가 생생한 트라우마로 남아 고통스러워하는 작가가 방화를 시도하려다 주저앉게 되고 마는 장면은 철도민영화 이슈에 대한 객관적 시선을 전복시키며 가족을 잃은 고통의 이미지만을 다소 강렬하게 남게 한다.

---

18 이진아, "문제를 바라보는 두 개의 시선, 그 간극에 대하여", 『한국연극』, 2012년 3월호, 57쪽.

(극단 풍경 제공)

하지만 공연의 연출방식은 상당히 흥미롭다. 빈 무대에는 스크린이 걸려있고 열두 개의 바퀴달린 의자가 놓여있다. 배우들은 시종일관 무대에 위치하면서 자신의 인터뷰 순서가 되면 의자를 타고 중앙으로 이동해 대사를 하는데, 증언(또는 인터뷰)이 점차 격렬해짐에 따라 이들의 움직임이 여러 방향으로 가로지르고 확장되면서 극적 분위기에 역동성이 더해진다. 이때 바퀴달린 의자는 인터뷰 상황을 떠올리게 함과 동시에 철도를 연상시키는 효과적인 오브제로 활용된다.

객석에 카메라가 놓여있는 설정 또한 흥미롭다. 작가는 카메라를 두고 무대와 객석을 오가면서 간헐적으로 장면진행에 개입함으로써 일종의 메타연극적 구조를 시각화한다. 배우들 역시 영국 철도민영화와 철도사고와 관계된 인물들인 동시에 연극을 준비하는 배우로서의 역할을 넘나들며 무대 위 메타연극적 변주를 형성한다. 이러한 극중극 구성, 작가의 개입은 관객들로 하여금 거리두기를 통해 보다 객관적으로 현실을 성찰하게 한다. 요컨대 영국 철도민영화-연극연습-

대구 지하철 참사로 구성된 삼중의 내러티브가 만들어낸 틈과 주름은 현실을 관찰하고 질문하고 비판하고 성찰케 하는 지점을 형성하는 것이다.

(2) 서양의 공연사례

- 아웃오브조인트(Out of Joint) 극단, 영국 국립극장 공동제작 〈철로〉(2003/2004)[19]

이 공연은 극작가 헤어와 연출가 스태퍼드-클락, 9명의 배우-연구자가 아이디어 단계에서부터 공동작업 했던 초연이다. 공연영상은 영국 국립극장 아카이브에만 보관되어 있어 참고하기가 어렵다. 하지만 작품의 특수성을 고려할 때 초연에 대한 언급을 빼놓을 수 없어 사진과 리뷰 등을 바탕으로 공연방식을 간략하게 구성해 본다.

텅 빈 무대, 뒤쪽으로는 커다란 스크린이 놓여있고 머리 위로는 철도전력선을 연상시키는 배선들이 다소 어지럽게 걸려있다. 극장에 들어서면 스크린에 투사된 철도청의 낡은 포스터 이미지 덕분에 관객들은 공연의 내용을 추측하게 된다. 스크린은 무대적 전환도 없고 소품도 거의 활용되지 않는 다소 밋밋한 이 작품에서 역동적이고 스펙터클한 효과를 창출하는 오브제이다. 예를 들어 스크린은 프롤로그 장면에서는 철도역 전경을 투사했다가 열차 출도착 현황을 알리는 안내전광판이 되기도, 사고가 언급되는 장면에서는 사상자 현황을 전달하는 기능을 수행하기도 한다. 특히 스크린 활용은 포터스바 사고가 다뤄지는 장면에서 가장 돋보이는데, 한적한 철로를 달리던 열차가 강렬한 사운드를 동반하며 순식간에 전복되는 장면이 투사되면

---

19 〈철로〉는 2003년 11월 요크에 위치한 로얄씨어터(Theatre Royal)에서 초연한 후, 2004년 1월 런던 국립극장에서 재공연했다.

서 철도사고의 충격과 공포가 감각적으로 전달되기 때문이다.

스태퍼드클락 연출의 〈철로〉처럼 버바팀 연극은 주로 빈 공간에서 최소한의 오브제만 활용해 공연되는 경향이 있다. 그것은 아마도 버바팀 연극은 인터뷰를 통해 추출된 말이 진실성과 진정성을 드러낼 수 있는 강력한 원천이라고 간주하기 때문에 허구성을 강조하는 연극장치들이 가능한 제거된 단순한 무대를 선호하기 때문일 것이다. 하지만 내러티브를 전개하는 과정에서 스크린이나 멀티미디어 장치들은 적극적으로 활용되기도 하는데, 이것은 관객들로 하여금 사건의 목격자와 같은 역할을 수행케 하는 장치로 활용되고는 한다.

극중 인물들은 인터뷰를 수행하는 상황이기 때문에 배우들의 움직임과 제스처는 상당히 절제된 양상을 보인다. 하나의 장면에 여러 인물들이 함께 등장하더라도 이들의 대사는 대화가 아닌 방백으로서, 제스처와 비즈니스는 관객들을 향해 있고 배우들은 (인터뷰 청자로 상정되는) 관객과의 관계를 구축해 나가는 데 주력한다. 따라서 〈철로〉는 다소 진지하고 무거운 테마에 대한 관객들의 높은 집중력을 요구하지만, 프롤로그 장면이나 풍자적 장면들에서 빚어지는 연극적 효과는 작품에 역동성과 재미를 더한다. 예를 들어 신문으로 얼굴을 가린 채 초조하게 열차를 기다리고 있는 사람들이 등장하는 첫 장면은 마임을 연상시키는 움직임을 바탕으로 경쾌하게 처리되고, 의도적으로 풍자된 정치인 존 프레스콧 역시 판토마임에 기반한 액팅을 통해 그의 무능력이 한층 더 강렬하게 희화화되는 것이다.

‖ 참고문헌 ‖

1차 문헌

Hare, David. *The Permanent Way*, London: Bloomsbury House, 2003.
데이비드 헤어, 〈철로〉, 최정우 역, 2008. (미 출판 공연대본)
박정희 연출, 〈철로〉 공연영상, 2008년 서울연극제 참가본.

2차 문헌

김유 · 이원주 편저, *Contemporary British Plays*, 서울: 신아사, 2012.
문학수, "영국 철도의 '못된 구조' 빗대 무대서 'KTX 민영화' 논란을 묻다", 〈경향
    신문〉, 2012. 2. 8.
이진아, "문제를 바라보는 두 개의 시선, 그 간극에 대하여", 『한국연극』, 2012년
    3월호, 56~57쪽.
박정환, "청문회 등 실제 기록을 연극 대사로…'버바팀' 연극 주목", 〈뉴스1〉,
    2016. 7. 1.
Billington, Michael. "Theatre of war", *The Guardian*. 2001. 2. 17.
(http://www.guardian.co.uk/culture/2001/feb/17/1)
D'Monte, Rebecca. Saunders, Graham. (eds.), *Cool Britannia? British Political
    Drama in the 1990s*, London: Palgrave Macmillan, 2007.
Hammond, Will. Steward Dan. (eds.), *Verbatim Verbatim*, London: Oberon
    Books, 2008.
The Royal National Theatre Board. *The National Theatre Education: The
    Permanent Way Workpack*, London: NT Education, 2003.
Gaston, Georg. "Interview: David Hare", *Theatre Journal*, vol. 45, 1993. pp.
    213~225.

이윤택의 〈문제적 인간 연산〉

김 성 희

1. 작가와 작품

이윤택은 오태석과 더불어 한국적 연극미학을 성공적으로 실험한 대표적인 '연극작가'[1]로 꼽힌다. 그러나 두 예술가의 연극은 자신만의 철학과 미학적 방향성을 드러내며 차별된다. 워낙 작품세계가 방대하고 미학적 스펙트럼이 넓기 때문에 단적으로 일반화하긴 어렵지만, 대체로 오태석은 동시대 사람들의 삶 속에 내재한 전통적 정서나 삶의 방식, 심성구조를 토속적 대사와 일상 행위 속에 표현한다. 이윤택 역시 전통과 동시대 일상의 만남을 그리는 데 주력하지만 연극구조 속에 전통연희나 시가 등을 적극 끌어오고, 내면성과 강렬한 개성을 가진 인물창조와 현실비판적, 시적 대사에 치중한다.

이윤택(1952~)은 서울연극학교 재학 때인 1972년부터 연극을 시작했다. 극작가-연출가로서 그의 초기 이력은 다소 독특하다. 그는 부산우체국 9급 공무원 생활(1975)을 하면서 시 창작에 몰두했고, 75년 9월에『현대시학』을 통해 시인으로 데뷔했다. 1979년엔 단막극

---

1 이윤택은 극작과 연출을 동시에 해야만 작가로서의 의도가 제대로 표현될 수 있다는 의미에서 연극작가라는 용어를 사용한다.

〈추방〉으로 동아일보 신춘문예 최종심에 올랐다. 같은 해 부산일보에 입사하여 기자 생활을 하면서 극작에도 힘을 기울였다. 그의 첫 장막극인 〈삼각파도〉(3막 5장)가 삼성문화재단 희곡부문 우수작(1979)으로 당선되었고, 제1회 전국연극제에서 대구 극단에 의해 공연되었다. 연극에 심취한 그는 신문사에서 퇴사하고 부산에서 연희단거리패를 창단(1986)하고 전속극장 가마골소극장을 개관하는 등 본격적인 연극운동에 뛰어들었다. 이때 주목되는 것은 극단 창단 때부터 동해안 별신굿 김석출의 굿판을 초청하는 등 굿의 연극성에 심취했다는 점이다.

부산 연희단거리패 창단 이후의 초기 공연활동을 보면 먼저 '상황극' 시리즈를 공연하고, 이후 우리극 메소드를 찾기 위한 작업으로 거리극을 시도하면서 전통과 변증법적 연극으로서의 한국적 연극방식을 구축한다. 연극이론가이기도 한 이윤택은 자신의 초기 연극 '상황극'을 다음과 같이 정의한다. 연극과 사회(상황)의 긴장이란 측면을 강조한 연극으로서, 연극의 메시지를 구체적 행위를 통해 드러내는 연극, 서사적 리얼리티 창조를 추구하는 연극이라는 것이다.[2] 그는 창단공연 〈죽음의 푸가〉(이윤택 구성, 연출, 1987)부터 시작하여 〈시민K〉까지에 이르는 상황극 시리즈를 마감하고, 다음엔 본격적으로 전통과 현대를 아우르는 한국연극 메소드 찾기에 매달린다. 이 상황극 공연 시기에 이윤택은 〈산씻김〉, 〈시민K〉의 서울 공연을 단행하는데, 시대정신을 질문하는 비판적 현실의식, 참신한 실험성과 파격적인 미학으로 서울 연극계에 커다란 충격을 안겨주면서 이윤택을 일약 지역 연극인에서 뛰어난 재능을 가진 중앙 연극인으로 부상시켰다. 이 공연들은 아마도 한국연극사상 지역극단이 서울로 입성하

---

2 「이윤택과 연희단거리패」, 『웃다, 북치다, 죽다』, 평민사, 1993, 29쪽.

여 가장 큰 성공을 거둔 공연으로 평가될 수 있을 것이다.

이윤택은 한국적 연극 메소드를 찾기 위한 첫 시도로, 현대인의 일상 속에도 지속되는 굿과 전통을 연극화한 〈오구-죽음의 형식〉을 가마골소극장에서 초연하는데, 부산소극장 사상 최다 관객을 동원하는 기록을 세웠다. 이후 〈오구〉는 서울에서도 흥행성과 평단에서 기록적인 성공을 거두면서 이윤택 연극의 커다란 전환점이자 연극세계의 지향점을 이루게 된다.

초기 연극운동에 나타난 지향점과 미학, 다시 말해 굿의 연극화와 비판적 현실인식은 이후 그의 연극을 관통하는 키워드가 되었다. 비판적 현실인식은 난세와 혼돈의 시대에 맞서 실천적 역할을 하지 못하는 지식인 비판으로 변주되고, 굿의 연극화는 전통연희와 동시대 미학의 접목을 통한 한국적 연극 창조로 확대되었다.

이윤택의 작품세계를 소재와 경향 별로 나누어보면, ① 상황극, ② 서구 고전의 재구성과 해체, ③ 전통연희의 현대화 혹은 제의극, ④ 역사극, ⑤ 대중극으로 범주화할 수 있다. 물론 이들 작품의 경향은 엄격히 구분되는 것이 아니라 미학적 경향이나 대중극적 방법론 등이 겹치는 경우가 많다. 이윤택은 철저하게 관객 중심의 연극작가로서 현실비판의식이 강하고 전통미학을 동시대 연극에 접목시켜 세계적 보편성을 갖는 한국적 연극을 창조하고자 하기 때문이다.

① 상황극: 〈죽음의 푸가〉(이윤택 구성, 연출, 1987), 〈히바쿠샤〉(홍가이 작, 이윤택 연출, 1987), 〈산씻김〉(이현화 작, 이윤택 연출, 1988), 〈시민K〉(이윤택 작, 연출, 1989).

② 서구 고전의 재구성, 해체 연극: 〈청부〉(하이너 뮐러 원작, 1990), 〈맥베드〉(1992), 〈허재비놀이〉(칸토르 원작, 〈죽음의 교실〉 1994), 〈청바지를 입은 파우스트〉(1995), 〈우리 시대의 리어왕〉(가스통 살

바토레 원작 〈스탈린〉, 1995), 〈우리에게는 또다른 정부가 있다〉(덕 루시 원작 〈적의〉(1996), 〈햄릿〉(1996), 〈태풍〉(1999), 〈오이디푸스〉(2002) 등.

③ 전통연희의 현대화 혹은 제의극: 〈오구〉(1989), 〈불의 가면〉 (1992, 스즈키 겐지 연출 / 1993 채윤일 연출), 〈바보각시〉(1993), 〈일식〉(1999) 등.

④ 역사극: 〈문제적 인간 연산〉(1995), 〈아름다운 남자〉(1996), 〈어머니〉(1996), 〈나는 누구냐〉(1998), 〈시골선비 조남명〉(2001), 뮤지컬 〈화성에서 꿈꾸다〉(2007), 뮤지컬 〈이순신〉(2009), 〈궁리〉(2012), 〈혜경궁 홍씨〉(2013) 등.

⑤ 대중극: 〈사랑에 속고 돈에 울고〉(1996), 〈눈물의 여왕〉(1998), 〈곡예사의 첫사랑〉(2004) 등.

이상의 연극 작품들의 궤적을 보면, 그는 대체로 상황극-서구고전의 해체, 재구성극-제의극-대중극-역사극, 이런 순서로 작품활동을 해왔음을 알 수 있다.

2. 희곡 읽기

2.1. 작품 개관

(1) 이윤택 역사극의 특성
이윤택은 한국 역사극 분야에서 매우 중요한 작가 중의 하나로, 양적으로나 미학적 성취 면에서 주목받는 역사극을 발표해왔다.

1990년대 이후 본격적으로 발표된 그의 역사극 작품들은 공식 역사의 권위를 해체하고 자유분방한 상상력으로 역사를 유희화, 허구화

하는 탈근대 역사극의 계보에 속한다. 그는 역사극 속에 굿이나 의례, 시가 등 전통연희나 제의성을 부각시키며, 유령들을 소환한다는 점에서는 역시 굿이나 유령을 등장시키는 오태석과 비슷한 점을 보인다. 그러나 오태석이 주로 동시대 삶을 배경으로 한국전쟁의 기억과 망각을 문제 삼는 것과는 달리, 이윤택은 주로 먼 역사 속 인물들을 소재로 삼으며 전통연희를 현대적 미학으로 재창조하는 극적 구조를 활용한다.

이윤택은 '연출의 말이나 인터뷰에서, 역사의 인물을 재현할 때 동시대 일상과 만나게 하는 데 주안점을 둔다고 말한다. 역사와 동시대의 소통을 위해 '개인'과 '일상'에 초점을 맞춘다는 것이다. 이는 역사 쓰기에 있어서 영웅이나 역사적 사건의 재현이 아닌 개인의 주체구성의 문제를 초점화 한다는 걸 의미한다. 역사적 인물을 그릴 때 영웅적 측면보다는 인간적 측면에 집중하고, 역사적 사건보다는 '인간을 그리는 데 방점이 놓이고, 역사적 사건을 일상적 삶으로 환원시켜 재창조하는 것이 '인간의 역사' 쓰기 방법론이다. 역사보다는 '인간', 특히 동시대적 관점의 연극적 인물을 그리는 데 집중하는 것이다. 따라서 역사적 사건이나 역사적 인물들은 공식 역사의 컨텍스트에서 벗어나 매우 자유롭게 창조된다. 또 이윤택은 종종 굿을 중심구조로 삼고 굿의 세계관을 반영시켜서 죽은 자와 산자의 교통, 이승과 저승의 경계가 해체된 무대를 그려낸다. 트라우마적 역사의 표상인 유령들이 등장하여 강도 높은 에너지와 언캐니(uncanny: 친숙하면서도 낯설고 두려운) 미학으로 역사적 사건들을 재현하고, 역사의 씻김을 수행한다.

그의 첫 역사극인 〈문제적 인간 연산〉(1995)은 제목에서 드러나듯, 왕 연산의 역사(History)가 아닌 '인간 연산의 스토리(stories)를 새롭게 쓰고자 한다. 이러한 지향은 그의 역사극들에 공통된다. 〈아름다운 남자〉(1996)도 고려 무신정권기 팔만대장경 판각을 소재로 하고 있지만, 역사적 사건보다는 시대와 대응하며 삶의 의미를 추구하는 '인간의 이야기'를 보여주는 데 초점을 맞춘다. 〈시골선비 조남명〉(2001)도 사상 표현에 초점을 맞추기보다는 궁색한 선비로서의 일상과 가족구도 안에서의 주체구성을 중점적으로 그린다. 뮤지컬 〈화성에서 꿈꾸다〉(2007)에서도 정조는 개혁군주로서의 정치적 사건보다는 꿈과 현실의 갈등, 애정문제로 고뇌하는 인간적 측면이 강조된다. 뮤지컬 〈이순신〉(2009)도 전쟁영웅의 면모보다는 가족구도 내에서의 인간적 고뇌가 부각된다. 〈궁리〉(2012)도 원나라 이주민 출신 관노비 장영실과 세종의 인간적 관계, 변방인 장영실의 꿈과 좌절을 그린다. 〈혜경궁 홍씨〉(2013)도 혜경궁-영조-사도세자의 가족서사, 그리고 여주인공의 주체 구성을 표현하는 데 치중한다.

(2) 작품 구조와 무대

〈문제적 인간 연산〉[3]은 공식 역사나 기존의 재현방식과는 확연히 다른 접근방식을 보여준다. 이 극의 새로움은 동일 소재를 다룬 기존 극들의 피상적 인물창조를 넘어서는 독특하고 파격적인 인물 창조에 있다. 연산을 오이디푸스 콤플렉스에 주박된 정신분석적 캐릭터이자 지식인-혁명가로 새롭게 창조한 것이다. '폭군 연산'이라는 공식 역사의 관점을 해체하고 동시대인으로 보아도 무방할 정도로 '문제적 인간'인 연산의 내면 창조에 집중한다.

이 극은 삶과 죽음, 권력, 역사 등의 본질을 풀어보고자 한 그의 꾸준한 문제의식을 굿의 연극성에 담아낸 작품이라 할 수 있다. 무대

---

3 텍스트는 서연호, 김남석 공편, 『이윤택 공연대본전집』 4권(2006)에 실린 작품이다. 이하 줄여서 〈연산〉이라 표기하며, 인용 쪽수는 이 책을 따른다.

는 마치 무당의 눈으로 보여주는 것처럼 인간과 혼령, 초현실적 존재들이 교통하고 놀이하고 한을 푸는 난장이다. 작가/연출가로서 이윤택은 눈에 보이는 현실세계에 대한 우리의 믿음과 인식을 뒤흔들어 놓는 전략을 취한다. 굿의 초혼, 씻김(정화의식), 놀이성 등 풍부한 연극성과 초월적 세계를 소환하여 현실과 환상의 경계를 허물고 환상을 현실로 만들어내는 것이다. 현실의 부조리와 은폐된 진실은 굿(환상)을 통해 폭로된다. 극의 전개는 점차 혼령이 산자를 지배하고, 광기와 폭력성이 현실을 압도하는 과정으로 치닫는다. 다시 말해 이승과 저승, 인간과 혼령, 삶과 죽음의 경계가 허물어진 채 혼재하는 세계를 그리고 있는 것이다.

'폭군 연산'은 조선 조 왕들 중에서 사도세자와 더불어 부모와의 원한 혹은 복수로 점철된 광기의 비극적 인물이란 점 때문에 소설, 영화, 연극, 드라마 등에서 자주 형상화되어 왔다. 따라서 이 소재를 다룰 때 작가가 가장 먼저 고심한 문제는 기존의 형상화된 이미지와 어떻게 차별성을 가진 새로운 인물로 창조할 것인가, 그 역사는 오늘의 현실과 어떤 연관성을 갖는 시의적 사건으로 소환할 것인가 하는 점일 것이다. 이윤택은 연산이 왜 폭군이 되었는지, 폭군이라는 기존의 역사 서술은 과연 정당한 것인지, 그 시대 연산의 이야기가 어떻게 오늘의 현실을 비춰내는 시의적 사건이 될 수 있는지에 대한 상상과 해석을 펼친다.

작가는 연산을 과거의 혼령에 사로잡힌 인물로 창조함으로써 기존의 인물 형상과 큰 차별성을 만들어낸다. 죽은 어머니를 그리워하며 과거에 과도하게 집착하는 오이디푸스 콤플렉스적인 인물로 설정한 것이다. 녹수와의 관계는 연산의 모성 결핍을 채워주는 어머니이자 연인으로 그려진다. 어머니의 탯줄에 매인 채 대숲에 머무는 혼령들의 악몽을 꾸던 연산이 폐비 윤씨의 죽음에 관한 진상을 알게 되는 것은 연산이 직접 무당이 되어 굿을 주재하면서이다. 윤씨의 혼이 녹수에게 빙의되어 은폐된 진실을 알려준다. 또한 연산은 낡은 과거 질서를 파괴하고 새로운 세상을 건설하려 한 혁명가로 의미부여 된다. 죽은 어미의 혼령에 사로잡힌 오이디푸스적 아들, 낡은 세상을 파괴하고 새로운 이상국가를 세우려는 급진적 혁명가라는 양면성의 인물로 창조된 것이다. 따라서 당대 벌어졌던 왕권과 신권의 갈등, 훈구파와 사림파 간의 당쟁, 두 번에 걸친 사화 등 정치적 사건에도 왕비의 혼령과 아들이 함께 벌이는 복수라는 초현실적, 심리적 차원과 현실변혁을 위한 절대권력의 행사라는 두 차원의 의미가 부여된다. 이처럼 극의 서사는 연산의 역사적 행위에 대한 도덕적 판단은 괄호에 넣고, 연산에 동정적이고 주관적인 관점을 취한다. 서사를 추동하는 세 가지 키워드는 어머니, 역사, 혁명이다.

연산이 '문제적 인간', 강렬한 비극적 인물로 인상 지워지는 것은 생모의 혼령에 고착된 무당-처벌자, 신탁(혼령의 명)을 수행하는 가운데 내면의 어둠과 맞닥뜨리는 그리스 비극적 인물, 살육을 저지르다가 고독과 소외 속에 파멸을 맞는 맥베스적 인물 등 우리 무의식에 호소하는 제의성, 원초적 폭력성, 비극성을 모두 지닌 인물이기 때문일 것이다.

이윤택의 〈연산〉은 그 어느 작품보다도 강렬한 오이디푸스 드라마와 모성의 파토스를 재현한다. '아버지의 질서'는 처음부터 낡고 부패한 것으로 부정된다. 무대는 무너지는 서까래와 비스듬한 용상, 연못이 있는 궁궐과 무대후면의 대숲이다. 조선 궁궐의 폐허성이란 상징적 이미지를 통해 낡은 유교질서, 중심이 무너진 세상을 표현주의적으로 시각화한다. 무대 후면의 대밭은 귀신들의 세계이다. 산자와 죽은자가 공존하고 소통하는 무대, 이승과 저승의 경계를 넘어 부유하는 귀신들. 한국역사극을 통틀어 이윤택 만큼 많은 유령들을 무대에 소환한 경우는 없다고 해도 과언이 아니다.

2.2. 장면 구성

(1) 세부 장면 분석과 줄거리

극은 역사를 다루는 표층구조와 어머니와 아들이란 가장 원초적 관계를 다루는 심층구조로 구성되어 있다. 역사와 어머니라는 표층 구조와 심층구조는 의식과 무의식의 이원론구조와 상동성을 이룬다. 극의 심층구조는 어머니의 욕망과 어머니의 시간에 사로잡힌 연산을 보여준다. 시작장면과 결말장면은 죽은 연산의 어머니가 어린 융을 부르는 장면이다. 심리적으로 어머니의 자궁에서 분리되지 못한 연산[4]이 어머니의 욕망을 추구하다가 죽는 순간에 이르러서야 자기인식("너네들 붓 끝에 놀아나는 세상, 나는 미친 광대였노라")을 하게 되는 내용으로 짜여져 있다.

극은 1막 5장, 2막 3장, 3막 3장으로 총 11개의 장면으로 구성되어 있다. 역사를 굿의 형식 혹은 전통미학에 담아내고자 한 극적 의도에 따라 각 장면들에는 혼령들, 굿, 제의, 제례악, 민요, 정가, 전래 동요, 춤 등이 다채롭게 나온다.

1막의 무대지시문(이 연극은 현재 시점에서 묘제를 지내는 형식으로 막이 열린다. 악사들이 입장하고 제문을 읽고 향을 피우면서 무대는 깨어난다.)은 이 연극 전체의 분위기와 극적 의도를 함축하는데, 연산을 비롯한 역사의 인물들에 대한 묘제 혹은 씻김굿 형식을 취하고 있다는 점을 알려준다.

---

4 2015년 국립극단의 공연은 알몸의 연산이 어머니의 탯줄에 매인 채 대숲에 머무는 죽은 어머니를 향해 나아가는, 그리고 자궁 양수를 상징하는 듯한 연못 속에 들어갔다 나오는 매우 인상적인 '악몽' 장면으로 연출되었다.

① 1막 1장 악몽

침상에 누워 있던 연산의 악몽이 펼쳐진다. 연산은 "융아" 하고 부르는 어미의 소리를 따라 몽유하듯 대숲을 향하고, 내시 3인방인 처선과 숭재, 자원은 밤마다 대숲의 귀신들에 이끌리는 임금을 지켜본다. 대숲에는 연산의 아비인 성종, 성종의 머리에 올라탄 인수대비, 성종의 양팔을 잡고 늘어지는 정귀인과 엄귀인이 있다. 엄귀인과 정귀인은 융 인형에 침을 꽂는다. 융(연산)을 해치는 주술을 시도하는 이판수와 엄, 정귀인은 주술적인 민요를 부른다.

이 장면은 연산의 트라우마를 압축적으로 제시한다. 인수대비가 성종을 올라타고 있는 것은 성종이 윤비에게 사약을 내릴 때 어머니 인수대비의 조종을 받았다는 사실을 보여주는 장면이다. 이 악몽장면은 귀신과 산자들이 뒤섞이고, 과거와 현재가 혼재하는 장면인 동시에 내시 3인방이 연산의 꿈을 응시하기도 하는, 일종의 극중극으로 제시되어 있다.

② 1막 2장 녹수

녹수는 엄마를 부르며 꿈에서 깨어나는 연산을 안아준다. 그리고 엄마가 어린 아이를 어르듯 여러 전래 동요들을 불러주고 연산과 유년기 놀이를 한다.

녹수와 연산의 관계는 연인이면서도 녹수가 연산의 죽은 어머니를 대신하는 모성적 존재임을 보여준다.

③ 1막 3장 망자(亡者)를 위한 뒤풀이

내시 3인방은 연산의 처지가 밤엔 죽은 에미에게, 낮엔 사당패 출신 녹수에게 붙잡혀 지낸다며, 오늘이 마침 윤비의 제삿날이니 제삿상을 차리기로 한다. 악사들과 재수굿 노래를 하며 윤비의 혼령을 위해 축원을 하는데, 대신들이 등장하여 궁에서 불교식 제사를 지낸다고 죽비춤으로 내시들을 내리친다.

④ 1막 4장 나는 조선의 왕이다

임금의 아침 수라상을 대령하며 대신들이 문안 노래를 부른다. 연산이 생모의 제삿날이니 고기 없는 음식을 장만하고 제를 올리겠다고 하자 대신들이 법도를 들먹이고 '책의 춤'을 추며 불교식 제를 지낼 수 없다며 반대를 한다. 대신들은 세조대왕과 성종, 공자의 말씀을 내세워 반대하며, 왕이 하는 모든 일은 조정 대신들의 동의를 얻어야만 한다고 강조한다. 어린 왕 연산을 길들이려는 대신들과 왕의 통치권을 확립하려는 연산 간의 기싸움이 벌어진 것이다.

유교 교리나 선왕의 교지를 내세워 반대하고 어린 왕을 손아귀에 쥐고 흔들려는 대신들의 의도를 간파하고, 연산은 이제부턴 공자의 제자가 아니라 조선의 왕임을 선포한다. 이는 왕의 통치권을 굳건히 확립하겠다는 선언이다.

⑤ 1막 5장 연산, 굿을 주제하고 녹수에게 신 내리다

녹수가 등장하여 대신들에 분노하고 있던 연산을 엄마처럼 안아준다. 이때 세 내시가 절룩이며 등장하여, 사헌부에 끌려가 종일 매를 맞았다고 말한다. 이에 연산이 직접 자신이 왕무당이 되어 굿을 열겠다며, 악사들에게 녹수에게 바리공주 신장 옷을 입히고 풍악을 울리라고 한다. 무악과 빠른 춤, 제문을 읊고 신가 등을 부르며 굿을 하는데 녹수에게 윤비의 신이 내린다. 무대 뒤편 대밭에 폐비 윤씨, 성종, 인수대비, 엄귀인, 정귀인이 등장하고, 윤비의 시녀였던 삼월이도 산등성이 넘어와 이승을 내려다본다.

폐비 윤씨의 넋이 녹수에게 전이되면서 과거 장면이 극중극으로 펼쳐진다. 어린 융의 인형을 바늘로 찌르며 해코지하고, 윤비의 화상을 칼로 그으며 저주하는 통에 연산과 윤비가 괴롭힘을 당한다. 녹수/윤비(녹수에게 빙의된 윤비)가 이판수에게 누구 짓이냐고 묻자 "네 발 달린 짐승의 성을 가진 계집의 저주"라고 답한다. 이는 '정(鄭)'귀인

을 암시하는 것으로, 흔히 鄭은 '당나귀 정'으로 일컬어지기 때문이다.

인수대비가 연산에게 굿을 멈추라고 명하고, 윤비(녹수)는 연산에게 자신의 원한을 풀어달라고 말한다. 여기서 윤비가 폐위 당하고 사약을 받은 원인이 밝혀진다. 윤비는 후궁들 치마폭에서 놀다 3년 만에 찾아온 임금의 얼굴에 손톱자국을 남겨, 투기의 죄목으로 쫓겨나 사약을 받았다. 윤비 축출은 인수대비와 성종의 총애를 받고 있던 엄귀인과 정귀인이 주도했는데, 세도가 집 출신이 아닌 윤비는 자신을 보호해줄 가문이 없었다. 연산은 자신과 생모를 주술로 해코지했던 엄귀인과 정귀인에게 철퇴를 휘둘러 죽인다. 인수대비가 연산에게 무도하다고 꾸짖자 연산도 왕비를 죽이는 대비가 있냐며 고함을 지르고, 인수대비는 기함하여 쓰러진다. (이러한 내용은 대체로 역사와 일치한다.)

⑥ 2막 1장 상제수난

인수대비의 상제가 치러진다. 대신들은 연산의 관을 벗기고 상복을 입히면서 궁중의 엄격한 상례를 지킬 것을 강요한다. 대신들은 이 상례를 기화로 연산을 길들이고자 하는 것이다. 내시 처선과 숭재가 등장하여 연산의 몸에 목죄인 삼끈을 끊고 대신들로부터 연산을 풀어낸다. 연산은 한번 기절한 것으로 곡을 끝내겠다고 선언한다. 상복을 벗고 곤룡포를 입고 다시 등장하여 대신들에게 화해와 용서, 도약을 결의하자며 술잔을 내민다. 그러나 대신들은 술을 쏟아버리고 퇴장한다. 연산은 대신들의 저항에 자신이 지금 "뻘밭 같은 현실" 속에 서있음을 자각한다.

⑦ 2막 2장 피적삼의 힘

녹수가 소리를 따라 대밭으로 걸어간다. 윤비가 나타나 녹수에게 피적삼을 입혀준다. 꿈에서 깨어난 녹수가 연산에게 피적삼을 입고 임금에게 가라고 했다는 말을 전한다. 숭재가 임금 외할머니가 임사홍대감에게 준 함을 찾아온다. 늙은 맹인 이판수가 나타나 함을 열면 피바람이 분다고, 열지 말라고 경고한다. 이판수는 이십년 전 정귀인, 엄귀인의 부탁으로 윤비를 해코지하는 주술을 행했던 점쟁이이다. 숭재가 함을 여는데, 윤비가 사약을 마실 때 토했던 피가 묻은 적삼이 들어있다. 처선은 사화가 닥쳐올 듯 하다고, 임금에게 살을 풀라고 간언한다. 그러나 연산은 이 피적삼의 힘으로 세상을 평정하겠다고 말한다.

⑧ 2막 3장 피의 평정사

연산은 조례시간에 대신들에게 피적삼을 보이며, 죽은 어머니의 맺힌 한을 풀어 드리겠다고 말한다. 대신들은 윤비를 제헌왕후로 추존하고 묘를 릉으로 승격하자고 말한다. 연산은 윤비의 죽음에 책임 있는 대신들을 추궁하며 죽음의 진상을 캐내기 시작한다. 절대왕권을 휘두르는 왕의 기세에 눌려 대신들은 정귀인과 엄귀인의 암투가 원인이었다고 고하며, 두 귀인의 시신과 가족들에 대한 엄중한 처벌을 상소한다. 연산의 명에 따라 숭재가 엄, 정귀인 시신의 혀를 뽑는다. 연산은 사약을 내리게 된 경위를 알고 싶다며 춘추관 실록 개봉을 명한다. 대신들의 반대에도 불구하고 숭재가 춘추관 실록의 윤비 관련 책을 들고 온다. 연산은 역사 기록이 다 왜곡되었다며, 윤비의 죽음에 책임 있는 대신들을 처참하게 처벌한다.

이 장면은 연산군이 윤비의 원한을 갚겠다며 수많은 사림(士林)들을 죽인 '갑자사화'(1504)를 극화한 것인데, 실제 역사에서 전하는 바 연산의 엽기적이고 잔혹한 형벌을 재현하고 있다.

숭재는 연산의 하수인으로 백정처럼 직접 처벌을 수행하는 반면, 처선은 개혁을 핑계로 연산이 신하들을 죽이는 것을 비판한다. 분노한 연산은 처선을 화살로 쏘아 죽인다. 숭재가 내시로 설정된 것은 역사와 다른 설정이지만, 처선의 직언과 죽음은 역사적 사실에 따라 재현되었다.

⑨ 3막 1장 산 자들의 고통

무대전환이 있는데 (실제 공연에서도 2막이 끝난 후 인터미션), 죽은 대신들이 대밭에서 이승의 옷을 벗고 씻김 의식으로 목욕하고 혼령의 옷을 갈아 입는다. 성종, 엄귀인, 정귀인이 대신들을 반갑게 맞이하고, 인수대비는 여전한 권위로 군림한다.

녹수가 '타박네' 노래를 흥얼거리고, 2막에서 피의 학살을 수행했던 숭재는 천지사방이 온통 죽은 넋들로 득실거린다며 술에 취해 비틀거린다. 처선의 혼령이 등장하고, 잠들었던 연산이 깨어나 처선을 본다. 이처럼 산 자들은 죽은 자들의 혼령을 보거나 죄의식과 공허함에 시달린다. 녹수는 1막에서처럼 연산을 애기처럼 어르고 노래를 부르고 놀이를 하지만, 연산은 호응하지 않고 나가버린다.

⑩ 3막 2장 접동새를 찾아서

연산이 자원을 데리고 행정업무를 수행한다. 과거 제목을 정하기도 하고, 상소문을 확인한다. 임금을 비판한 상소를 올린 충신들을 처벌하라고 명한다. 숭재가 등장하여 '어머니'를 모셔왔다고 한다. 어머니와 닮은 기생 완산월을 데려온 것이다. 완산월이 접동새 노래를 부르자 연산은 어머니가 접동새로 환생했다며 기뻐한다. 자신이 꿈꾸는 어머니는 피적삼 입고 복수하려는 귀신이 아니라 희망의 봄을 노래하는 접동새라는 것이다. 이때 피적삼 입고 머리를 푼 녹수가 등장하여 임금의 어머니를 만났다고 말하며, 임금이 잠들 집은 자신의 가슴이라고 말한다. 그러나 연산은 지난 시절의 망령들에서 벗어나 새로 태어나고 싶다며 완산월과 함께 퇴장한다. 허탈감과 배신감을 느낀 녹수는 신을 청하는 경을 읽고, 죽은 망령들이 깨어난다.

⑪ 3막 3장 씻김을 위한 묘제

병색이 완연한 연산에게 자원이 조식을 대령한다. 녹수가 마련했다는 탕에는 완산월의 손목이 들어있다. 기겁한 연산이 숭재를 부르는데 숭재도 미친 인간처럼 변모해 있다. 녹수가 "접동 접동" 노래를 부르며 등장한다. 이때 젊은 반정꾼들이 힘찬 칼춤과 함께 밀고 들어온다. 관과 구장복을 벗어던진 연산은 반정의 주역 성희안과 박원종을 알아보고 "호호, 알고 보니 모두 그놈이 그놈들이로구나. 이 역사는 누가 기록하느냐?"라고 말한다. 세상을 바꾸겠다고 피의 숙청을 벌이며 혁명을 시도했으나 결국 낡은 질서가 다시 귀환하는 역사의 반복에 대한 냉소이다. 연산은 핏빛 연못에 들어가 목욕을 하고 죽은 자의 세계인 대밭으로 걸어간다. 숭재와 녹수, 자원도 반정꾼에 의해 죽음을 맞는다. 윤비의 망령이 어린 융을 부른다.

제주인 악공이 무대에 올라와 큰 무덤을 이루고 있는 출연진들에게 술잔을 붓고 제문을 태운다. 이처럼 극 전체의 구조는 씻김굿으로서, 역사의 인물들에 대한 묘제라는 프레임을 지닌 메타극이다.

(2) 작품의 의미

이윤택의 〈연산〉은 역사를 다루는 표층구조와 어머니와 아들이란 가장 원초적 관계를 다루는 심층구조로 구성되어 있다.

① 어머니와 연산

극은 강렬한 오이디푸스 드라마와 모성의 파토스를 재현한다. '아버지의 질서'는 처음부터 낡고 부패한 것으로 부정된다. 조선 궁궐의 폐허성이란 상징적 이미지를 통해 낡은 유교질서, 중심이 무너진 세상을 표현주의적으로 시각화한다.

심층구조는 어머니의 욕망과 어머니의 시간에 사로잡힌 연산을 보여준다. 시작장면과 결말장면은 죽은 연산의 어머니가 어린 융을 부르는 장면이다. 심리적으로 어머니의 자궁에서 분리되지 못한 연산[5]

이 어머니의 욕망을 추구하다가 죽는 순간에 이르러서야 자기인식을 하게 되는 내용으로 짜여져 있다.

첫 장면 '악몽'은 연산의 우울증 상태를 보여준다. 프로이트에 따르면, 애도와 우울증은 둘 다 사랑하는 대상(연인, 조국, 자유, 이상 등)의 상실에 대한 반응이다. 시간이 흐르면서 슬픔이 잊혀지고, 상실된 대상에 대한 집착에서 벗어나 다른 대상에 리비도를 재투자하는 과정을 프로이트는 애도작업이라 불렀다. 그러나 상실한 대상 혹은 죽은 사람과의 감정적 고리를 끊어내는 애도작업에 실패하면 우울증에 빠지게 된다. 우울증에 걸리면 자아의 빈곤, 자기비난, 피학적-가학적 증상을 보인다.[6]

극의 시작부는 연산이 어린 시절에 죽은 어머니의 이마고 속에 사로잡혀 있음을 보여준다. 꿈속에선 어머니의 목소리를 좇아 몽유하고, 현실 속에선 녹수와 엄마 놀이를 한다. 녹수는 엄마를 부르며 깨어난 연산을 엄마처럼 안아주고, 다양한 전래 동요를 불러주고, 유아를 어르는 말투로 연산과 놀이한다. 어린 아들과 엄마가 되어 놀이를 하던 두 사람은 정사를 나눔으로써 오이디푸스 드라마를 재현한다. 현실세계에서의 녹수와 연산의 모자/연인관계는 여러 번 재현된다. 죽은 어머니의 제를 반대하는 대신들에 격분한 연산을 젖 주는 엄마처럼 안아주는 녹수, 또 연산이 직접 왕무당이 되어 신대를 잡고 녹수에게 바리공주 옷을 입혀 굿을 주재할 때 녹수에게 죽은 어머니의 신이 내리는 빙의장면(1막5장)이라든지, 녹수의 꿈에 윤비가 나타나

---

5 2015년 국립극단의 공연은 알몸의 연산이 어머니의 탯줄에 매인 채 대숲에 머무는 죽은 어머니를 향해 나아가는, 그리고 자궁 양수를 상징하는 듯한 연못 속에 들어갔다 나오는 매우 인상적인 '악몽' 장면으로 연출되었다.

6 프로이트, 윤희기·박찬부 역, 「슬픔과 우울증」, 『정신분석학의 근본개념』, 열린책들, 2010, 244쪽.

피적삼을 입혀주는 장면(2막2장) 등에서 반복 재현된다. 어머니의 죽음에 관련 있는 선왕의 두 귀인, 인수대비, 대신들을 모두 처형한 연산은 어머니의 복수와 강력한 왕권 정립이라는 공적 사적 차원의 파괴와 혁명을 성공시켰지만 그 과정에서 분출한 끔찍한 폭력과 광기로 인해 다시 우울증에 빠져든다. 외부 대상에 대한 가학적 증상이 자신에 대한 피학적 증상으로 교체된 것이다. 연산은 계속 죽은 어머니를 대신할 욕망의 대상-원인 '오브제 아(objet a)'[7]를 욕망한다. 1, 2막에선 죽은 어머니를 대신하는 오브제 아가 녹수였다면, 3막에선 녹수는 더 이상 어머니가 되지 못한다. 피적삼을 입은 녹수와 함께 엄청난 피의 살육을 벌이며 과거를 건너왔기 때문에 녹수는 '어두운 과거의 망령으로서 어머니'이지, 접동새 같은 '재생과 희망의 어머니'는 아닌 것이다. 복수와 혁명을 위해선 피적삼의 녹수가 필요했지만, 복수를 다 마친 후엔 피적삼 혹은 죽음을 잊게 해주는 '재생과 희망의 어머니'가 필요하다. 연산은 어머니와 닮은 완산월을 어머니의 환생으로 여기며 재생과 희망을 노래하는 그녀와의 결합을 욕망한다. 그러나 녹수는 완산월의 손목을 잘라 연산의 수라에 올림으로써 '죽음의 어머니' 역할을 수행하고, 재생의 어머니와의 결합을 희구하는 연산의 욕망은 좌절된다. 결국 연산은 죽음의 순간에서야 평생 그를 주박해 왔던 어머니의 욕망과 어머니의 시간으로부터 벗어난다.

② 역사와 연산

연산은 이 극에서 오이디푸스적 아들이란 심리적 특성과 더불어

---

7 라캉은 언어가 구조화되어 있듯이 욕망도 구조화된 무의식으로 제시된다는 욕망이론을 정립했다. 본능을 억압하여 상징계에 진입한 주체는 자신이 상실한 것을 욕망하여 끊임없이 욕망의 대상을 추구하지만 막상 손에 잡는 순간 욕망은 또 다른 대상으로 미끄러진다. 상상계에서의 완전한 욕망의 충족은 상징계에 들어서는 순간 오인의 구조에 다다르고 실재계에 의해 다시 상상계의 억압된 본능이 귀환한다. 끊임없이 반복되는 무의식적 욕망, 욕망의 미끼, 그것이 '오브제 아(objet a)'이다.

낡은 질서에 대한 파괴와 개혁을 실천하려는 혁명가로 창조된다. 연산을 혁명가로 재창조한 것이라든지 숭재, 자원 등 주요 인물들을 공식 역사와 매우 다르게 재창조한 것은 이 극의 파격적인 역사 해체 관점을 보여주는 것이다. 인물 뿐 아니라 두 번의 사화, 엄·정귀인과 인수대비의 죽음 같은 역사적 사건도 연극적 효과와 구성을 고려하여 재창조되었다. 내시 3인방 처선·숭재·자원은 1막에선 셰익스피어의 광대처럼 희극적 인물들로 기능한다. 그러나 연산이 복수극과 개혁을 시작하면서 이들의 입장은 뚜렷하게 나뉜다. 숭재는 연산의 피의 숙청에 적극 찬동하면서 직접 폭력을 행사하는 하수인역할을 한다. 그러나 공식역사의 숭재는 윤비가 사약받고 죽은 사실을 연산에게 알려 갑자사화를 일으킨 임사홍의 아들로, 온갖 권세를 누리다가 중종반정 때 부관참시 당했다. 자원도 겁많고 여성적인 소년 내시로 재창조되었지만[8] 실제론 연산의 총애를 입고 많은 전횡을 저지른 환관으로, 연산군 말년엔 정치를 좌지우지했다. 처선은 연산에게 직언을 하다가 연산의 화살과 칼에 죽음을 당하는 의인으로, 극에서도 동일하게 극화되었다. 특히 처선은 도덕적 명분을 내세운 연산의 자가당착과 자기모순을 폭로시키는 인물로 기능한다. 혁명을 명분으로 내세운 폭력의 문제를 지적한 처선을 잔인하게 죽임으로써 연산의 도덕적 토대는 붕괴되는 것이다.

공적 세계에서의 연산은 낡은 질서, 혼돈의 세상에 분노하고 중심을 바로 세우려는 지식인·혁명가적 면모를 보인다. 죽은 어머니의 제를 지내겠다는 왕의 말에 유교 교리나 선왕의 교지를 내세워 반대하고 사사건건 어린 왕을 통제하고 길들이려는 대신들에 분노한 연산은 절대왕권의 정립을 선언한다.

---

8 공연에선 여배우가 자원 역을 맡았다.

나는 어떤 형태로든 이 세상에 대해 책임을 지겠다. 비판할 줄만 알고 정작 책임지지 못하는 혓바닥들이 난무하는 세상은 바람직하지 못하지 이 나라는 공자도 죽은 임금도 더 이상 책임지지 않는다 내가 책임진다 이 말을 사초에 기록해라 나는 더 이상 공자의 제자가 아니다 나는, 조선의 왕이다. (87쪽)

이 선언은 대신들이 의존하는 유교 교리 혹은 사대주의에서 벗어나 민족자주의 길을 가겠다는 것으로, 공연당시인 90년대 현실에 대한 작가의 비판의 목소리를 강하게 담아낸다. 작가는 80년대적 혁명의 이상이 변질되고 소비자본주의가 지배하는 90년대에 대한 비판과 환멸을 〈청바지를 입은 파우스트〉(1995)에서 노골적으로 표현한 바 있기도 하다. "비판만 하고 책임지지 못하는 혓바닥들"에 대한 연산의 분노, 그리고 자신이 세상에 책임을 지겠다는 선언은 행동은 없이 현실비판의 언어만 남발했던 90년대 지식인, 혹은 권력과 유착한 지식인에 대한 비판을 반향하고 있다. 이윤택은 역사극의 목표를 '인식과 신명의 결합'으로 제시한 바 있는데, 이는 현실비판인식과 전통미학의 결합을 의미한다. 연산이 계몽적 언설을 쏟아내는 혁명가로 호명된 것도 이러한 작가의도 때문이다. 연산만이 아니라 숭재, 처선 등이 모두 권력과 지식의 유착문제나 혁명에 대한 계몽적 담론을 피력한다.

> 숭재: 이제 세상은 바뀌는 거다. 임금은 지금 불타는 눈총으로 세상을 바라보고 있다. 낡고 추한 이 세상을 어떻게 청소할 것인가 우리는 이제 한 영웅의 질풍노도 같은 인생을 보게 될 것이다. (109쪽)

연산은 폐비 윤씨의 죽음에 관여한 대신들을 모두 숙청하면서 잘못된 역사를 바로잡고 '세상의 중심'을 세우겠다는 목표를 내세운다. 연산의 '피의 평정'을 놓고 숭재와 처선의 정치적 입장은 대립된다.

> **연산:** 어느 것이 옳고 그른가 불분명한 세상은 난세다. 나는 먼저 잘못된 역사를 바로잡고 세상의 중심을 세우려 한다. (113쪽)
> **숭재:** 전하- 한세상 뒤집었습니다. 히히. (119쪽)
> **처선:** 이런다고 세상이 바뀌었소? 다 혁명이다 개혁이다 세상 평계대면서 죽이고 또 죽이고 남는 게 뭐였소 임금! (119쪽)

연산은 대신들의 저항에 부딪치자 낡은 질서, 중심이 무너진 세상을 개혁하고 새로운 세상을 세우기 위해 사화를 일으킨다. 그러나 대신들을 가차 없이 처형하고 부관참시하는 등 과도한 폭력 행사로 인해 고립에 처한다. 혁명을 명분으로 내세운 폭력과 광기의 문제를 지적한 처선을 잔인하게 죽임으로써 도덕성마저 무너진다. 파괴한 낡은 질서 위에 구축할 새로운 '중심'의 부재, 그리고 새로운 세상을 함께 만들어갈 연대세력의 부재 때문에 연산의 혁명은 실패한다. 이 실패는 심층심리적 측면에서 보면 그가 주체화되지 못하고 어머니의 욕망과 어머니의 시간에 갇혀 있기 때문에 나온 결과이기도 하다.

권력의 무절제한 남용과 폭력으로 인해 연산은 혁명가에서 괴물성을 띤 독재자로 전복된다. 그의 괴물성은 시신들을 파헤쳐 혀를 뽑는 등 금기 파괴적, 경계 초월적 폭력성의 극치로 표현된다. 연산의 혁명은 미래의 유토피아 건설을 명목으로 내세웠으나 기실 과거에 대한 복수의 성격을 지닌 것이고, 현재/현실의 기반까지 파괴하는 과격성 때문에 실패하고 만다. 폭력의 역사는 순환한다. 성종이나 인수대비가 윤비를 처형했듯, 연산 또한 대신들과 인수대비를 처형했고, 반정 공신들은 연산 일파를 처형한다.

또한 이 극은 역사에 대한 회의와 냉소를 부각시킨다. 역사는 지배자의 관점에서 쓰여지기 때문에 패자는 배제되거나 왜곡되어 서술된다는 것이다. 연산은 폐비 윤씨나 자신에 대해 부정적으로 기록된 춘추관 실록을 보고선 '거짓 역사'라며 불태우고, 사관들을 거꾸로 매달아 처형한다. 역사를 자기 입맛대로 요리하고자 하는 욕망은 연산만이 아니라 권력자들의 공통된 욕망으로 표현된다. 반정이 성공하자 성희안은 이제 자신의 뜻대로 역사를 기록하겠다고 말한다. 반정의 주역들은 연산이 탄압했던 훈구파 대신들이다. "호호, 알고보니 모두 그놈이 그놈들이구나."라는 연산의 말처럼 낡은 질서는 다시 귀환하고, 지식인과 권력의 유착으로 이루어진 역사는 반복된다는 것이다.[9]

이윤택은 연산을 오이디푸스적 아들, 실패한 혁명가·독재자로 다시쓰기 하면서 공연 당대인 90년대 사회현상에 대한 공허감과 환멸을 담아낸다. 80년대는 독재체제라는 공동의 적에 대한 투쟁을 통해 긴장과 가치중심이 살아있는 시대였으나, 90년대는 분열의 시대, 중심이 사라진 시대라는 인식을 담아내고 있는 것이다. 유교 담론을 강조하던 대신들이 연산의 추궁에 신념체계를 바꾸는 등 독재자에 대한 순종으로 바뀌는 장면은 당대 지식인에 대한 냉소를 반향하고 있다.

③ 씻김굿의 극적 역할과 의미

모성을 그리워하는 연산의 정신적 외상, 성종이 폐비 윤씨에게 사약을 내린 사건, 수많은 선비들이 죽음을 당한 두 번의 사화 같은 트

---

9 실제로 박원종, 성희안 등 반정공신들은 갑자사화 때 가산을 적몰당한 훈구파였다. 연산이 쫓겨난 다음날, 몰수되었던 가산은 모두 본 주인에게 귀속되었다. 역사가들은 연산군에 대한 기록이나 평가가 중종 때 이루어졌기 때문에 '폭군 연산'에 대한 기록은 왜곡, 과장된 측면이 많을 것이라 본다. 그러나 중종실록에는 연산의 폭정과 사치 못지 않게 신료들의 권력과 재물에 대한 탐욕이나 사치행각도 기록하고 있다(김창규, 「연산군의 슬픔과 분노」, 『한국인물사 연구』 19호, 2013, 134~136쪽).

라우마적 역사는 굿, 전통연희, 민요, 의례 등을 총체적으로 펼쳐낼 수 있는 소재이기도 하다. 이윤택은 전통미학을 현대적 감각으로 변용하여 극의 서사와 캐릭터에 유기적으로 결합시킴으로써 보편성·총체성을 지닌 한국적 연극을 창조하고자 한다. 전통시가도 원형 그대로의 수용이 아니라 여러 민요의 가사들을 혼융 재구성하여 주술적이고 원초적이면서도 현대적인 정서의 노래로 재창조한다. 무엇보다 양식적 특징은 산자와 혼령이 소통하는 굿의 퍼포먼스, 이승과 저승의 경계를 넘나드는 유령들의 연극성을 강렬하게 주조하여 굿의 연극화를 실험하고 있다는 점이다.

묘제로 시작해서 묘제로 끝나는 구조는 극 전체가 연산을 비롯한 역사 속 인물들의 한판 씻김굿임을 암시한다. 원래 씻김굿은 죽은 이의 넋을 씻어 정화하고, 산자와 죽은 자의 한을 풀어주면서 죽음을 상징화한다. 그러나 이 극에서의 씻김굿은 원혼을 불러내어 과거의 트라우마적 사건을 재현하는 극적 장치로서의 기능을 한다. 따라서 이 극의 유령들은 애도작업이 이루어지는 죽음 이미지가 아니라, 〈햄릿〉의 유령처럼 복수를 요구하는 '실재의 귀환'이다. 그런 점에서 이 극은 미학적 측면에선 '한국적 연극'을 지향하면서도 캐릭터나 플롯, 연극적 장치 등에 있어선 서구연극의 방법론을 따르고 있음을 알 수 있다. 공연 때 '한국적 햄릿'이란 평을 받았던 것도 아마 이 때문일 것이다.

극중극인 씻김굿이 상징계의 균열을 뚫고 출현하는 실재를 보여준다면, 마지막 장면 '씻김을 위한 묘제'는 연산이나 다른 모든 죽은 자들의 원한을 풀고 정화를 시키는 씻김굿 본연의 기능을 발휘한다. 연산이 죽음을 맞는 순간에도 "융아"라고 부르는 어머니의 목소리가 들려오는데, 여기서는 부채 청산을 요구하는 '과거의 망령'으로서의 목소리가 아니라 놀러나간 어린 아들을 부르는 모성의 부름이다. 제주

(祭主)인 악공들이 무대에 올라와 큰 무덤을 이루고 있는 출연진들에게 제를 올리면서 극은 마무리된다. 이처럼 해원 상생이란 씻김굿의 본래적 기능은 극의 마지막, 인물들의 무덤에 올리는 묘제에서 구현된다. 그런 점에서 이 극은 액자구조로서 역사의 인물들에 대한 묘제라는 프레임을 지닌 메타극이며, 굿이란 전통의례를 현대연극 구조에 대응시킨 작품으로 볼 수 있다.

2.3. 인물 분석

이 극은 역사극이니 만큼 연산군을 비롯하여 많은 역사적 인물들이 등장한다. 그러나 '왕(王)'에서 '군(君)'으로 강등된 실패한 왕, 폭군 연산군에 대한 역사적 평가를 그대로 수용하기보다는, '그는 왜 폭군이 되었는가?' 라는 질문을 던지면서 연산의 내면을 탐구해 나가고자 한 작가의 의도에 따라 주인공 연산을 비롯한 많은 인물들이 새롭게 창조되었다. 이윤택은 2015년 국립극단에서 이 극을 연출하면서 다음과 같이 말한다.

> 연산은 과거를 극복하는 데 실패함으로써 미래로 나아가지 못한 인물이다. 과거에 대한 분명한 청산과 씻김이 이루어지지 않는 한 미래는 펼쳐지지 않는다. 이 연극은 490년 전 이야기이자, 아직 청산되지 않은 지난 시절의 문제인 동시에 앞으로 우리 시대가 풀어나가야 할 숙제이기도 하다.[10]

이처럼 작가는 연산이 폭군이 된 이유가 어머니 윤씨의 폐위와 죽

---

10 2015년 국립극단 〈문제적 인간〉(명동예술극장) 공연 팜플렛.

음 같은 과거 청산에서 더 나아가 내적 씻김(정화)이 이루어졌어야 하는데, 내면 트라우마의 극복과 성숙한 자아 정립이 이루어지지 않았기 때문에 폭력과 광기로 나아갔다고 해석한다. 또 과거를 제대로 청산하지 못하고 바람직한 미래로 나아가지 못했던 연산의 문제는 한국 현대사에서 여전히 과거 청산을 제대로 하지 못해 정치사회적 갈등이 반복되어온 오늘의 시대상황을 비춰주는 거울이라고 보는 것이다.

극은 역사적 인물을 작가의 의도에 따라 변형시켜 그리고 있기 때문에 당대 일어난 역사적 사건들, 그리고 역사적 차원의 인물과 희곡의 인물창조, 세 가지 층위를 모두 이해하는 게 필요하다.

(1) 역사적 배경

역사적 인물 연산군(燕山君) 이융(李隆; 1476~1506, 재위 1495~1506)은 한국 역사에서 폭군의 대명사로 불린다. 19세에 즉위한 연산은 초기엔 '영명한 군주'로 신하들의 칭송을 받았다. 그러던 그가 두 번의 사화를 일으키는 등 폭정과 패륜을 저지르게 된 주된 원인으로는 모정과 사랑의 결핍으로 점철된 성장 배경, 그리고 군권과 신권의 갈등을 꼽는다. 그는 태어난 지 만 1년 만에 궁궐 밖으로 옮겨져 3년 동안 궐 밖에서 살았으며, 생모 윤씨는 연산이 4세 때 쫓겨났고 이어 7세 되던 해에 사약을 받았다. 연산은 다섯 살이 되던 해에 궁으로 돌아와 당시 왕비 정연왕후 윤씨를 생모로 알고 자랐다고 한다. 즉위 직후에 자신이 폐비 윤씨의 아들인 것과 폐비 사사 사건의 전모를 알게 되었다. 이후 폐비 윤씨에 대한 추숭작업을 시작했으나 부왕 성종의 유지와 언론 삼사의 반대에 직면하면서 신하들에 대한 분노가 쌓여갔다.

연산은 즉위 초기엔 권력을 자기 뜻대로 행사하기 어려웠다. 훈구세력의 원로대신에게 압도되고 사림세력 출신의 대간들에게 치이면서도 부왕인 성종을 닮고자 했다. 그러다 훈구세력이 사림세력을 제거하려고 일으킨 무오사화(1498)를 통해 연산은 왕권의 위력을 실감하게 된다. 연산군 8년, 외조모가 임사홍에게 맡겨두었던 '피 적삼, 즉 폐비 윤씨가 사약을 마실 때 흘린 피가 묻은 적삼을 전달받고 난 후엔 생모의 복수에 착수한다. 사실 여기엔 이 사건을 빌미로 국왕의 권위를 제대로 인정하지 않는 신료들을 탄압하여 절대왕권을 확립하려는 목적도 있었다. 또, 자신의 사치생활로 발생한 왕실 재정 부족 문제를 훈구세력의 재산을 거둬들임으로써 메꾸려고 작심했다. 이러한 복합 요인으로 윤비 축출에 관련된 신하들을 잔혹하게 처벌한 '갑자사화'(1504)를 일으킨 것이다. 대신들을 참혹하게 처벌했을 뿐 아니라, 성종의 두 후궁 엄귀인과 정귀인을 그 소생 왕자를 시켜 때려 죽이게 하였다.

사화 후에는 성종이 세운 옛 법률을 모두 폐지하고 성종을 위해 제사 올리는 사람들을 처벌했으며, 부왕의 기일에 사냥하거나 연회를 베풀기도 했다. 시간이 흐를수록 연산군의 증오와 원한은 현실의 쾌락 속에 희석되어 갔다. 그는 만 명이나 되는 많은 기생을 뽑아 '흥청'이라 이름 짓고 잔치에 동원했다. '흥청망청' 사치하고 논다는 말은 이때 유래한 것이다. 연산은 사냥을 즐기려고 수많은 매와 개를 바치도록 하고, 서울의 동쪽과 북쪽 100리에 금표를 세워 그 안에 사는 백성을 내쫓고 집을 허물어 사냥터를 만들었다. 연산은 자기를 비난하는 사람을 칼로 베거나 활로 쏘아 죽였고, 참혹한 고문을 자행했다. 때문에 바른 말을 하는 선비는 사라지고 간신들만 들끓게 되었다. 환관으로 바른 말을 하며 굽히지 않다가 연산의 화살을 맞고 죽은 김처선은 뒷날 선비들로부터 존경을 받았다.

한편 연산은 문학과 예술에 뛰어난 자질을 가진 감성적 인간이기도 했는데, 130여 편의 시를 남겼다.

(2) 극중 인물

① 연산

연산은 다면적 성격으로 창조되어 극의 전개에 따라 다양한 성격 변화를 보인다. 극 자체가 굿의 형식, 다양한 전통 연희를 차용하고 있는 만큼 연산도 녹수 못지않게 전통 연희에 조예가 있고 또 극히 감성적이고 민감한 기질을 가진 인물로 창조되어 있다. 먼저 그는 모성결핍으로 생모를 그리워하는 오이디푸스적 아들이다. 어머니의 기일 날 제사를 지내겠다는 자신의 계획마저 신하들이 선왕의 교지와 유교를 앞세워 반대하자 몸소 굿을 하고 녹수에 빙의된 생모의 죽음의 진상을 알게 되어 복수하는 인물로 파격적으로 창조되었다. 두 번째로, 연산은 신하들, 여자들(인수대비, 두 귀인)의 치마폭에 싸여 왕가의 법도와 질서를 무너뜨린 성종이 대표하는 낡은 질서, 사대주의, 혼돈의 세상에 분노하고 중심을 바로 세우려는 지식인, 혁명가로 창조되었다. 지식인-혁명가로서의 성격 창조는 역사적 인물 연산에 대한 작가의 동시대적 다시쓰기를 보여주는 것이다. 이는 80년대적 혁명의 이상이 변질되고 소비자본주의가 지배하는 90년대에 대한 비판을 담고 있는 것이기도 하다.

극중 인물 연산은 트라우마에 시달리며 모정을 갈구하는 유약한 내면적 인물, 그리고 적대적인 신하들 때문에 정치적 좌절을 겪는 심리적 인물이다. 굿을 벌일 때엔 신들린 무당 같은 강렬한 카리스마를 뿜어내고, 어머니의 죽음의 진상을 알아낸 후엔 무자비한 복수를 벌인다. 또 그는 냉철한 이성에 의해 복수를 벌이는, 다시 말해 낡은 질서를 무너뜨리고 세상의 중심을 바로 세우려는 혁명가이기도 하다.

잔혹한 피의 숙청을 벌인 후인 3막에 이르면 그는 공허에 시달리는 허무주의자가 되어 평화를 갈구하는 인물로 바뀐다. 반정이 일어나 죽음을 맞이하게 될 때, 연산은 생모가 어린 자기를 부르는 소리를 들으며 옷을 벗고 연못 속으로 들어가는데, 이는 극의 첫 장면과 조응되는 모태회귀 욕망의 시각화이다.

② 녹수

역사적 인물 장녹수(張綠水, 생년 미상-1506): 원래 제안대군(齊安大君)의 가비(家婢)로 대군(大君)의 가노(家奴)에게 출가하여 자식 하나를 두었고, 뒤에는 가무(歌舞)를 익혀 이름을 떨쳤다고 한다. 용모가 뛰어나 나이 30에 연산군에 발탁되어 총애를 받았는데, 연산군을 어린애 다루듯 하였으며 당대 권력을 쥐고 흔들었다. 중종 반정 때 참형되었다.

극적 인물 녹수: 사당패 출신의 궁녀로 가무에 능하고, 특히 모성 결핍에 시달리는 연산에게 엄마처럼 노래를 불러주고 함께 유아기 놀이를 한다. 굿을 할 때 생모 윤비의 혼령이 빙의되어 1인 2역을 하는 장면이 말해주듯, 연산의 어머니를 대신하는 연인이다. 그러나 생모의 복수, 피의 숙청이 다 끝난 후 3막에선 연산이 그녀와 연관된 피의 복수를 끔찍해 하며 자신을 피하자 '나는 누구인가' '연산에게 자신은 어떤 존재인가, 하는 정체성 혼란과 허무감에 빠진다. 연산의 생모를 닮은 기생 완산월이 연산의 총애를 받자, 그녀의 손목을 잘라 탕을 끓여 연산의 조찬에 올리는 행위를 할 정도로 연산에 대한 집착이 강하다.

③ 폐비 윤씨

연산의 꿈에 찾아와 복수를 일깨우는 연산의 생모 혼령이다. 죽은 자의 세계인 무대 후편 대숲에 주로 거주한다.

④ 숭재

역사적 인물 임숭재(任崇載, 미상-1506): 연산군 시대 대표적인 간신 임사홍의 아들로, 성종의 딸 휘숙옹주와 결혼했다. 성질이 음흉하고 간사하기가 아버지보다 더했다고 한다. 충신들을 추방하고, 임사홍과 더불어 채홍사로 임명된 후 1만 미녀를 징집, 왕에게 바침으로써 총애를 받았다. 가무에 능했고 특히 처용무를 잘 추었다고 한다. 중종반정으로 관직을 수탈당하고 부관참시 당했다. 영화 〈간신〉(민규동 감독, 2015)은 임숭재를 주인공으로 삼고 있다.

극적 인물 숭재: 숭재는 극에서 처선, 자원과 함께 내시 3인방으로 등장한다. 셰익스피어극의 어릿광대처럼 이 내시 3인방은 희극적 역할도 수행한다. 이들은 밤마다 연산이 생모의 혼령이 등장하는 악몽에 시달리는 것, 죽은 혼령들이 저승의 경계를 넘어 궁궐에 출몰하는 것을 본다는 점에서 연산의 내면을 해설하는 역할을 하기도 한다. 이들은 윤비의 기일에 불교식 제사를 지내려 하기도 하고, 또 신하들이 연산을 길들이려 할 때, 왕의 충직한 심복이자 벗의 역할을 한다. 그러나 연산이 '피적삼'을 기화로 갑자사화를 벌이려 할 때 숭재는 다른 내시 두 명과 다른 행동을 한다. 그는 연산의 '피의 숙청'을 직접 앞장서서 벌이는 폭력적인 하수인의 역할을 한다. '피적삼'을 구해오고, 이후 대신들이나 시신들에 대한 잔인한 처벌을 직접 가하면서, 세상을 다 엎었다고 기뻐한다. 3막에 가서는 그도 연산처럼 자기가 직접 휘둘렀던 폭력과 광기의 허망함을 느끼고 정신줄을 놓은 광인이 된다.

⑤ 처선

역사적 인물 김처선(金處善, 미상-1505): 조선 전기 여러 왕을 시종한 환관으로 연산군이 정사를 어지럽힐 때마다 정성으로 간했으며, 연산군이 창안한 처용희를 벌여 그 음란함이 극에 달하자, 극간을 하다가 죽임을 당했다. 연산이 화살을 쏘아 땅에 거꾸러뜨리고, 다리를 자르고 혀를 끊었으나 죽을 때까지 입을 다물지 않았다고 한다. 그

후 '처(處)' 자를 쓰지 못하게 하고, 처용무를 풍두무(豊豆舞)로 고치기까지 했다.

극중 인물 처선: 처음엔 내시 3인방 중 하나로, 불교식 제사를 치르는 등 희극적 역할을 한다. 그러나 연산이 갑자사화를 벌이며 숭재와 더불어 잔혹한 '피의 숙청'을 벌일 때 그들과 반대 입장에 선다. 폭력을 통해선 절대로 세상을 개혁할 수 없다며 연산, 숭재와 대립한다. 연산과 숭재의 행위가 인간 백정과 같다며 빈정대고, 왕 구실을 못하니 엄마 찾아 무덤에 들어가는 게 낫다고 직언하다가 왕의 화살에 맞아 죽는다. 이후 혼령으로 나타나는 등 연산 내면의 죄의식을 비추는 역할을 한다.

⑥ 자원

역사적 인물 김자원(金子猿, 미상-1506): 내시로, 연산군의 총애를 받은 희대의 간신. 연산군 말년엔 정사를 좌지우지했다.

극중 인물 자원: 내시 3인방 중 어린 내시로 등불을 들고 연산의 침상을 지키거나 호위하는 등 연약하지만 충성스러운 측근으로 설정되어 있다. 피의 숙청이 끝난 후 3막에서 연산이 정사를 의논하는 유일한 측근이다. 어리고 연약한 이미지 때문에 공연에선 여배우가 맡았다.

⑦ 인수대비, 정귀인, 엄귀인, 성종

역사적 인물 인수대비(1437~1504): 수양대군의 맏며느리이자, 조선 9대 왕 성종의 어머니이다. 남편 의경세자가 질병으로 사망하는 바람에 세자빈 2년 여 만에 사가로 나갔다가 아들 성종이 즉위하자 다시 궁궐로 돌아왔다. 여성 교육서 『내훈』을 편찬하는 등 학식이 깊은 인수대비는 성종의 치세 기간 정치적 영향력을 크게 발휘했다. 인수대비는 성종의 왕비 윤씨를 폐위하고 사약을 내리는 데 큰 역할을 했다. 인수대비는 막강한 친정이 있었으나 윤비는 가난한 대간 집안

출신의 딸로 후원해줄 부친도 없는 신세였다. 성종이 엄귀인, 정귀인을 총애하자 윤비는 성종의 총애를 되찾고자 했다. 왕실 여성들은 라이벌을 해코지하고자 저주행위를 하곤 했는데, 윤비의 처소에서 극약 비상과 비상을 바른 곶감이 발견되자 인수대비와 성종은 이 곶감이 왕과 후궁을 죽이려는 의도라 생각하여 폐비를 시켰다. 연산군은 어머니의 죽음을 알게 된 후 폭군으로 변해 방탕한 생활을 하면서 할머니 인수대비를 원망했다. 어머니를 죽음으로 몰고 간 엄숙의와 정숙의를 궁 안뜰에 결박하고 그들의 아들들을 불러 모친들을 때려 죽게 만들었다. 그리곤 두 아들들의 머리채를 쥐고 인수대비 침전으로 가서, 대비에게 왜 우리 어머니를 죽였냐고 소리치는 바람에 인수대비는 그 충격으로 몸져누운 뒤 사망했다.

극적 인물 인수대비, 정귀인, 엄귀인, 성종: 이들은 연산의 악몽 속에 마치 혼령처럼 등장하는 인물들로 죽은 자의 세계인 대숲에 머물고 있다. 악몽 속에서 인수대비는 여전히 성종을 지배하고 있고, 엄, 정귀인은 연산과 폐비 윤씨를 저주하는 행위를 하는 것으로 설정되어 있다. 성종은 성격이 강하고 위풍당당한 인수대비에게 휘둘리고, 여자들 사이의 시기질투에 시달리며 윤비를 죽음으로 내몬 주체성 없는 왕으로 그려져 있다. 한편, 생모의 혼령을 위로하기 위한 대왕굿을 벌이는 장면(1막 5장)에서는 인수대비가 두 귀인을 데리고 등장하여 굿을 벌인다고 연산을 나무라고, 연산은 생모의 죽음의 진상에 분노하여 철퇴로 두 귀인을 때려죽이고, 인수대비마저 기함하여 죽게 만든다.

⑧ 이판수, 삼월

늙은 장님인 이판수는 엄귀인과 정귀인이 윤비를 저주하기 위해 불러들인 점쟁이이다. 그는 죽은 자의 세계 속에 있다가, 숭재가 '피적삼을 넣은 함을 열려 할 때 나타나 그걸 열면 피바람이 분다며 저지하고자 한다. 시공을 초월하며 등장하는 인물로 약간의 초월성을 부여받고 있다.

삼월은 폐비 윤씨의 시녀로, 죽은 혼령이다. 윤비 죽음의 진상, 과거 두 귀인들이 어린 연산과 윤비를 저주했던 진상을 고하는 인물이다.

⑨ 대신 1,2,3,4,5,6

연산과 대립하는 훈구파, 사림파 대신들을 대표하며, 코러스처럼 집단 인물로 기능한다. 세조나 성종의 유지, 유교 공자 말씀을 내세우며 왕을 길들이고자 한다. 이들은 낡은 질서를 부수고 새로운 세상을 만들고자 한 연산에게 피의 숙청을 당하게 된다. 이 극이 연산을 폭군이라기보다는 중심이 서있는 새로운 세상을 세우고자 하는 혁명가, 90년대적 사회현실을 반영한 인물로 다시쓰기 하고 있는 만큼 대신들은 말만 앞서고 권력에 영합하고 사회 개혁의 실천 행동을 하지 않았던 지식인들을 표상한다고 볼 수 있다.

3. 질문하기

1) 제목인 '문제적 인간 연산'은 작가의 어떤 의도를 내포한 것으로 생각되는가?
2) 연산의 성격창조는 이전에 발표된 영화, 소설, 드라마 등과 어떤 면에서 차별성을 지니는가? 연산은 이 극에서 어떤 성격으로 형상화되어 있으며, 어떤 역할을 하는 인물인가?
3) 이 희곡의 구조적 특징은 무엇인가?
4) 작가는 한국적 연극미학을 어떤 요소들, 어떤 연극적 장치들로 구현해내고 있는가?
5) 이 희곡은 묘제로 시작해서 묘제로 끝나는, 극 전체가 하나의 씻

김굿으로 이루어져 있다. 그 씻김굿의 극적 역할과 의미는 무엇인가?

6) 역사적 소재와 인물을 취하고 있지만 이 희곡은 상당 부분 변형시키고 새롭게 창조하고 있는데, 이에 관해 설명해 보라.

7) 이 극의 주요 키워드인 연산과 어머니, 연산과 역사에 대해 설명해 보라.

8) 연산은 중종반정에 의해 실각하고 죽음을 맞이하면서, 반정 대신들에게 "알고 보니 모두 그놈이 그놈들이군"라고 말한다. 그 의미를 설명해 보라.

9) 내시 3인방으로 등장하는 처선, 숭재, 자원은 어떻게 형상화되어 있는가? 그 성격과 역할에 대해 설명해 보라.

10) 역사극이면서도 이 희곡이 보여주는 동시대적 관점과 의미를 설명해 보라.

4. 주요 공연

〈문제적 인간 연산〉은 1995년 극단 유의 창단 공연으로 초연된 이래 2003년 국립극단, 2015년 국립극단의 재공연을 가졌다. 모두 이윤택 연출이었으며, 공연될 때마다 평단과 대중관객 양측에서 호평을 받았다.

4.1. 1995년 극단 유의 창단 공연

이 공연은 당시로선 2시간 40분 공연, 제작비 2억5천 만원을 들인 대작, 유명 배우 캐스팅이란 점에서 화제를 모았다. 연산 역에 유인

촌, 녹수 역에 이혜영, 처선 역에 정규수, 숭재 역에 김학철, 폐비 윤씨 역에 윤복희 등이 출연했고, 전체 출연진이 20여 명이었다. 연극은 제주가 무덤 속 주인공을 부르는 초혼 장면으로 시작했는데, 제주 역을 이윤택이 맡아서 화제를 모으기도 했다.

동숭아트센터 대극장 무대에서 펼쳐진 이 공연은 우람한 두리기둥과 극장 천장에 닿은 아름드리 용마루의 집채가 무대를 꽉 채운 웅장한 무대로 관객을 압도했다. 오랜 사찰 건물 양식으로 디자인된 조선 왕궁 건물은 부서진 문짝, 색채가 바랜 단청, 나뒹구는 가재도구 등으로 낡은 질서의 '폐허궁'을 시각화했다. 앞마당엔 무너진 연못이 위치하고, 건물 안으로 손질 되지 않은 무덤 자락이 들어와 자리하고 있으며 그 주위를 둘러싸고 있는 울창한 대나무 숲 등 신선희의 무대 미술은 귀신이 이승의 경계를 넘어 출몰하고 산자와 교통하는, 현실과 초현실이 혼재한 이 극의 환경을 인상적으로 구축했다. 수직선과 경사면이 충돌하는 구조물의 하단부를 강조함으로써 무대의 경계, 즉 연산의 분열된 세계를 우주적으로 확대한 것도 극의 개념에 일치하는, 그야말로 한국 현대연극의 기념비적 무대라는 평을 받았다. 이 공연은 역사를 소재로 취했으나 동시대적 관점과 의미를 부여했다. 연산에 대한 관습적 인물 해석 대신 '모성 결핍자'와 '혁명아'로 연산을 해석한 시각의 새로움이 돋보였다. 또 권력에 빌붙어 이득을 챙겨 온 지식인들의 기회주의에 대한 질타도 날카로웠다.

유인촌의 연산 성격창조는 한국적 햄릿에 가깝다는 평을 받았다. 이혜영은 연산을 사랑하는 녹수의 관능과 폐비 윤씨를 대신한 한을 깊고 강렬하게 육화해냈다.[11]

---

11 김윤철, 「극단 유 〈문제적 인간 연산〉을 보고: 이윤택의 고뇌 그리고 승리」, 『동아일보』, 1995.6.28.

이 공연의 특징은 무대 위에 죽은 자들을 무덤에서, 대숲에서, 연못에서, 혹은 천장, 혹은 침상에서 모두 불러내어 살리고 그들로 하여금 지난 시대의 역사를 투시적으로 재현시키면서 동시에 불행하게 희생된 그들의 넋을 달래주려는 표현주의적 초혼굿이라는 점이었다.[12] 그뿐 아니라 연산의 독재자와 혁명가, 이성과 광기가 혼재된 성격창조가 과도하다 싶을 정도로 표현되어 관객에게 강한 정서적 충격을 준 공연이었다.

1996년 동아연극상 대상, 희곡상, 여자연기상(이혜영), 무대미술상(신선희)을 수상하는 등 95년도 최고의 연극이라는 영예를 안았다.

4.2. 2015년 국립극단 공연

국립극단은 이윤택 연출로 2003년 국립극장 해오름극장에서 공연한후, 2015년에 명동예술극장에서 다시 공연을 올렸다. 2015년 공연은 2003년 공연보다 훨씬 더 제의적이고 퍼포먼스적 요소를 강조했다.

무대는 마치 무당의 눈으로 보여주는 것처럼 인간과 혼령, 초현실적 존재들이 교통하고 놀이하고 한을 푸는 난장으로 표현되었다. 작가/연출가로서 이윤택은 눈에 보이는 현실세계에 대한 우리의 믿음과 인식을 뒤흔들어놓는 전략을 취했다. 굿의 초혼, 씻김(정화의식), 놀이성 등 풍부한 연극성과 초월적 세계를 소환하여 현실과 환상의 경계를 허물고 환상을 현실로 만들어내는 것이다. 현실의 부조리와 은폐된 진실은 굿(환상)을 통해 폭로된다. 극의 전개는 점차 혼령이 산자를 지배하고, 광기와 폭력성이 현실을 압도하는 과정으로 치닫는다.

---

12 서연호, 「창작극 〈문제적 인간 연산〉을 보고」, 『조선일보』, 1995.6.24.

(사진 제공: 국립극단)

이 공연이 특히 이전 공연과 달라진 지점은 연산 역에 무용가 출신의 백석광, 녹수 역에 소리꾼 이자람을 캐스팅하여 몸짓과 창에 큰 비중을 둔 점이다.

초연 때 이혜영의 녹수가 섹슈얼리티를 뿜어내는 팜므파탈을 보여주었다면, 이자람의 녹수는 성적 매력보다는 전래 민요와 창, 유아기적 놀이를 하는 친구 같은 연인을 보여주었다. 또 아쟁, 타악기, 신디사이저 연주가 라이브로 곁들여졌으며, 창과 한국무용의 춤사위가 부각되어 훨씬 더 한국적 연극미학을 표현했다. 또 이태섭이 맡은 무대미술도 2003년의 경우엔 잎이 무성한 대나무 숲이 재현되었다면, 2015년 공연은 잎이 없는 무수한 대나무가지들이 얽혀 이루어진 대숲으로 표현되었고, 기울어진 서까래와 쓰러져가는 기둥으로 황폐한 궁중공간을 상징했다.

무대바닥은 격자형 나무틀 위에 투명한 아크릴판을 얹은 경사무대로 만들어 위태롭고 불안한 연산의 심리를 시각화했다. 이태섭의 무대미술은 연산(백석광)의 주관적 시각으로 바라본 세계라는 표현주의적 개념을 미학적으로 탁월하게 표현했다. 조명을 쏘아 올리는 투명 아크릴판의 무대바닥과 경사무대, 무대 후면을 촘촘히 채운 대숲의 괴괴하고 살기어린 이미지, 비스듬하게 기운 낡은 기둥과 허물어진 긴 의자로 표현된 '폐허궁'의 이미지는 과거에 고착된 젊은 왕 연산의 불안과 위태로운 실존을 시각화했다. 연극이 시작하기 전부터 대숲 속에 앉아 있던 혼령들은 죽은 자와 산자, 저승과 이승, 과거와 현재, 광기와 이성의 경계가 허물어진 세계를 형상하며 코러스로 역할했다.

탯줄에 매달린 연산이 자궁을 상징하는 무대 트랩의 수로 속에서 고통스럽게 밖으로 기어 나오고 혼령들이 그를 인도하는 악몽으로 시작되는 첫 장면은 물에서의 탄생 이미지를 상징하면서 굿의 초혼

의식을 반향했다. 또 마지막 장면, 수로에 뛰어들어 물속에 잠기는 연산의 죽음 이미지도 굿에서 영혼을 떠나보내는 의식과 조응하며 숭고미학을 구현했다.

연산과 다른 인물들 간의 관계는 심리적, 상징적, 유형적인 구도로 표현되었다. 연산과 녹수의 관계가 오이디푸스적 관계라면, 연산과 대립하는 대신들이나 연산의 측근인 내시 3인방은 일종의 집단적 인물로 기능했다. 혼령의 등장과 거듭되는 살육의 폭력성과 광기로 극적 긴장이 고조되는 서사의 흐름에 그들의 희극성과 유머가 간간이 희극적 이완을 만들어냈다. 사사건건 선왕들의 유지나 공자 말씀을 내세워 연산을 길들이려는 대신들이 유교 교조주의를 표상하는 낡은 질서라면, 내시 3인방은 무속이나 불교 등을 신봉하는 주변화된 존재로서 광대 역할을 수행했다. 그러나 이 3인방은 각각 개별적인 성격을 부여받아 이후 벌어지는 정치적 사건들에서 서로 대립된 입장을 보인다.[13]

이 공연에서 시각적으로 가장 눈길을 끈 인물은 궁중의 실세인 인수대비(김정은)였다. 그녀는 오태석의 무대나 미야자키 하야오를 연상시키는, 거대한 몸집의 요괴 인물로 연출되어 표현주의적 이미지와 그로테스크 효과를 만들어냈다. 연산을 폭군으로 만든 동기, 즉 생모의 죽음에 가장 큰 역할을 한 인수대비는 마치 연산의 악몽에서나 봄직한 인물로 형상화되었다. 인수대비의 옷(의상 송은주)은 거대하고 거인처럼 키가 엄청나게 확장되었고, 여러 명의 배우들이 합체하여 팔과 다리 역할을 하며 연기했다. 이는 연산을 광기로 몰아간 인수대비의 영향력과 지배력을 그로테스크하게 표현한 것이다.[14]

---

13 김성희, 「굿의 연극성과 과거, 역사, 혁명에 대한 성찰」, 『한국연극』, 2015.8.
14 송민숙, 「같은, 그러나 또 다른 무대: 〈문제적 인간 연산〉」, 『연극평론』, 2015. 가을호.

(사진 제공: 국립극단)

　소리꾼 이자람이 녹수 배역을 맡아 민요, 창 등 전문적 수준의 한국적 소리를 다양하게 풀어내는 등 음악적 비중을 높인 것 또한 이 공연의 특성이었다.

　백석광의 카리스마 넘치는 연기와 무용 혹은 퍼포먼스에 가까운 강렬한 몸짓, 중견배우와 신진 배우들의 탁월한 연기 앙상블, 이자람의 소리와 악사들의 전통 음악, 차가움과 황폐함의 이미지를 통해 혁명과 광기의 폭력, 정신병리적 심리를 표현해낸 무대미술 등 시종 강렬한 에너지와 놀라운 흡인력을 만들어낸 이 공연은 '한국적 연극'의 대표작 중의 하나이자 문제작임을 확인시켰다.

‖ 참고문헌 ‖

1차 문헌
서연호, 김남석 공편, 『이윤택 공연대본전집』 4권, 연극과인간, 2006.

2차 문헌
김남석 편저, 『이윤택 연극작업 대담집: 난세를 가로질러 가다』, 연극과인간, 2006.

김성희, 「굿의 연극성과 과거, 역사, 혁명에 대한 성찰」, 『한국연극』, 2015.8.

김성희, 「이윤택의 역사극: '인간의 역사' 쓰기와 한국적 연극미학」, 『드라마연구』 48호, 한국드라마학회, 2016.

김윤철, 「극단 유 〈문제적 인간 연산〉을 보고: 이윤택의 고뇌 그리고 승리」, 『동아일보』, 1995.6.28.

김창규, 「연산군의 슬픔과 분노」, 『한국인물사 연구』 19호, 2013.

박찬부, 『에로스와 죽음』, 서울대출판문화원, 2013.

서연호, 「창작극 〈문제적 인간 연산〉을 보고」, 『조선일보』, 1995.6.24.

송민숙, 「같은, 그러나 또 다른 무대: 〈문제적 인간 연산〉」, 『연극평론』, 2015. 가을호.

오종록, 「연산군은 왜 폭군이 되었을까」, 『내일을 여는 역사』 4, 2001.

왕철, 「프로이트와 데리다의 애도이론」, 『영어영문학』 58권 4호, 2012.

이윤택, 「굿과 연극에 대한 인식의 전환을 위하여」, 『한국연극』 1990.8.

이윤택, 「무엇이 연극적인가, 무엇이 한국적인가」, 『공연과리뷰』 22호, 1999.

이윤택, 「원형과 현대성」, 『민족미학』, 2011.

편집부, 「이윤택과 연희단거리패」, 『웃다, 북치다, 죽다』, 평민사, 1993.

키스 젠킨스, 최용찬 역, 『누구를 위한 역사인가』, 혜안, 2002.

프로이트, 윤희기・박찬부 역, 「슬픔과 우울증」, 『정신분석학의 근본개념』, 열린책들, 2010.

최인훈의 〈옛날 옛적에 훠어이 훠이〉

김 향

1. 작가와 작품 세계

1.1. 작가 활동

최인훈은 1936년 4월 13일 두만강변의 국경도시 함북 회령에서 목재상인의 장남으로 태어났다. 서울대학교 법대를 다녔지만 시와 소설을 습작하다가 1959년 〈GREY 구락부 전말기〉(『자유문학』 10월호)와 〈라울전〉(『자유문학』 12월호)으로 문단에 데뷔하였다. 1950년 LST를 타고 월남하던 것과 남한에서의 문화적 충격 그리고 실향민으로서의 삶의 문제를 다수의 소설들에 담아내었다. 특히 1960년에 한반도의 남북 이데올로기 문제를 다른 〈광장〉으로 한국문학계에 큰 반향을 불러일으켰다. 그런데 재미있는 사실은, 그가 소설 이전에 시(詩) 〈수정〉으로 등단한 시인이라는 점이다. 시인이라는 것이 알려지지 않았을 만큼 두드러진 시작(詩作) 활동을 하지는 않았지만, 그가 시인이라는 이력은 그의 희곡에서 구현되고 있는 시적인 지문과 대사가 어떻게 해서 가능했는지를 이해하게 해주는 대목이다.

소설가로서 지명도가 있던 최인훈은 첫 희곡 〈어디서 무엇이 되어 만나라〉(『현대문학』, 1970)를 발표한 뒤 1973년 미국 아이오와 대학

초청으로 4년간 미국에 거주하게 되는데, 이때 본격적으로 희곡 장르에 대한 고민을 하게 된다. 미국에서의 문화적 충격 또는 이질감을 경험하는 가운데 '아기장수 설화'를 모티브로 한 희곡을 쓰게 되고 1976년 귀국 뒤 바로 〈옛날 옛적에 훠어이 훠이〉를 발표하게 된다.[1] 이후 〈봄이 오면 산에 들에〉(『세계의 문학』 봄호, 1977), 〈둥둥 낙랑둥〉(『세계의 문학』 여름호, 1978), 〈달아 달아 밝은 달아〉(『세계의 문학』 가을호, 1978)를 발표하고 〈한스와 그레텔〉(『세계의 문학』 가을호, 1981) 그리고 〈첫째야 자장자장 둘째야 자장자장〉(1992)을 발표하면서 1970년대 이후 한국 희곡사에 중요한 족적을 남긴 희곡작가가 되었다. 희곡을 발표하는 가운데 소설쓰기를 그만둔 듯하였으나 그 사이 자신의 예술관 및 작품들에 대한 단상과 자기반영적 평가를 담은 수필 또는 비평문 등을 썼으며 1994년에는 또다시 소설 『화두』(1, 2, 민음사, 1994)를 발표하면서 독자들의 관심을 받았다. 그리고 최근에는 에세이 형태의 『바다의 편지』(도서출판 삼인, 2013)를 출간하는 등 끊임없이 집필을 하고 있는 집념 있는 현존 작가라 할 수 있겠다.

1970년 〈어디서 무엇이 되어 만나랴〉를 발표하자마자 최인훈은 "연극계에 새로운 활력을 불어넣었다"[2]는 호평을 받으며 희곡작가로 주목받았지만 그가 소설에서 희곡으로 장르를 전환하여 글쓰기를 하는 것에 대한 독자들의 관심은 대단히 컸다. 요즘에는 한 작가가 시, 소설, 희곡 그리고 영화 장르를 오가며 글쓰기를 하는 것이 그리 주목받을 만한 일이 아니지만, 당시에는 1960년대를 대표하는 소설가라 할 수 있는 최인훈이 소설을 절필하고 희곡만을 집필하는 것에

---

1 김종회, 「관념과 문학, 그 곤고한 지적 편력」, 『세계문학』 1990년 봄, 세계사, 1990, 38~41쪽.
2 김병익·김현, 『최인훈』, 도서출판 은애, 1971, 5~6쪽.

대해 큰 관심을 기울였다고 할 수 있다. 그리고 그는 독자들의 의문에 응답하듯, 다수의 글을 통해 자신이 왜 희곡을 쓰게 되었는지를 소상히 밝혔다. 최인훈은 자신이 희곡을 쓰게 된 것을 희곡 장르의 특징인 '시·공간적으로 제약된 상황에서의 대화적 서술'이라는 '제한된 표현 방식' 때문이라 밝히고 있다.[3] 소설이라는 자유로운 형식이 아닌 양식적 제약이 있는 희곡 쓰기에서 오히려 글쓰기의 한계를 극복할 수 있었다고 밝히고 있는 것이다. 그는 소설에서부터 '한국적인 심성의 근원'을 찾는 시도를 하였으나 한계를 느끼게 되었고 이것이 '글쓰기에 제약이 있는 희곡'에서 구현될 수 있음을 경험한 것이다. 좀 더 구체적으로 말하자면, 그가 추구하는 '한국적인 심성의 근원'은 인간 역사, 생활 그리고 예술의 형태, 다시 말해 전통적인 문화를 그려내는 것이었다. 최인훈은 구전 설화 및 전래 동화를 희곡이라는 극적 공간에서 변용시키는 가운데 자신이 문학을 통해 구현하고자 했던 '한국적인 심성의 근원'을 시도할 수 있었던 것이다.

그런데 이 지점에서 강조할 것은, 최인훈은 '기꺼이' 희곡이라는 장르가 지닌 표현의 제약을 받아들였으나, 집필 과정에서 그의 시인적 소양이 발휘되면서 희곡의 장르적 특징을 확장하는 면모를 보였다는 점이다. 최인훈 희곡의 독특성을 문학성이 강조된 '읽는 희곡'이라는 차원의 개척으로 논하기도 하지만,[4] 오히려 최인훈은 연극성이 강화될 수 있는 시·청각적 상징성을 형상화하게 되었다고 여겨진다. 그는 '제약' 안에서 보편적으로 이해될 수 있는 상징적 표현을 만들어내고 싶었고 만족감을 얻었다고 할 수 있는 것이다. 그리고 이러한 최

---

3 김현·최인훈, 「변동하는 時代의 藝術家의 探求」(대담)(『新東亞』 통권 205호, 9월호, 동아일보, 1981); 김향, 『최인훈 희곡창작의 원리』, 보고사, 2005, 277~278쪽.
4 양승국, 「최인훈 희곡의 독창성-그 까다로운 讀法」, 『작가세계』 1990년 봄호, 세계사, 1990, 110~111쪽.

인훈 희곡의 특징은 동시대의 디지털 미디어 문화 속에서 새롭게 표현될 수 있는, 무대 표현의 확장을 꾀할 수 있는 희곡으로 기능할 수 있다고 여기게 된다.

작가 최인훈은 장르적 실험을 했다기보다는 자신이 구현하고자 하는 내용을 온전히 표현할 수 있는 장르를 찾아 헤매는 중에 희곡 장르를 선택했다고 할 수 있으며 이 선택은 희곡 장르적 측면에서도 기여를 하는 것이었다고 할 수 있는 것이다. 그리고 이 발표에서는 최인훈의 희곡을 동시대의 다채로운 미디어 문화 속에서 새롭게 해석하고 무대화하기 위한 '상상력의 발현'을 중심으로 읽어보기로 하겠다.

1.2. 작품 세계

최인훈이 희곡을 쓰기 전 집필했던 소설들은 초기의 대표작 〈광장〉(『새벽』, 1960)[5]을 비롯하여 〈구운몽〉(『자유문학』, 1962), 〈열하일기〉(『자유문학』, 1962), 〈금오신화〉(『사상사』, 1963), 〈놀부뎐〉(『계간 한국문학1』, 1966), 〈회색인〉(『세대』, 1963~1964), 〈서유기〉(『문학』, 1966), 〈小說家 丘甫氏의 一日〉(1970) 등으로 한국과 중국의 고대소설을 토대로 한 것들임을 알 수 있다. 그리고 최인훈의 일곱 편의 희곡 역시 전래 설화나 동화 그리고 독일 민담을 희곡으로 변용한 것이다.

〈어디서 무엇이 되어 만나랴〉는 평강공주와 온달설화를 토대로 한 것이며, 〈옛날 옛적에 훠어이 훠이〉는 아기장수 설화를, 〈둥둥 낙랑

---

5 소설 〈광장〉은 전후 분단문제를 다룬 사실주의 작품으로 최인훈이 네 번이나 개작을 하며 공을 들인 작품이었다. "〈광장〉은 남북의 대립문제가 지금 한국문학에서 지니고 있는 의미가 무엇인가"(김현·최인훈, 「변동하는 시대의 예술가의 탐구」, 『신동아』 205호, 1981, 221쪽)를 반성하게 해주었다며 큰 호응을 얻은 작품이다.

둥〉은 평강공주와 호동왕자설화를, 〈달아 달아 밝은 달아〉는 판소리계 소설 〈심청전〉을, 〈첫째야 자장자장 둘째야 자장자장〉은 해와 달이 된 오누이 설화를 토대로 하고 있으며 〈한스와 그레텔〉은 독일의 민담 〈헨젤과 그레텔〉의 이름을 차용한 것이었다. 〈봄이 오면 산에 들에〉는 문둥이 설화를 토대로 한다고도 이야기되지만 작가가 단언하지는 않은 듯하다.[6]

〈어디서 무엇이 되어 만나랴〉는 산골에 살던 호동이 정치적인 문제로 궁에서 떠나올 수밖에 없었던 평강공주를 만나 장군이 되고 평강성 내의 정적에 의해 살해당한 후 평강공주 역시 시해당하는 이야기이다. 최인훈 희곡 작품 전체를 관통하는 꿈의 공간이 구현되고 있는데, '내세, 꿈, 현실 그리고 미래의 경계 영역'에 놓여 있는 듯한 꿈의 공간이 연출되는 것이 특징이다. 이러한 공간적 배경 속에서 왕권을 둘러싼 정치적 권력관계가 비극을 초래하는 것으로 새롭게 구현되고 있다.

〈둥둥 낙랑둥〉에서는 〈어디서 무엇이 되어 만나랴〉보다 좀 더 복합적인 연극적 기법과 복잡한 갈등 관계가 구현되고 있는 것이 특징이다. 낙랑성의 낙랑공주가 쌍둥이로 설정되어 있고 호동이 낙랑공주의 도움으로 낙랑성을 친 뒤 고려로 돌아와 낙랑공주의 쌍둥이 언니이자 자신의 어머니와 근친상간을 맺으며 정신적 혼란을 겪다가 결국은 국내의 정적인 작은아버지의 계략에 따라 죽음을 맞이하는 이야기로 변용되어 있는 것이다. 이 작품에서는 극중 극 기법을 통해 꿈 같은 시·공간이 연출되면서 비극적인 상황이 벌어지는 것이 특징이다. 왕비는 호동에게 복수하기 위해 낙랑공주와 함께 했던 시·공간을 극중극으로 연출하는데, 이 과정에서 낙랑공주와의 과거와 왕

---

6 조보라미, 『최인훈 희곡의 연극적 기법과 미학』, 연극과인간, 2011, 13~14쪽 참조.

비와의 현실이 공존하는 '혼종적인 시·공간'이 구현된다. 왕비는 이 과정에서 의도하지 않게 호동을 사랑하게 되고 호동은 이 혼종적인 공간에서 내적인 혼란과 분열을 경험하다가 결국은 낙랑공주로 향하는 사랑을 선택하는 '비극적 영웅'[7]의 모습을 보이게 되는 것이다.

위의 두 작품은 설화를 토대로 왕족들 간의 정치적 갈등과 비극적인 결말을 다루고 있다면 〈옛날 옛적에 훠어이 훠이〉와 〈봄이 오면 산에 들에〉는 계급적으로는 하층민에 속하는 평범한 농민들의 비극적인 삶을 그리고 있는 것이다.

〈옛날 옛적에 훠어이 훠이〉이후에 창작된 〈봄이 오면 산에 들에〉에서는 아버지가 〈옛날 옛적에 훠어이 훠이〉의 남편처럼 말더듬이로 등장하고 딸 달래와 단 둘이 사는 것으로 설정되어 있다. 아비는 어미가 문둥병자가 되어 스스로 집을 나간 뒤 홀로 딸을 키우며 살고 있다. 그런데 그 어미가 이들의 집 주위를 맴돌고 있고 딸 달래는 고을 수령의 눈에 띄어 후처로 끌려갈 위기에 처해 있다. 아비는 달래를, 그녀를 사랑하는 바우와 함께 도망치게 하려 하고 자신은 어미를 위해 그곳에 머무르려 한다. 그러나 달래와 바우는 끝내 아비도 어미도 버리지 못하게 되며 이들 모두가 문둥병자가 되어 깊은 산속에서 동물들과 함께 사는 것으로 끝이 난다. 〈옛날 옛적에 훠어이 훠이〉나 〈봄이 오면 산에 들에〉에서는 공통적으로 현세에서는 죽임을 당하거나 배척당하던 몸들이 하늘나라로 또는 무릉도원의 세계로 인도되는 결말을 보인다고 할 수 있다. 그리고 이 두 작품에서는 공통적으로 느린 움직임, 침묵, 노래 그리고 생태계를 구현하는 시·청각적 지시문이 강화되는 것이 특징이다. 물론 두 작품은 사건 전개 및 인물 형상화에서 차이를 지니고 있다.

---

7 김향, 『최인훈의 희곡 창작의 원리』, 보고사, 2005, 99~101쪽 참조.

〈달아 달아 밝은 달아〉와 〈한스와 그레텔〉은 〈옛날 옛적에 휘어이 휘이〉나 〈봄이 오면 산에 들에〉의 억눌린 인물들과는 다른 차원에서 극단적인 폭력의 피해자와 가해자를 그린 작품들이라 할 수 있다. 〈달아 달아 밝은 달아〉는 심청이야기를 변용한 것으로, 심청은 아비가 시주하기로 한 쌀 삼백석을 마련하기 위해 인당수 제물이 아닌 중국 유곽에 몸을 팔게 된다. 그곳에서 김서방이라는 조선인을 만나 사랑을 나누고 그가 심청의 몸값을 갚아 주면서 고향 도화동으로 돌아오려 한다. 그런데 심청이 탄 배가 해적들의 약탈을 당하면서 심청은 해적들의 성적 노리개가 된다. 오랫동안 남자들에게 유린당하던 심청은 말년에 눈까지 먼 상태가 되고 마지막 장면에서는 정신이 오락가락하는 상황에서 김서방을 그리워하는 것으로 끝이 난다. 그런데 이 작품에서는 이순신 장군이 당시 왜군을 무찔렀으면서도 정치적인 모략을 당해 죄인으로 호송되는 장면의 삽입과 민중들의 짐보따리가 도난당하는 이야기가 삽입되면서 권력을 향한 인간들의 비틀린 욕망이 앞선 작품들과는 다른 방식으로 강조되고 있다.
　〈한스와 그레텔〉은 나찌당원으로 히틀러의 비서였던 한스가 연합국에 휴전을 요청하는 히틀러의 편지를 전한 후 30년간 감옥에 갇혀있다가 풀려나 아내 그레텔을 다시 만나게 되는 이야기이다. 히틀러는 휴전을 요청하면서 유대인을 대량학살했는데, 한스는 이 문제에는 연합국의 책임도 있다고 주장하고 또 나찌당의 순결성을 주장하고자 법정에 서고자 한다. 그러나 그의 뜻이 실현되지 않고 그는 시간의 흐름 속에서 전범(戰犯)으로서의 자신의 죄과를 인정하게 된다.
　〈첫째야 자장자장 둘째야 자장자장〉은 '햇님달님' 설화를 토대로 하는 이야기로 여기서 호랑이가 두 아이의 엄마로 변용되었다. 두 아이들은 호랑이자 엄마를 피해 도망가면서 하나님께 호랑이가 된 엄마를 위해 썩은 동아줄을 달라고 해야 할지 튼튼한 동아줄을 내려달라고 해야 할지 결정 못한 채 도망만 가다가 끝이 나는 작품이다. 엄마가 호랑이와 공모한 호랑이가 되는 장면과 이런 엄마를 계속 엄마로 받아들여야 할지 말지를 고민하는 아이들의 의식이 포인트라 할 수 있다.

위 작품들을 관통하는 것은 권력을 둘러싼 인간의 욕망과 억압된 이들이 그 공포로 인해 삶에 대항하는 의식을 잃어가는 것에 대한 비판적 시각이라 할 수 있다. 기독교, 불교, 도교 그리고 무속 신앙이 각기 다른 희곡 속에서 구현되고 있지만 결국 이러한 종교들은 인간 구원의 대안이 되지 못한다는 의식도 드러나는 듯하다. 이 글에서는 최인훈의 일곱 작품 중 작가가 희곡 장르를 새롭게 인식하면서 4년여의 기간 동안 집필한 작품인 〈옛날 옛적에〉를 중심으로 등장인물과 시 · 공간 및 시 · 청각적 구현의 특징을 살펴보고자 한다.

2. 희곡 읽기

2.1. 작품의 의의

〈옛날 옛적에 훠어이 훠이〉는 1976년에 발행된 최인훈 전집 10 『옛날 옛적에 훠어이 훠이』(문학과지성사, 2011) 희곡집에 실려 있는 희곡으로, 저자가 제목으로 삼은 최인훈의 대표적인 희곡이라 할 수 있다. 1977년 한국연극영화예술상 희곡상을 수상하였고 제4회 중앙 문화대상 예술부문 장려상을 수상하기도 했다. 그리고 1979년에는 미국 브록포드대학교 학생들이 공연을 하기도 했으며 이 과정에서 영어로도 번역되었고 불문학자들인 임혜경 교수와 카티 라팽 교수가 불어로도 번역하여 출간하였다. 〈옛날 옛적에 훠어이 훠이〉는 최인훈에게 희곡 창작의 발판이 됨과 동시에 본격적으로 작가 의식이 발현된 대표적인 작품이라 할 수 있는 것이다.

그의 희곡집의 특징은 매 작품마다 삽화가 삽입되어 있는 것인데, 〈옛날 옛적에 훠어이 훠이〉 초판본에는 그림 〈청자상감포도동자문 (양각)대설〉이, 3판에는 김시의 〈동자견려도〉 이미지가 삽입되어 있다. 2011년 희곡집이 개정될 때에 삽화가 달라진 것으로 보아, 두 삽화는 작가가 지정한 이미지라기보다는 책을 출판한 문학과지성사에서 책을 편집하는 과정에서 삽입한 것으로 추측된다. 이로 인해 작가의 의도에 따른, 작품의 의미를 담고 있는 이미지라고 할 수는 없을 듯하다. 다만 희곡 작품을 회화적으로 접근하는데 한 단초를 제공한다고 할 수 있겠다. 각각 아기와 동자의 모습을 담고 있는데 앞선 아기는 신성한 아기라는 느낌을 주고 있다면, 동자는 소를 몰고 있는 목가적인 이미지를 보이고 있다고 할 수 있다.

그림 1 〈청자상감포도동자문(양각)대설〉, 『옛날 옛적에 훠어이 훠이』(1994)

그림 2 김시, 〈동자견려도〉, 『옛날 옛적에 훠어이 훠이』(2011)

아기장수 설화를 토대로 한 〈옛날 옛적에 훠어이 훠이〉는 오랫동안 억눌려 있던 한국의 민중들이 기다려 왔던 '아기장수'라는 구원자에 대한 이야기라 할 수 있다. 이 작품이 쓰인 "70년대라는 외부적 조건과 그에 대한 작가의 인식이 설화와 연결되어 단순한 개인의 꿈으로서가 아니라, 한민족이 지니고 있는 집단 상징성과 역사성이 교차하여 승화된 작품"으로 볼 수도 있겠다.[8] 한편 최인훈이 〈옛날 옛적에 훠어이 훠이〉 '작가의 말에서 쓴 내용을 통해 이 작품을 '한국적인 비극'의 형태로 구현하려 했음이 드러난다.

1. 이 이야기는 평안북도에 내려오는 전설이다.
2. 전설 원화는 애기를 눌러 죽이는 데까지이다.
3. 이 전설의 상징 구조는 예수의 생애 - 절대자의 내세, 난세에서의 짧은 생활, 순교, 승천의 그것과 같으며, 구약성서 출애굽기의 과월절의 유래와도 동형이다.
4. 희곡으로 읽는 경우에는 종교적 선입관 없이, 인간의 보편적 비극으로 읽힐 수 있을 것이다.

(『옛날 옛적에 훠어이 훠이』, 2011, 100쪽)

이로 인해 서구의 비극과 다른 형태의 '한국적인 비극'[9]으로 읽는 것이 유효할 수도 있겠다. 특히 아버지에게 죽임을 당하고 여기서 더 나아가 마을 사람들에게도 축출 당하는 결말은 '한국적인 비극'으로 논할 근거가 될 수 있기 때문이다. 그리고 아기장수를 신화적으로 승화시키는 것과도 다른 차원에서, 억압받는 인간들의 '무의식적 형태'

---

8 이상란, 「최인훈 〈옛날 옛적에 훠어이 훠이〉의 극작술 연구」, 『한국연극학』 13권, 한국연극학회, 1999, 83쪽.
9 김향, 앞의 책, 32쪽.

로 논할 수 있을 듯하다. 물론 선행연구서들에서도 '아기장수'를 통해 구원을 갈망하는 민중들의 무의식을 논하고 있다. 다만 이 글에서는 '아기장수'보다 아기장수를 눌러 죽이는 아비와 아기장수를 마을에서 축출하는 마을사람들의 '공포'에 좀 더 초점을 맞추어 보려는 것이다. 그 '공포'를 동시대 '다중'[10]들도 경험하고 있다는 의미에서 〈옛날 옛적에 훠어이 훠이〉는 1970년대뿐만 아니라 동시대의 '새로운 형태의 억압'에 대한 공포의 이야기로 재인식될 수도 있겠다는 것이다.

2.2. 시·공간, 시·청각 그리고 오브제를 통한 장면 형상화

이 작품을 갈등관계를 중심으로 하는 에피소드별로 구분해 보면 총 11개로 구분할 수 있다.

첫째마당

E1 남편이 씨앗조를 얻어와 만삭의 아내에게 밥을 지어주려고 함. 그러나 아내는 이를 거부하고 부부가 함께 산나물죽을 먹음.

E2 부부가 알고 있던 해소기침쟁이 소금장수(도적)가 관가에 불을 지르고 나라 곳간을 털어 갔다가 잡혀서 목이 잘린 이야기를 함.

E3 흉년이 되어 도적이 끓기 시작하면 관가에서는 백성을 토벌꾼으로 징벌함. 부부는 남편이 토벌꾼으로 끌려갈까 봐 걱정함.

둘째마당

---

10 '다중'은 하나의 통일성이나 단일한 동일성으로 환원될 수 없는 수많은 내적 차이로 구성되는 무리이다. 다양한 계층 또는 계급, 다양한 인종들, 다양한 민족들, 다양한 성별들, 다양한 성적 지향성들, 다양한 노동형식들, 다양한 삶의 방식들 그리고 다양한 욕구들의 차이를 지닌 다양체(multiplicity)라 할 수 있는 것이다. - 네그리·하트, 조정환·정남영·서창현 옮김, 『다중-〈제국〉이 지배하는 시대의 전쟁과 민주주의』, 세종서적, 2008, 19쪽.

E4 개똥어멈이 와서 용마가 출현했다는 이야기를 전함. 과거에 용마가 나온 마을은 관가에서 어린 아이들을 잡아올리고 고을을 쑥밭으로 만들었다는 소식을 전함. 남편이 포졸들이 용마를 잡기 위해 산으로 올라가고 개똥아범을 짐꾼으로 데리고 다님을 알림.

E5 할머니가 아들(소금장수)의 시신(관가에 매달린 머리)을 찾으러 관가로 가는 길에 물을 얻어 마시고 감.

E6 포졸들이 개똥이네 씨암탉을 잡아가고 이를 찾기 위해 개똥아범은 포졸들을 따라 산으로 들어감.

셋째마당

E7 부부의 아기가 아기장수임이 밝혀지고 부부는 아기를 보호하려 했지만 결국 남편이 아기를 씨앗조로 눌러 죽임.

넷째마당

E8 할머니가 아들의 머리를 찾아가지고 돌아오는 길에 오두막에 들러 물 한 모금 얻어 마심.

E9 아내가 방안에 들어가 목을 메 자살을 함.

E10 아기가 용마를 타고 나타나 아내와 남편을 데리고 승천함.

E11 아기와 남편과 아내가 승천하는 모습을 보고 마을 사람들이 "휘 어이 휘이 다시는 오지 말라"는 손짓을 하며 신명나는 춤을 춤.

위의 이야기 흐름에서도 알 수 있듯이 이 작품은 크게 발단-전개-절정-결말이라는 구조를 지니고 있으며 아내와 남편이 아기장수를 낳고 죽인다는 주된 서사 외에 참수당한 아들의 머리를 찾아 돌아가는 할머니의 서사가 부수적인 플롯으로 교차되고 있는 것이 특징이다. 이 두 플롯의 등장인물인 아내와 할머니는 자식에게 불러주는 '자장가' 노래를 공유하고 있으며 이로 인해 두 서사가 강조하고 있는 의미가 두드러진다.

그리고 최인훈은 등장인물들의 행위를 통해 비판적인 사유를 불러 일으키려 함과 동시에 무대 구현에 있어서 아름다운 시적 언어를 구사하면서 이로 인해 무대 위 사건의 비극성을 강화한다고 할 수 있다. 〈옛날 옛적에 훠어이 훠이〉의 비극적인 사건은 자연 친화적인 일상의 모습 속에서 구현되면서 비극적인 정감을 고조시킨다고 할 수 있다. 작품의 지문과 대사에서 드러나는 시·공간과 시·청각적 요소들을 표로 만들어 살펴보면 다음과 같다.

	첫째 마당	둘째 마당	셋째 마당	넷째 마당
장소를 지시하는 기호	오막살이, 마루 한장, 사립문, 아 랫목, 방, 도토리 골, 관가	같은 무대, 방문, 부엌, 도토리골, 산	같은 무대, 개울 가, 방안, 열린 문, 사립문, 부엌, 뒤꼍, 방문	닫혀 있는 방문, 뒷마당, 사립문
시간을 지시하는 기호	겨울, 눈(雪)	허기진 봄(낮), 밤	저녁놀, 밤	이튿날 새벽, 화 창한 봄날
청각 기호	바람 소리, 부엉 이 소리, 나뭇가 지에 눈이 떨어지 는 것 같은 소리, 늑대우는 소리	아기우는 소리, 용 마우는 소리, 늑대 우는 소리	포교들 노랫소리, 바람소리, 새소 리, 문고리 흔드 는 소리, 덜커덩 소리, 다람쥐 소 리, 말의 울음 소 리, 부엉이 소리, 늑대우는 소리, 바람 소리	새소리, 말이 우 는 소리(용마 탄 아기), 마을 사람 들이 춤출 때의 장단
시각적인 기호 (조명)	흐릿한 등잔불		핏빛 조명, 그늘 진 하늘(구름), 다시 밝아짐, 시 뻘건 노을이 보 랏빛으로, 아내 와 남편의 얼굴 에만 조명, 완전 한 어둠, 방안의 불빛, 조명이 나 갔다 들어옴, 그 림자, 방안의 등 잔불이 꺼짐, 달	조명이 꺼지고 말 과 애기·남편· 아내 머리 위에만 조명, 무대 다시 밝아짐

			빛, 달빛이 흐려지다 구름에 가려져 어두워짐, 희미한 달빛	
오브제	바느질감, 등장대 화로, 바늘, 찌개 그릇, 부젓가락, 재, 씨앗조, 부대, 지게, 신, 사발, 개다리 소반, 숟갈, 나물죽 밥상, 소금장사의 목	도토리묵, 질항 아리(함지) 간장, 그릇 두 개와 숟가락 두 개, 술밥, 걸레짝 같은 옷, 지팡이, 납작한 보따리, 물 한 모금, 씨암탉, 수탉	꽹이, 양식, 닭, 도토리, 아기인형, 방문고리, 망태기, 소쿠리, 짚, 누더기옷, 큰 자루	누더기옷, 불룩한 보따리, 사발, 지게, 꽹이, 목을 맨 인형(아내), 띠, 대들보, 진달래꽃 묶음, 용마 탄 아기인형, 꽃

표 1 <옛날 옛적에 훠어이 훠이>의 시·공간, 시·청각 그리고 오브제 어휘 일람표

위의 일람표[11]는 〈옛날 옛적에 훠어이 훠이〉가 실제 무대 공간을 전제로 한다는 것을 고려한 연극 기호학적 측면에서의 분석이다. 연극 기호학에서는 공간에 대해 다음과 같이 논하고 있다. 첫째, 무대를 전제로 하는 공간은 무대 상에서 재현될 시·청각적 기호들의 두께가 어우러짐으로써 산출되는 의미 효과와 공간화의 가능성들이 잠재해 있는 공간이다. 희곡의 공간은 시·청각적 요소와 배우의 행위라는 삼차원의 무대 공간의 모태가 되는 것이다. 둘째, 극행동이 전개되는 동안 등장인물들의 움직임, 그들이 맺는 관계·갈등·대립 등에 의해 공간의 분할이 형성된다. 무대의 공간 구조는 등장인물들 간의 사회적 관계, 텍스트의 이데올로기, 등장인물 개인의 내적 자아의 갈등을 말해줄 수 있기 때문이다. 셋째, 희곡의 근본적인 공간 구조는 '지금-여기'(무대 안)와 '예전에-다른 곳'(무대 밖) 사이의 갈등과 대립이다. 이 공간적 갈등은 사회 문화적·심리적 현실태들 사이의 갈등의 도상(圖像)이 됨으로써 텍스트의 의미 작용에 다의적 깊이를 줄 수 있게 된다. 넷째, 공연 무대가 지각된 공간이라면 희곡의 공간

---

11 김향, 앞의 책, 161~162쪽.

은 기호화 된 공간이다.[12] 부언하자면, 표 1에서와 같이 희곡의 시·공간, 시·청각 그리고 오브제 어휘를 살피는 것은 연극 기호학에 근거하여 〈옛날 옛적에 훠어이 훠이〉를 연출적 상상력으로 읽는 것이라 할 수 있겠다.

위의 도표에 따라 〈옛날 옛적에 훠어이 훠이〉의 장면을 살펴보면 다음과 같다.

이 작품의 구체적 장소는 아내와 남편이 살고 있는 오막살이이며 무척이나 가난한 농가라는 것을 추측할 수 있다. 그리고 이 오막살이에는 방이 하나 있으며 그 방은 아내와 남편의 공간이다가 둘째 마당부터는 아기장수의 공간이 된다. 그리고 대사와 지문에서는 언급되지만 실제 무대에서는 구현되지 않는 장소 즉, '관가, 산, 뒤꼍, 뒷마당' 등은 무대 밖의 공간으로 주된 의미를 생성한다. '관가'는 가난한 농민들을 억압하고 이들의 노동력을 착취하는 장소이자 억압적인 권력의 장소이며 '산'은 용마가 있는 공간이면서도 동시에 관가의 포졸들이 농민들에게 억지 부역을 시키고 있는 고통스런 장소인 것이다. 이 장소들은 지문과 배우들의 대사 속에서 구현되는 가운데 무대 위 등장인물들을 억압하는 무대 밖 공간이라 할 수 있다. 무대 안 공간과 무대 밖 공간이 서로 대립하는 형상으로 그려질 수 있는 것이다.

이 작품의 시간은 눈(雪)이 내리는 겨울에서 봄까지로, 등장인물들이 극심한 춘궁기에 시달리는 때를 배경으로 한다고 할 수 있다. 그러나 이러한 가난함은 '눈', '저녁 놀', '화창한 봄날'이라는 아름다운 시각적 묘사 속에서 이루어지면서 삶의 흐름이라는 '시간성'을 동반한다. 이러한 춘궁기가 〈옛날 옛적에 훠어이 훠이〉 작품에 국한된 것이 아닌 늦겨울에서 봄까지 경험하게 되는 자연만물의 보편적 고

---

12 신현숙, 『희곡의 구조』, 문학과지성사, 1990, 120~121쪽 참조.

난을 말하는 것으로 여겨지는 것이다. 이러한 고난의 시간에 관가는 오히려 백성들을 외면하고 이로 인해 백성들이 봉기할 수밖에 없는 비극적 상황이 일어나는 것이라 할 수 있으며, 〈옛날 옛적에 훠어이 훠이〉에서는 이러한 고통의 시간이 '아름답게' 역설적으로 표현되고 있는 것이라 할 수 있겠다.

청각적인 어휘를 살펴보면 대체로 '소리화'될 수 있는 것과 더불어 재현되기에 어려움이 있는 추상적인 표현이 있는 것을 볼 수 있다. '나뭇가지에 눈이 떨어지는 것 같은 소리'는 단순히 '소복소복'이라는 소리로 표현되기 어려운 특정한 상상력이 동원되어야 하는 청각적 표현이라 할 수 있는 것이다. 따라서 이러한 청각적 요소는 '단어'에 국한되는 것이 아닌 그 '이면'적 의미부여에 따라 상징적인 소리 또는 시각적으로 형상화될 수 있는 요소라 할 수 있겠다. 1996년 예술의전당 최인훈연극제 때 공연된 〈옛날 옛적에 훠어이 훠이〉(마뉴엘 루트겐호스트 연출)에서는 김벌래 씨가 청각적 장치를 담당하였는데, 인간의 몸으로 모든 자연적인 소리를 만들어내는 놀라운 면모를 보여주기도 했다.

시각적인 장치는 〈옛날 옛적에 훠어이 훠이〉에서 비극적인 정감을 직접적으로 고조시키는 역할을 했다고 할 수 있다. 셋째 마당에서 '아내'가 자신의 아기가 아기장수라는 것을 발견했을 때 핏빛조명과 그늘진 하늘(구름) 등으로 극적으로 긴장된 장면이 구현되었던 것이다. 그러나 이러한 조명마저도 직접적이면서도 아름답게 형상화되면서 〈옛날 옛적에 훠어이 훠이〉의 '역설적 미(美)'를 강화하고 있었다.

그리고 이 작품에서 오브제는 시골의 가난한 농가를 사실적으로 재현할 수 있는 구체적인 사물들이었다. 여기서 '씨앗조'는 겨울에는 이들에게 삶의 희망이다가 넷째 마당에서 아기장수를 눌러 죽이는 '큰자루'가 된다는 점에서 '비극적 아이러니'[13]로 논할 수 있다. 즉 첫째 마당에서는 '씨앗조'가 이들의 삶을 구원할 힘이 된다고만 여기며 그 무거운 '씨앗조'가 아기를 눌러 죽이는 살인도구가 될 거라는 것을 알지 못한다는 의미에서 '비극적 아이러니'라 할 수 있는 것이다. 다만 〈오이디푸스 왕〉 등 고전비극에서의 '비극적 아이러니'는 등장인물만 모른 상태에서의 예견된 것이라면, 〈옛날 옛적에 휘어이 휘이〉에서는 우연하게 '비극적 아이러니'가 발생된다는 특징이 있다. '예견되어 있는 것'이 아닌 '우연하게' 일어난 '비극적 아이러니'라 할 수 있는 것이다. 이외에 오브제에서 두드러지는 것은 '용마 탄 아기인형'의 형상화다. 마뉴엘 루트겐호스트 연출 〈옛날 옛적에 휘어이 휘이〉에서는 이 '아기 인형'을 무대의 천장에서부터 등장하여 '아내'와 '남편'을 구원하는 '기계신(deus ex machina)'[14]으로 형상화하는 특징을 보이기도 했다. 고전비극에서는 극의 결말을 마무리 짓기 위한 방법의 하나로 신이 기중기를 타고 나타나는 것이었다면 〈옛날 옛적에 휘어이 휘이〉에서는 아기장수가 용마를 타고 '기계신'이 되어 나타나 제 부모를 구원해가고 난 이후 마을 사람들의 행동이 극적인 결말이 된다고 할 수 있다.

　사람들, 어느덧 손짓 발짓 장단 맞춰 춤을 추며, 어깨짓 고갯짓 곁들여, 굿춤추듯, 농악 맞춰 추듯, 춤을 추며

---

13 B. 아스무트, 송전 옮김, 『드라마분석론』, 한남대학교출판부, 1995, 173쪽.
14 기계신은 기계장치라고 번역하기도 하는데 기계장치라 번역한 것에 대해서는 학자들 사이에 의견이 구구하다. 기계장치란 사람이나 신이 공중에 떠 있는 장면을 연출하는 데 사용되는 일종의 기중기인 듯하다. mechane은 아이스퀼로스나 소포클레스에 의해서는 거의 사용되지 않았고 에우리피데스 이후부터는 많이 사용되었다. 에우리피데스 이후의 시인들은 사건의 해결을 플롯의 구성에 의존하지 않고 신에 맡기는 경향이 많았다. 따라서 자연히 기계 장치에 의존하는 경향이 많았는데, 사건을 해결하기 위하여 기계 장치를 타고 나타나는 신을 deus ex machina라고 부른다. - 아리스토텔레스, 천병희 옮김, 『시학』, 문예출판사, 1996, 88~89쪽.

…(중략)…

사람들 훠어이 훠이, 다시는 오지 마라, 훠어이 훠이

(『옛날 옛적에 훠어이 훠이』, 2011, 156쪽)

인용문에서 볼 수 있듯이, 마을사람들은 아기장수가 죽어 하늘나라로 올라간 것을 기뻐하며 다시는 태어나지 말라 당부하며 축제를 벌이는 것이 결말인 것이다. 이 결말로 인해 '아기장수'에게 연민을 느낄 수도 있겠으나, 좀 더 깊이 있게 들어가 보면 제 자식을 죽인 아비와 기뻐 춤추는 마을사람들이 제정신인가 의문을 던지게 된다. 아기장수 이외의 등장인물들의 모순적인 행위에 대해 논할 필요가 있는 것이다.

2.3. 인물 분석

5. 상연에서는 연출 지시에 있는 바와 같이, 대사·움직임이 모두 느리게, 그러면서 더듬거리는 분위기가 나오도록 하는 것이 좋으며, 이 같은 비극이 너무 합리적으로 해석되어서는 안 된다.
6. 스스로의 운명을 따지고 고쳐나갈 힘이 없는 사람들의 무겁고 어두운 이야기로 표현되어야 한다.
7. 인물들은 거의 인형처럼, 조명·음향, 그 밖의 연출수단의 수단처럼 연출할 것.
8. 마지막 장면에서는 사건의 경위에 관계없이, 지상의 사람들은 신들린 사람들처럼, '흥겹게' 춤출 것.

(『옛날 옛적에 훠어이 훠이』, 2011, 100쪽)

'작가의 말'에서 볼 수 있듯이 이 작품의 등장인물들은 "스스로의

운명을 따지고 고쳐나갈 힘이 없는" 인물들로 처리되어야 한다. 즉 아비를 비롯해 등장인물들은 자신의 삶에 대해 성찰하고 문제의식을 가질 수 있는 사람들이 아니라는 것이다. 그들이 왜 이런 상태가 되었을까는 희곡 대사로도 드러난다. "장수가 - 나봐요, 저도, 죽구 - 부모, 죽이구, - 온, 마을까지, 쑥밭을 - 만들테니. …(중략)… 전에 - 어느, 고을에 - 장수가, 났는데, 땅이, 나빠 - 그렇다구 - 온, 마을에 - 불을, 질러서, 사람 채로 - 다, 태워버렸다더군."(『옛날 옛적에 훠어이 훠이』, 2011, 121쪽) 하는 개똥어미의 대사를 통해 자신은 물론 삶의 터전이 모두 불살라지는 삶의 공포가 그들의 삶 속에 자리 잡고 있는 것이다. 백성들을 억압하는 탐관오리들은 물리적인 폭력과 더불어 정신적으로는 공포심을 불어넣어 지배계급에 복종하도록 훈육하고 있다고 할 수 있는 것이다.

이 작품의 아비는 말더듬이로 이렇게 결여된 몸은 지배계급의 사회·정치적 억압에 의해 '억눌린 몸'의 표현으로 볼 수 있다. 특히 말더듬이는 내적 공포로 인해 제대로 말을 하지 못하는, '자기 발언'을 하지 못하는 것으로 여겨지는 것이다. 그러나 이렇게 '억압되어 있던 아비'가 자기 아들이 '아기장수'인 것을 알았을 때 씨앗조로 눌러 죽이는 것은 '말더듬'과 더불어 의식마저 공포로 인해 '노예화 된' 것으로 여겨진다. 지배자의 폭력으로 인한 '공포심'은 무기력을 넘어서 자기 아들을 제 손으로 죽이는 대리 폭력을 행사하도록 훈육된 것이라 여겨지는 것이다.

그런데 이 작품에서 어미와 아비는 극중 '아내'와 '남편'이라는 이름을 갖고 있으며 '어미' 또는 '아비'라는 등장인물명을 갖고 있지 않은 것이 이채롭다. 이들의 비극은 아기장수가 태어남으로써 비롯된 것이지만 이 두 인물들이 '어미'와 '아비'가 아니라는 것은 결국 아기장수의 죽음이 부모의 문제가 아니라는 것을 의미하는 것이 아닌가 여겨지는 것이다. 그리고 아기장수를 죽이는 '남편'과 더불어 아기장수에게 다시는 오지 말라고 "훠어이 훠이" 손짓하는 마을 사람들 역시 '공포심'으로 훈육된 사람들이라 할 수 있겠다. '남편'과 '마을 사람들'의 '훈육된 의식'은 역사의식 또는 주체적인 의식이 결여된 것이기보다는 최인훈이 논하는 바와 같이 사회·정치적 공포로 인해 민중들의 의식이 '부림 당하는', '노예화 된'[15] 때문이라 할 수 있는 것이다. 최인훈은 '남편' 그리고 '마을 사람들'을 통해 한 평범한 개인이 반복적인 사회·정치적 공포로 인해 그 의식이 '노예화 되는' 것을 보여주고 있다고 할 수 있는 것이다.

마을사람들은 말더듬이 '남편'이 공포로 인해 아기장수를 눌러 죽이는 '노예화 된' 면모를 보인 것과 같은 맥락에서 사회·정치적으로 억압된 현실에 '부림 당하고', '노예화 된' 민중의식을 보였다고 할 수 있는 것이다. 결국 〈옛날 옛적에 훠어이 훠이〉는 마을사람들의 '노예화 된' 민중 의식을 표면화하고 이러한 현실의 비극성을 부각시킨 작품이었다고 할 수 있다. 다시 말해 아기장수가 죽었다는 비극적 정감에 마을사람들의 의식이 '노예화 된' 것이 극적으로 표출되면서 이중적인 비극적 정감이 구현된다고 할 수 있겠다.

'아기장수'는 〈옛날 옛적에 훠어이 훠이〉의 흐름을 비극으로 이끌고 가는 인물인 듯하지만 실제로 비극을 겪는 인물들은 살아남아 있는 마을 사람들이라 할 수 있겠다. '아기장수', '아내' 그리고 '남편'은 하늘로 올라가는 구원을 받은 것이지만, 무대 위 인물들은 앞으로도 여전히 수탈당하는 삶을 살 것이기 때문이다.

　　우리애기 측흔애기 / 젖은먹고 크는애기 / 보채면서 즈란애기 / 흉년
　들면 도적되지

---

15 최인훈, 『바다의 편지』, 도서출판 삼인, 2012, 109~110쪽.

도적되면 넓은세상 / 오도갈데 없어지고 / 관ᄀ기둥 높은곳에 / 잘린 토막 머리되어

　ᄀ목ᄀ치 쪼으대면 / 엄무아프 나으파 / 우는신세 되는신세 / 아이무서 다른애기

　우리애기 으닌애기

(『옛날 옛적에 훠어이 훠이』, 2011, 117쪽)

　위 인용문의 '자장가'를 부르는 '아내'와 '노파'는 '남편'이나 '마을 사람들'에 비해 저항 의식을 지닌 어머니들로 그려진다. '아내'는 하늘이 내린 아기장수를, '할머니'는 스스로의 결심에 의해 도적이 된 해소기침쟁이 소금장수를 아들로 두고 있다. 두 아들 모두 죽임을 당하는 것이지만 소금장수는 국가적인 차원에서 참수를 당했다면 아기장수는 친아비에 의해 죽임을 당하는 것이 큰 차이이다. 그리고 참수당한 아들의 목을 찾아가며 그 아들을 포용하는 '노파'의 모습을 보면서 '아내'는 자식을 죽인 죄책감에 스스로 목을 매는 모습을 보인다. 이 두 어미는 사회적인 억압에 희생 당하는 아들을 둔 어미로서의 모성의 원형을 보여주고 있는 것으로 보인다. 아들의 죽음에 맞서 싸우는 모습을 보이는 것은 아니지만 참수된 목을 찾아오는 용기를 발휘하고 아기장수의 뒤를 이어 스스로 목숨을 끊는 선택을 보여주고 있다고 할 수 있다. 이 두 어머니의 모습은 소극적인 듯하면서도 자신들이 처한 현실 속에서 최대한 적극적인 행동을 한다고 볼 수 있다. 물론 '아기장수'가 장수로서 그 의식을 깨치기 시작할 때 '자장가'를 불러 잠들게 하려하고 그 힘이 발현되지 못하게 하려는 행위를 보였지만 '남편'과 달리 아들을 죽일 생각은 전혀 하지 않았으며 자식이 죽은 후에도 그 죽은 몸을 자신의 목숨만큼이나 소중하고 숭고하게 여기는 태도를 보이는 것을 볼 수 있다.

3. 희곡에 대해 질문하기

1) 1970년대와 달라진 동시대의 억압적인 면모는 무엇이라 생각하는가?
2) 동시대에 사람들을 공포에 떨게 하는 것은 무엇이라 생각하는가?
3) '아기장수'라는 상징에 대해 어떻게 생각하는가?
4) 시적인 대사와 지문을 디지털 미디어로 표현한다고 했을 때 시·청각적인 표현의 콘셉트로 어떤 것이 상상되는가?
5) 연극의 정치성에 대해 어떻게 생각하는가?

4. 공연사와 공연 사례

〈옛날 옛적에 훠어이 훠이〉는 1976년 극단 산하(차범석 연출)에 의해 초연된 이후 다수의 극단들에 의해 공연되었으며 특히 대학가에서 인기 있는 레퍼토리였다고 할 수 있다. 1979년 미국 브록포드대학에서 공연된 것 이외에 국내 대학들에서 문제의식을 갖고 공연하는 레퍼토리였다고 할 수 있는 것이다. 1978년에는 유현목 영화 〈옛날 옛적에 훠어이 훠이〉로 변용되어 공연되었으며 1987년에는 범 아시아 레파토리극단에 의해, 1995년에는 예술의전당 기획 최인훈 연극제 때 마뉴엘 루트겐호스트 연출로 공연되어 큰 호응을 얻었다. 그리고 2009년 동랑레퍼토리극단이 극단 재창단 기념 공연으로 〈옛날 옛적에 훠어이 훠이〉(이기도 연출, 11.5.~11.15. 유치진극장(현 남산예술센터))를 공연하였다. 2016년 제11회 여성연출가전에 〈옛날 옛적에 훠어이 훠이〉(이슬기 연출, 9.6.~9.11. 대학로 열린극장)가

공연되기도 했다.

그리고 2015년에는 대학의 연극예술 관련 학과에서 〈옛날 옛적에 휘어이 휘이〉를 공연했는데, 동시대의 인기 장르라 할 수 있는 음악 극으로 공연한 것이 특징이다. 특히 한국전통악기를 동원하여 한국 적인 음악극으로 공연하면서 '한국적', '대중적' 면모를 보이고 있다고 할 수 있다. 2015년 중앙대학교 전통음악과에서 음악극 〈옛날 옛적 에 휘어이 휘이〉를 공연하였으며 같은 해 일본 도가에서 서울예술실 용학교 연극과 학생들이 한국전통연희를 활용해 공연한 것을 볼 수 있는 것이다. 이 글에서는 중앙대학교 전통음악과 학생들이 공연한 음악극 〈옛날 옛적에 휘어이 휘이〉를 구체적인 공연 사례의 하나로 살펴보고자 한다.

이 작품은 정호붕 연출, 류아름 작곡 작품으로 2015년 11월 6일 중앙대학교 아트센터대극장에서 공연되었다. 이 작품의 특징은 최인 훈 원작의 흐름을 따라가면서도 등장인물들 외에 열 명의 코러스들 이 등장하고 있다는 점이다.

극이 시작되면 이 열 명의 코러스들이 먼저 등장해 합창을 시작하 는데, 그 가사가 이들이 〈옛날 옛적에 휘어이 휘이〉를 공연하는 이유 를 밝히는 듯하다.

아 ～～
옛날엔 아주 먼 옛날엔
이야기가 있었네
살아 있었고 살고 있었네

너는 너는

지워질 수 없는

아름다운 진실!!!!!!!!!!!

(음악극 「옛날 옛적에 훠어이 훠이」 대본, 2쪽)

〈옛날 옛적에 훠어이 훠이〉가 지혜를 주는 이야기, 때론 지우고 싶기도 했던 그러나 결코 지워질 수 없는 진실에 가까운 이야기라며 현재 이 작품을 공연하는 의의를 설명하는 것으로 해석되는 부분이다. 이 코러스들이 노래하는 가운데 사막이 보이고 서서히 사막이 올라가면서 극중 등장인물들이 보이고 코러스들은 노래를 부르며 네모난 작은 방을 둘러싸 앉는다. 그리고 주변에 둘러 앉아 '아내'와 '남편'의 이야기에 귀 기울이고 바람소리, 부엉이 소리, 늑대 소리 등을 내며 청각적 장치를 만들어낸다. 등장인물들의 노래에 화음을 넣거나 추임새를 넣기도 하고 극적 정서를 설명해주는 노래를 하기도 하면서 극적 흐름에 도움이 되는 효과를 내고 있는 것이다.

코러스들의 다채로운 역할 중 가장 인상적인 것은 '아기장수'와 '용마'를 연기할 때였다고 할 수 있겠다. 코러스 열 명이 한데 모인 가운데 '아기장수'의 대사인 "배고파" 그리고 "내 말" 등을 함께 소리쳐 외치면서 무대 전체에 긴장감과 더불어 공포심을 불러일으키는 것이다. 이들은 아기 인형을 들어올리고 용마의 울음소리를 내면서 무대 전체에 아기 장수의 존재를 알리는 것이다. 그리고 이 코러스들은 이후 용마를 탄 아기와 '아내'를 형상화하면서 무대에 스펙터클한 이미지 역할도 하고 있다.

이 작품에서 도입부 외에 강조된 장면은 〈옛날 옛적에 훠어이 훠이〉에서 유일하게 희극적인 인물이라 할 수 있는 개똥어멈 장면에서이다. 개똥어멈은 '아내'에게 묵을 쑤어 가져다주면서 낮에는 노동으로 밤에는 남편과의 성관계로 노동한다는 얘기를 코러스들과 더불어

춤과 함께 보여주고 있는 것이다. 집단무와 노래 속에서 그 장면을 희극적으로 확장한 것이었다. 그리고 마지막 장면에서 마을사람들이 아기장수를 "휘어이 휘이~" 쫓아내는 듯한 장면 역시 집단무와 노래 속에서 강조되어 있다. 사물놀이 반주에 맞추어 신명나는 춤과 노래를 부르던 이들은 곧 분위기를 바꾸어 도입부의 노래를 부르기 시작하면서 축제 분위기가 강조된다고 할 수 있다.

이 공연은 〈옛날 옛적에 휘어이 휘이〉를 음악극으로 변용하는 가운데 코러스를 설정하여 원작의 휴지와 침묵의 순간을 서정적인 음악적 분위기로 채워 넣은 것이 특징이라 할 수 있다. 인형과 용마 조형물 등 세련된 무대장치를 보여주는 미장센이 강조된 작품이었다고 할 수 있겠다. 다만 코러스가 극 중 여러 가지 기능을 한다는 것이 장점으로 작용하면서도 동시에 느리고 억압된 분위기는 약화되어 있으며 '비어 있는 침묵'의 순간이 과잉정서로 구현되는 아쉬움도 경험되었다. 무엇보다 여러 가지 새로운 설정이 원작에 대한 어떤 다른 해석에서 비롯되었는지 그 의미가 파악되지 않았다. 이 작품에서의 코러스들 역할은 어찌 보면 이야기 흐름 속 빈 공간을 '추임새'로 채우는 것이었기에 원작의 침묵이 어떠한 의도로 이렇게 변형되었는지가 경험되어야 한다고 여겨지기 때문이다. 이런 의미 부여 없이 형식적 측면에서만 새로운 시도를 한 것으로 여겨진다는 것이다. 그러나 어찌되었든 〈옛날 옛적에 휘어이 휘이〉를 음악극 양식으로 변용하는 시도는 의미가 있었다고 할 수 있으며 현재의 문제들은 이후 공연에서 보완되기를 바란다. 형식과 더불어 작품에 대한 새로운 해석이, 그 동안 〈옛날 옛적에 휘어이 휘이〉에서 읽어내지 못했던 새로운 면이 부각되는 공연으로 보강되기를 바라게 되는 것이다.

(정호붕 연출, 류아름 작곡, 2015.11.6. 중앙대 아트센터 대극장 공연)

‖ 참고문헌 ‖

김병익·김현, 『최인훈』, 도서출판 은애, 1971.

김종회, 「관념과 문학, 그 곤고한 지적 편력」, 『세계문학』 1990년 봄, 세계사, 1990.

김향, 『최인훈 희곡창작의 원리』, 보고사, 2005.

김현·최인훈, 「변동하는 시대의 예술가의 탐구」, 『신동아』 205호, 1981.

안토니오 네그리·마이클 하트, 조정환·정남영·서창현 옮김, 『다중-〈제국〉이 지배하는 시대의 전쟁과 민주주의』, 세종서적, 2008.

신현숙, 『희곡의 구조』, 문학과지성사, 1990.

아리스토텔레스, 천병희 옮김, 『시학』, 문예출판사, 1996

B. 아스무트, 송전 옮김, 『드라마분석론』, 한남대학교출판부, 1995.

이상란, 「최인훈 〈옛날 옛적에 훠어이 훠이〉의 극작술 연구」, 『한국연극학』 13권, 한국연극학회, 1999.

조보라미, 『최인훈 희곡의 연극적 기법과 미학』, 연극과인간, 2011.

최인훈, 『바다의 편지』, 도서출판 삼인, 2012.

최인훈, 『옛날 옛적에 훠어이 훠이』, 문학과지성사, 2011(1976).

조광화의 〈남자충동〉

이인순

1. 작가와 작품

조광화는 1965년 전남 화순에서 4남 1녀 중 차남으로 태어났다. 연극은 중앙대 철학과 재학 중 연극반 '영죽무대'에서 시작했다. 그 시절, 탐미주의 소설 속 극단적 캐릭터들의 열정이 좋아서 필명을 광화(狂花)로 지었고, 등단 후 한자만 광화(廣華)로 바꾸었다.[1] 대학을 졸업한 1990년 극단 '자유'에 입단하여 조연출을 했으나 탈퇴하고, 이 듬해 새로운 모색으로 '공연예술아카데미'(3기) 연기과에 입학했다. 이때 극작수업에 재미를 붙인다. 1992년 문화일보 문예공모에 당선된 그의 데뷔작은 당시 워크숍 작품(91년 6월 탈고) 〈장마〉다. 〈황구도〉의 초연(1993, 극단 작은신화, 북촌창우극장)을 계기로 극단 작은신화 단원으로 1995년까지 활동했으며, 연출가로는 1997년 자신의 희곡 〈남자충동〉을 초연함으로 데뷔했다. 극단 유시어터에서 상임연출을 지냈으며, 한국예술종합학교의 극작과 출강에 이어 2011년부터 서울예술대학의 극작과 교수로 재직하고 있다.

---

1 김성희, 『한국 동시대 극작가들』, 박문사, 2014, 465쪽.

희곡은 14편이 있으며, 연도별로 보면 〈연오/세오〉(1991), 〈장마〉(1991), 〈종로 고양이〉(1991), 〈황구도〉(1992), 〈천상시인의 노래, 귀천〉(1993), 〈아, 이상!〉(1993), 〈꽃뱀이 나더러 다리를 감아 보자 하여〉(1994), 〈오필리어〉(1995), 〈여자의 적들(가마)〉(1995), 〈남자충동〉(1996), 〈미친키스〉(1996), 〈철안붓다〉(1999), 〈생존도시-박쥐〉(2001), 〈도화만발〉(2003)이 있다. 뮤지컬은 〈락 햄릿〉(1998), 〈황구도〉(1999), 딸을 위해 집필했다는 가족음악극 〈아침새〉(2003), 〈천사의 발톱〉(2006), 〈소리도둑〉(2007), 〈서편제〉(2010) 6편이 있다. 그 외에 오페라 〈연서〉(2009), 시나리오 〈백열적(白熱的) 거리〉(1992)와 〈묵호, 오징어〉(2000)가 있고, 다수의 무용대본이 있다. 첫 희곡집은 1998년 『조광화희곡집』이 평민사에서, 두 번째 희곡집은 2012년 푸른북스에서 출간되었다.

작품경향은 기존 작품을 변형하거나 대중문화코드를 활용한 이미지적인 연극을 보여준다. 전체 극행동은 집약적이고 집중되는 서사에 있으며, 가장 기본적인 사회적 관계²의 남성과 여성, 아버지와 아들, 어머니와 아들, 오누이 등 비극적 열정에 있는 인물들을 그린다. 이것은 그의 작품세계에 강렬하고 응축된, 비극적이고 연극적인 에너지를 만들어낸다. 작품들을 관통하고 있는 주제는, 작가에 의하면, 인간의 "비틀린 열정과 외로움"³이라고 한다. 주제별로 보면, 〈장마〉를 비롯하여 바리데기 설화를 재해석한 모노드라마 〈꽃뱀이 나더러 다리를 감아보자 하여〉라든가, 〈가마〉, 〈남자충동〉은 가부장제 가족

---

2 김성희는 조광화의 작품론에서 이러한 관계를 어머니와 아들, 아버지와 아들의 2인 관계나 어머니와 아버지, 아들의 3인 관계에 있는 '오이디푸스 구조'로 본다. 김성희, 「조광화 극에 나타난 오이디푸스 구조와 대중문화」, 『드라마연구』 27, 한국드라마학회, 2008.

3 조광화, 『조광화희곡집』, 2012, 66쪽.

의 모순을, 〈미친 키스〉와 〈묘화만발〉은 인간의 단절과 고독을, 〈아, 이상!〉, 〈오필리어〉, 뮤지컬 〈락 햄릿〉은 젊음의 열정과 불안, 그 고뇌를, 〈철안 붓다〉와 〈생존도시〉는 "세기말적 상상력"의 "문명 비평적, 디스토피아 비전"⁴을 그린다. 작품들은 주제뿐 아니라 모티브도 반복된다. 등단작 〈장마〉에서부터 가족극의 모티브로 무능한 가장 대신 '아버지 되기', '아버지 찾기', '아버지 만들기'는 작품들에서 지속적으로 나타난다. 또 '강한 남성', '근친상간적 욕망', '폭력', '살인' 등도 반복적이다. 강한 남성을 욕망하는 남성적 인물들은 폭력과 살인, 범죄 등에 연루되면서 조광화의 극세계는 필름 느와르(film noir)적이고 활극적인 액션이 있는, 대중적 감각의 연극을 그려낸다.

작가는 인간을 해방하는 연극, 곧 원시적 제의의 카오스적 놀이가 주는 자아해방의 '원형적 연극'을 지향한다.⁵ 작가에 의하면, 인간은 "실존의 가장 강렬한 특징인 '생에의 의지'"⁶를 억압받고 있으며, 그것은 공동체 유지를 위해 조작된 신화에 의해서다. 신화란 "역사 이후의 체제유지에 필요한 일종의 이데올로기"⁷다. 조광화의 작품 속 인물들은 "억압 속에서 사그라지는 '생의 의지'로 고통 받는 자들"⁸이며 전형성을 띤다. 이는 작가가 원형적 인간을 그리고자 하기 때문이다. 그러므로 그는 설화나 신화의 원초적 본능과 감정, 그 에너지와 정서 자체에 주목한다. 이야기보다 인물창조에 무게를 두고,⁹ "인간의 본

---

4 김성희, 『한국 동시대 극작가들』, 314쪽.
5 조광화, 앞의 책, 1998, 6과 15쪽.
6 위의 책, 11쪽.
7 위의 책, 9쪽.
8 위의 책, 10쪽.
9 조광화는 2008년 인터뷰에서 "스토리는 핑계고 그걸 통해 한 인물이 갖는 뜨거움과 존재감을 드러내고 싶어요. 전 그게 연극의 진짜 맛이라고 생각합니다."고 말한다. 조광화, 『조광화희곡집』, 푸른북스, 2012, 75쪽.

질, 깊은 곳의 열정, 생명력"[10]과 역사와 조직 이전의 "생명체로서의 개인이 갖는 동물적 욕구와 의지"[11]를 그리고자 한다. 그의 비극정신은 정열의 환기와 의지의 회복에 있으며,[12] 그에게 연극은 "인간의 의지와 존재를 깨닫고 체험하고 싶은 수행의 과정"[13]으로 존재한다.

조광화가 극작가로 데뷔하는 1990년대는 국내에 포스트모더니즘이 수용되는 시기다. 연극계에서는 90년대 후반부 등장하는 6, 70년대 태생의 삼십대 젊은 극작가들에게서 미시적 일상성과 주변부의 부각, 대중문화미학과 기법의 적극적 차용, 유희성 강조 등 포스트모더니즘적인 특징들이 나타난다. 이들은 다수가 극작과 연출을 병행하면서, 이전 세대의 문학적 글쓰기와는 다른, 이미지 중심의 연극적 글쓰기를 보여준다. 조광화 또한 거대서사의 역사와 사회에서의 인간을 그리기보다 인간실존의 원형적 대립과 갈등에 무게를 두고, 이 진지한 주제를 입혀낼 가벼운 대중주의를 추구한다.[14] 그의 대중주의는 대중의 애호함에 있고, 대중문화의 접목으로 나타난다. 그의 작품들은 만화, SF소설, 활극, 영화 등 다양한 대중문화의 이미지를 기반으로 구축되고 새로운 연극성으로 변형된다.

〈남자충동〉에서는 1970년대와 90년대에 걸쳐 대중성과 예술성의 획득에서 성공적 신화를 이룬 영화 〈대부〉가 극 전체의 중요한 대중문화코드로 작용한다. 〈남자충동〉은 대중문화의 미화된 폭력을 비트는 〈대부〉의 패러디(parody)이며, 특히 주인공 장정의 '대부' 모방하기를 강조함으로써 가부장제 이데올로기를 유희하는 패스티시

---

10 조광화, 앞의 책, 1998, 13쪽.
11 위의 책, 9쪽.
12 위의 책, 16쪽.
13 위의 책, 5쪽.
14 위의 책, 8쪽.

(pastishe)다. 이로써 〈남자충동〉은 가부장제 이데올로기의 엄숙주의
를 희극적인 것으로 전도시키고, 그 자체로 가부장제 이데올로기와
그 내용인 폭력성을 풍자하고 저항하며 비판한다.

2. 희곡 읽기

2.1. 전체 개관하기

● 가족비극이자 범죄극

〈남자충동〉의 부제 '주먹 쥔 아들들의 폭력충동'은 강한 남성을 욕
망하는 남성성으로서의 '남자충동'을 구체적으로 언급한다. 극은 가
족비극이자 필름 느와르적인 범죄극이다. 하위문화인 주변부의 현실
을 다루며, 그 내용은 영화 〈대부〉의 알파치노를 숭배하는 주인공
장정이 자신의 가족과 폭력조직을 지키려다 파멸한다는 이야기다.
극 전반부는 장정이 가족과 폭력조직의 장(長)이 되는 과정이며, 후
반부는 그가 가족과 조직에서 소외와 배신을 당하는 파멸의 과정을
그린다.

● 인물 구성

인물 구성은 여러 성격의 두 그룹으로 나뉜다. 첫째는 주인공 장정
과 관계된 그의 가족과 조직의 두 그룹이다. 가족은 아버지 이씨와
어머니 박씨, 장정, 유정, 달래가 있고, 조폭에 장정, 병춘, 달수, 승
표, 강일이 있다. 둘째는 세대에 따라 청년과 기성세대로 나뉘고, 전
자에 장정과 유정, 달래, 단단, 장정의 조직원들, 팔득이가 있고, 후자
에 이씨와 박씨, 이씨의 노름친구들, 스님이 있다. 셋째, 남성성과 여

성성의 그룹으로는 남성성에 이씨와 노름친구들, 장정, 조직원들, 팔득이, 스님이 속하고, 여성성에는 박씨, 여성적 남동생 유정, 자폐여동생 달래, 여장남자 단단이 있다. 사랑의 관계는 유정과 단단이며, 영화 〈대부〉의 알파치노는 극 밖 인물이나 주인공 장정이 위기를 맞을 때마다 그의 안내자가 된다. 오브제 알파치노의 브로마이드가 그 기능을 담당한다. "'알파치노'도 그랬제. (알파치노의 브로마이드가 잠시 밝아진다.)"[15]

● 극공간과 시간

극의 공간적 배경은 현실적인 장소 전라남도 목포이며, 극공간은 낡은 일본식 집에 벽장이 있는 방과 재즈카페로 나뉘어 있다. 방에서는 아버지 이씨와 노름친구들의 화투판이 벌어지고 폭력이 행해진다. 그 방 앞으로 마루가 깔린 벽장은 주인공 장정만의 공간이며, 벽면에는 그의 숭배대상인 알파치노의 브로마이드가 걸려있다. 방 주위로는 건달들의 영역 거리골목이다. 방과 벽장, 거리골목은 남성성이 지배하는 공간이며, 단단의 재즈카페는 음악이 있는 여성성의 공간으로 앞의 공간과 대비된다. 여성적 공간의 인물은 단단과 그의 애인 유정, 달래이며, 베이스기타 연주와 노래가 있다. 극공간은 자연주의적 환상성에 있는 공간이라기보다 소도구와 오브제들이 활용되고 제시되는 공간이다.

극시간은 현실적인 시간 1990년대 초반이며, 2년에 걸쳐 일어난다. 극의 전반부와 후반부는 장정이 상해죄로 감옥에 다녀오는 2년의 시간을 전후로 진행된다. 극시간의 경과는 주요 공간인 방의 미닫이 방문 뒤로 구식 창문에 비쳐지는 해당화 나무로 보여준다. 지문은 "1막

---

15 조광화, 앞의 책, 1998, 38쪽.

에서는 마른 나뭇잎 하나 달랑 매달렸고, 2막에서는 꽃이 활짝 핀다."[16]로 극의 구체적인 시간은 주지 않고 시간의 흐름만 나타낸다. 이것은 베케트의 〈고도를 기다리며〉에서 1, 2막의 시간 경과를 표절하고 활짝 피는 '해당화'로 변형한다. '잠자는 미녀'라는 꽃말의 '해당화'는 자폐아로 정신적으로는 미성숙하지만 2막에서 육체적으로는 성숙한 달래를 상징한다. 더욱이 2막은 살인이 일어나는 극의 절정에서 해당화가 활짝 피는 무대배경을 이룬다.

2.2. 장면 구성

극 구조는 프롤로그와 에필로그, 총 2막에 있다. 각 막은 3장씩 총 6장으로 구성되어 있으며, 각 막과 장에는 제목이 주어진다. 전체 극 행동은 상반되는 구성요소가 서로를 용납할 수 없는 갈등, 곧 "긴장을 불러일으키는 성질"[17]에 있는 극적(dramatic) 구성이며, 상승과 하강의 도식에 있는 피라미드형식이다.

● 프롤로그
주인공 장정이 벽장에서 자신의 꿈 '패밀리를 지키는 존경받는 가장되기'를 소개한다. 그리고 두 개의 서로 다른 주요 극공간 -아버지 이씨의 '화투판'이 벌어지는 공간 방과 음악이 있는 유정과 달래의 공간(재즈카페라는 언급은 없으나 인물들의 성격상 재즈카페)- 은 그 공간의 성격을 규정짓는 인물들로 소개된다.

---

16 앞의 책, 24쪽.
17 Otto Lorenz, *Kleines Lexikon literarischer Grundbegriffe*, München 1992, 30쪽 f.

• 1막 '아버지와의 싸움'

① '자막1/아버지': 극공간은 방-카페-방-카페로 이동하며, 하루에 일어난다. 각 공간을 규정하는 인물들이 모두 등장하는 도입부로 장정이 아버지와의 기존 수직적 관계에서 수평적 관계로 나서면서 두 인물의 갈등이 표면화되기 시작한다. 뒤이어 조직원 승표가 타 조폭에 의해 구타당하는 사건은 장정으로 하여금 조직 보스로서의 입지를 요구한다. 이에 장정은 그동안 내면화되어 있던 상대와의 정적인 대립에서 동적인 대결로 나아가야만 하는 필연적 상황에 직면한다.

② '자막2/이혼': 전개부로 극공간은 ①과 같다. 건달들이 폭력도구를 들고 등장하는 마지막 공간은 거리 골목이거나 또는 보드빌이므로 현실의 무대공간으로도 가능하다. 극시간은 ①에 이어진 어느 날이며, 장정이 아버지를 상해하려 결단할 때 어두운 밤이 된다. 어머니 박씨의 이혼과 가출이 구체화되면서 가족해체의 원인인 무능한 가장 아버지에 대한 장정의 저항은 상승하며 심화된다. 장정은 가장의 자리에 나서고자 아버지가 더 이상 노름을 하지 못하도록 그의 두 손을 제거한다.

③ '자막3/패밀리': 급전(Peripetie)이자 전환점이다. 극공간은 장정네 방-팔득이 방-장정네 방으로 이동하나 실제 무대공간은 동일하다. 극시간은 ②에 이어진 어느 날, 달빛이 있는 밤이다. 장정이 양동과 팔득이의 손을 상해한다. 가장되기에 연이어 조직 보스로서의 입지까지 장정의 힘이 상승하는 정점은 동시에 그의 몰락이 시작된다. 장정은 형사에 의해 체포되어 퇴장한다.

• 막간 보드빌

1막과 2막 사이, 장정이 감옥에 있는 2년의 시간을 극 밖에 두고 막간 보드빌이 있다. 극공간은 극장이요 무대다. 청소도구를 하나씩

들고 청소하는 건달들이 막 전환을 소개하고, 달래는 관객서비스로 대중가요 '목포의 눈물'을 부른다. 달수는 육체적으로 성숙한 달래를 발견하고 그녀를 욕망하게 된다. 막간 보드빌은 장정의 몰락에 있어서 지연부에 해당하며, 동시에 그 내용은 새로운 갈등을 야기하는 2막의 프롤로그로 기능한다.

• 2막 '형제와의 싸움'

2막은 1막 장정의 '가족 지키기'의 연장선상에 있는 '다른 힘으로부터 두 동생 지키기'다.

④ '자막4/관능 vs 폭력': 극공간은 거리골목-방-카페-방이며, 극시간은 매서운 꽃샘바람이 부는 이른 봄날이다. 2년여의 세월이 흐르고, 장정이 수감생활을 마치고 귀가하는 중 생명의 위협을 받는다. 달래를 탐하려는 달수에게 장정은 폭력을 행한다.

⑤ '자막5/강간': ④와 함께 하강부에 해당한다. 극공간은 (박씨와 이씨의 공간)골목-(극중극) 달래의 방-(박씨와 이씨의)골목-방-(극중극)병춘과 달수의 골목-방-카페-무대 공간(건달들의 보드빌)으로 이어진다. 극시간은 ④ 이후 어느 날, 저녁에 이어 밤이다.[18] 장정은 가족에게서 유정을 빼앗아가는 그의 애인 단단을 겁탈하려다가 그녀가 여장 남자인 것을 알게 된다.

⑥ '자막6/살인': ⑤에 연이어 일어나는 극시간이며 극공간은 방-카페-방으로 이어진다. 달래가 찌르는 일본도에 장정이 죽음을 맞는 파

---

18 이씨와 박씨에게 스님 왈 "두 분 밤새 옛날애기나 허시지라"에 이어 이씨에게 "넘의 마누라허고 한한디서 먼 수작이오?"라고 하는 것으로 보아 아직 어두워지기 전 이른 저녁이다. 후에 이씨는 장정이 있는 방 미닫이 뒤 그림자로 나타난다. 조광화, 앞의 책, 1998, 97과 102쪽.

국이다.

● **에필로그**

장정의 영정을 모신 방에 죽은 후의 장정이 영정 뒤에서 걸어 나와 프롤로그처럼 자신의 공간 벽장에서 생전의 삶을 성찰하는 것으로써 극은 종결된다. 극 인물 모두가 등장한다.

프롤로그와 에필로그는 주인공 장정의 공간 벽장에서의 독백으로 관객을 그의 내적세계로 안내한다. 프롤로그는 장정의 꿈을 소개하고, 1막과 2막은 그 꿈을 실현하는 과정과 결과이며, 에필로그는 장정의 죽은 후 성찰이다. 프롤로그와 에필로그는 장정의 비극적 이야기의 프레임으로 기능하며, 오브제 알파치노의 브로마이드가 그 기능을 구체적으로 시각화한다. 프롤로그에 장정이 등장하면 알파치노의 브로마이드가 밝아지면서 이야기의 시작을 알리고, 에필로그에서는 극 마무리에 장정이 자신의 삶과 죽음에 대해 마치 알파치노와 같은 영웅적인 평가를 할 때, 브로마이드는 밝아진다. 그리고 다시 옅은 빛만 남기고 무대는 어두워진다.[19]

상황변화로 설명되는 행동의 개념[20]에 따라 전체 극행동은 '발단상황, 변화 시도, 변화된 상황'이라는 '세 개의 구조' 속에 놓여 있다.[21] 극의 동기부여(motivation)는 어머니 박씨의 이혼과 가출이다. 이것은 표면상 유지되어 온 가부장제 가족의 수직적 관계에 균열을 내기

---

19 앞의 책, 1998, 124쪽.

20 행동은 사건전개에서 인물의 "상황파악에 따라 … 선택된 한 상황에서 다른 상황으로 넘어감"에 있다. Manfred Pfister, *Das Drama*, München: Fink, 9. Aufl. 1997, 266쪽.

21 위의 책, 269쪽.

시작한다. 장정의 조직원 승표가 다른 조폭에게 폭행을 당하는 것도 외부의 힘이 조직의 기존 입지를 흔드는 일이다. 이렇게 '발단상황'은 장정에게 찾아오는 가족과 조직의 위기다. 이에 장정은 가부장제 가족의 수직적 관계를 깨는 질서의 방해자로 나서고, 가장되기와 보스되기에서 장애가 되는 아버지 이씨와 상대 보스의 힘을 제거한다. 그러므로 '변화 시도'는 장정이 가족과 조직을 지키려고 가장되기, 보스되기로의 움직임이다. 그러나 장정이 새로이 세우려는 가부장제 질서는 내부의 힘에 의해 불가능해지고, 가족과 조직을 지키려던 장정의 폭력은 오히려 가족과 조직을 와해하는 아이러니를 낳는다. 그러므로 '변화된 상황'은 가족과 조직의 해체 가속화와 장정이 '장(長) 되기'의 시도로 인해 스스로 희생양이 되는 것이다.

전체 극행동의 모티브(motive)는 '가장되기'다. 극을 구성하고 조직하는 기능을 담당하는 모티브로 보면, 장정의 '가장되기' 과정은 먼저 남성 간의 대결에서, 이후 '남성성과 여성성'의 대결로 나아간다. '가장되기'는 1막 '아버지와의 싸움', 곧 기성권력 중심과의 싸움이며, 장정이 아버지 이씨와 양동파 보스 팔득이의 힘을 제거함으로써 남성 간 대결의 승리자가 된다. 2막 '형제와의 싸움'은 장정의 '가장되기'와 '보스되기'의 과정에 포함되는 권력 주변부와의 싸움이다. 이것은 여성적 남자 유정과 여장남자 단단, 자폐여동생 달래가 장정의 폭력적 지배에 저항하면서 장정은 여성성과의 대결에서 패자가 된다. 조직에서는 조직원 병춘과 달수의 배신으로 장정은 생명의 위협을 받는다.

가부장제의 폭력성에 저항하는 여성성의 힘의 상승은 극공간에서 벽장에 있는 오브제 알파치노의 브로마이드를 통해 구체적으로 시각화된다. 장정이 남성들 간의 싸움을 행하는 극 전반부는 벽면의 브로마이드가 시각적으로 확인된다. 그러나 극 후반부에는 감옥에 있는 장정이 집을 비운 사이, 단단이 유정과 같이 살게 되면서 이 브로마이드는 단단의 옷들이 걸린 행거로 가려진다. 관객의 시야에서 사라진 브로마이드는 장정의 집이 "남성성으로부터 여성성으로의 권력이동이 이루어진 것"[22]을 시각화한다.

2.3. 글쓰기 전략

첫째, 유사성에 있는 주 행동과 부 행동의 병치에 있다. 주 행동은 장정과 가족관계에서의 행동선이고, 부 행동은 장정과 조직원에 관계되는 행동선이다. 두 행동의 유사성은 폭력으로 지배하고 폭력으로 몰락한다는 점이며, 두 행동은 달수가 달래를 욕망하면서 서로 만나고 엮인다. 그렇게 두 행동은 함께 주인공 장정을 몰락시키는데 합세한다. 유사한 행동의 병치는 가부장제 이데올로기에 내재된 남성의 집단적 무의식 '강한 남자'에 대한 욕망을 이중으로 투영한다. 이것은 주제의식의 반복이며, 이로써 극은 가부장제 이데올로기의 허상을 관객에게 선명하게 각인시키는 효과를 낳는다.

둘째, 주 모티브의 병치와 중첩에 있다. 주 모티브는 '폭력'과 '근친상간'이다. 폭력은 총 2막 6장에 있는 전체의 극행동을 규정짓고 있고, 근친상간을 상징하는 '붉은 뱀'은 각 장마다 폭력과 병치된다. 장정에게 폭력행동이 요구되는 자막1의 마무리 부분에 유정의 대사 "큰성도 니 좋아하고, 니도 큰성이라믄 사죽을 못쓰는디…"[23]는 장정과 달래의 관계를 암시한다. 뒤이어 단단이 읽어주는 달래의 점괘 '오누이와 붉은 뱀' 이야기가 등장하고, 주 모티브 '근친상간'의 정보가 관객에게 주어지면서 오누이의 비극이 암시된다. 더욱이 단단이 유정

---

22 김윤철, 앞의 책, 370쪽.
23 조광화, 앞의 책, 1998, 42쪽.

의 몸을 탐하며 "조심해. 달래와 너무 가까이 지내면 주변 사람이 피를 보게 돼. 그때는 붉은 뱀을 보게 될 거야."[24]라고 하는 대사는 이를 확인시킨다. 극 진행은 주 모티브 '폭력'과 '근친상간'을 병치함으로써 관객의 호기심과 집중력을 불러일으키게 되고, 극적 긴장은 더욱 증폭된다.

글쓰기 전략으로 극은 장정의 '가장되기'를 행하는 힘의 상승과 동시에 오누이 장정과 달래의 '근친상간 주 모티브를 가동시킨다. 자막2에서 달래는 두 손이 잘린 아버지의 피를 보고, "아- 고개 넘는디, 뺄건 뱀이 나오는디, 그거 보믄 안되는디, 봐부렀어, 봐부렀어…."[25] 하면서 놀라 달아난다. 이 부분은 장정의 폭력이 행해지고 그의 힘이 상승하는 지점과 장정의 몰락이 달래에 의해 배태되는 지점이다. 양동파 보스 팔득이의 손을 상해하는 자막3에서는 장정이 상대의 힘을 파괴하고 힘을 얻으면 얻을수록, '근친상간'의 이미지 붉은 뱀은 달래의 대사 -"기어오도다 낮은 곳으로 피를 뿌리며 꼬리 흔들고 독니 세우고 성난 붉은 뱀 기어오도다."[26]- 에서 더욱 커진 파괴력으로 등장한다. 자막4에서는 달수의 벗은 사타구니에 독을 품고 있는 붉은 뱀 인형이 달려있다. 그때 "미닫이 창문 뒤로 붉은 뱀이 얼핏"스쳐 나타난다.[27] 자막5에서는 달래가 단단의 점술통에서 뽑아든 점괘에 "칼 꽂힌 붉은 뱀이 그려져 있다."[28] 그리고 자막6에서는 장정이 달수, 단단, 유정에게 행하는 폭력을 지속적으로 목격한 달래가 "성이 뺄건 뱀이여!"라고 외치며, 장정에게 알파치노의 브로마이드만큼이나 신주 같

---

24 앞의 책, 44쪽.
25 위의 책, 56쪽.
26 위의 책, 67쪽.
27 위의 책, 92쪽.
28 위의 책, 98쪽.

은 그의 일본도로 그를 찌른다.[29]

달래에게 장정은 붉은 뱀, 곧 피로 물들게 하는 폭력이다. "고개 넘는디, 뱀이 나오는디, 성아가, 성아가, 뻘건 뱀이 되야 각고, 잡아 묵웅게, 피가 뻘건 피가 넘쳐서, 홍수가 났는디…."[30] 주 모티브 '폭력'과 '근친상간'을 하나로 중첩하는 드라마투르기적 컨셉은 장정을 '오누이와 붉은 뱀'의 이야기에서 오빠가 스스로 자신을 파괴하는 근친상간의 이미지, 붉은 뱀이 되게 한다. 자신마저 파괴하는 폭력과 하나가 되는 붉은 뱀이 만들어내는 강렬한 극적 이미지는 인간의 욕망과 열정, 에너지와 정서에 중점을 두는 그의 비극적 컨셉을 따른다.

더하여 자막1에서 6까지 지속적으로 등장하는 붉은 뱀은 남성의 폭력이자 성욕을 상징한다. 달래의 점괘 '오누이와 붉은 뱀' 이야기에서 붉은 뱀은 오빠 사타구니에 있고, 달수가 달래를 탐하려 할 때도 사타구니에 붉은 뱀 인형을 달고 있다. 그런 달수에게 장정이 폭력의 도구로 쓰려는 야구방망이를 달래는 장정에게서 뺏어와 자신의 "머리칼로 썩썩 닦"는다.[31] 이는 달래고개의 '오누이와 붉은 뱀' 이야기에서 누이가 오빠의 사타구니에 죽어있는 붉은 뱀의 피를 "제 머리칼로 썩썩 닦"는 행위와 같다.[32] 야구방망이는 붉은 뱀의 또 다른 기표다. 동시에 폭력도구가 되는 야구방망이는 남성의 성욕을 폭력과 연계시킨다. 이것은 또 단단을 겁탈하기 전 장정의 행위에서도 확인된다. 단단의 속옷을 들고 "그는 단단에게 과시하듯 주먹을 들어 보인다. 팬티에 주먹을 불쑥 집어 넣는다."[33] 붉은 뱀, 야구방망이, (장정의)주

---

29 앞의 책, 120쪽.
30 위의 책, 98쪽.
31 위의 책, 94쪽.
32 위의 책, 44쪽.
33 위의 책, 109쪽.

먹, 그리고 장정이 달래에게 선물하는 목걸이형 무선마이크까지 이것들의 도상적인 기호가 만들어내는 공통적인 이미지는 남성의 페니스다.

셋째, 폭력의 방향이 밖에서 안으로 변화하는 데에 있다. 폭력은 1막에서 주인공 장정의 외부에서, 곧 아버지와 팔득에게서 발생하고, 2막에서는 장정의 내부에서, 곧 자신에게서 일어난다. 작가가 전·후반부로 구분지어 폭력의 방향을 주인공의 밖에서 안으로 확연히 이동시키는 것은 폭력이 가져오는 힘의 상승과 동시적 몰락, 곧 폭력의 역설을 비극적 파토스로 관객의 눈앞에 여실히 드러내줄 수 있기 때문이다. 김윤철은 폭력이 장정 '나'의 밖에서 일어나는 1막은 "폭력의 낭만화 과정"이며, 장정 '나'의 안에서 일어나는 2막은 "미화된 폭력의 추함과 파괴성을 깨닫게 하는 인식과정"으로 간주한다.[34] 이것은 작가가 관객의 인지적 관점에서 행하는 글쓰기 전략이다.

2.3.1. 캠프적 미장센

작가의 연극관(1.1.)에서 언급한 바와 같이, 〈남자충동〉은 진지함과 가벼움이 만나는 미장센을 산출한다. 자막2와 6에서 일어나는 폭력은 아름다운 꽃잎이 흩날리는 미장센으로 대치된다. 자막2 장면은 장정이 아버지 이씨의 손을 자를 때, "잘린 손목에서 꽃잎이 흩뿌려진다."[35] 자막6에서도 달래가 장정을 칼로 찌르는 순간, "창으로 바람이 들이 치며 꽃잎이 날린다. 꽃잎이 수북히 쌓인다."[36] '흩뿌려지는 붉은 꽃잎'은 폭력이 낳는 선혈을 상징하는 이미지다.[37] 조광화는 폭

---

34 김윤철, 앞의 책, 368~369쪽.
35 조광화, 앞의 책, 1998, 54쪽.
36 위의 책, 120쪽.
37 조광화의 미장센은 일본적이며 대중적인 연출가 니나가와 유키오의 〈니나가와 맥베스〉(1980)에서 사무라이들의 처절한 싸움이 벌어질 때 쏟아져 내리는 벚꽃들을 연상시키는데, 이것 또한 포스트모더니즘적인 기존 이미지의 변형이다.

력적인 순간을 이와는 정반대의 정서, 곧 흩날리는 꽃잎의 시각적인 아름다움으로 바꾸어 놓는다. 이를 통해 폭력의 추, 혐오, 진지함의 비극적 무거움은 감당할 만한 가벼움으로 전환된다. 작가의 탐미적인 연극적 유희다.

동시에 이 미장센은 예술성과 대중성의 경계에서 일어난다. 다시 말하면, 추, 폭력, 범죄 등 저급한 것을 고급한 차원으로 고양시키는 캠프적(camp) 상상력에 있는 미장센이다. 캠프는 고급문화와 대중문화의 경계에 서있는 감수성과 상상력이며, 고급한 것을 저급한 것으로, 또는 저급한 것을 고급한 것으로의 변화에서 그 예술적 의미를 지닌다.[38] 〈남자충동〉에서 조광화의 캠프적 상상력이 만들어내는 것은 시각적 아름다움이 가져오는 폭력의 낭만화다. 이러한 미장센은 대중문화의 미화된 폭력의 이미지이며, 동시에 추(醜)라는 대상과 미(美)라는 현상이 일치하지 않는 미장센의 미학, 곧 미화된 폭력의 패러디로 대중문화와의 거리두기에 있다. 작가는 첫 희곡집의 서문 「비극정신의 부활」에서 다음과 같이 언급한다. "미화된 폭력에의 감동은 비굴하다. 권력에 아부하는 것이다."[39]

2.3.2. 보드빌

〈남자충동〉은 희극적이고 유희적인 장치를 극 전체에 포진하고 있다. 첫 보드빌은 단단이 카페에서 달래의 점괘 '오누이와 붉은 뱀' 이야기를 처음으로 들려줄 때, 그녀(그)는 마이크에 대고 마치 대중적

---

38 전자는 과장된 유치함으로 고급문화의 엘리트주의, 형식주의, 위선 등에 대한 도전과 비판의 의미를 지니며, 단순함과 순수함에서 미덕을 찾는다. 후자는 통속적이고 저급한 대상도 캠프적 상상력에 의해 앤드 워홀의 팝아트같은 새로운 예술작품의 탄생이 가능하다. 서영채, 앞의 책, 192~193쪽.

39 조광화, 앞의 책, 1998, 18쪽.

인 쇼를 하듯 공연한다. 두 번째는 건달들이 양동파와의 싸움에 나가기 전, 자신들의 폭력도구인 쇠파이프, 자전거 체인, 야구방망이, 사시미칼을 들고 나와, 한 사람씩 관객 앞에 선다. 네 명이 차례대로 연장의 고유한 폭력적 기능을 긴 대사로 소개하며 찬미하는 이 장면은 촌극으로 운용된다.

세 번째는 1막과 2막 사이 막간 보드빌이다. 건달들이 청소하며 막의 전환을 알리는 막간이면서 동시에 극행동의 진행을 이어감으로써, 실제와 허구를 혼재하는 유희에 있다. 또 이 유희는 관객서비스로 부르는 달래의 노래 '목포의 눈물'에도 있다. 이 대중가요는 전체 극장공간을 허구적 극공간 목포가 되게 하는, 현실적 장소로서의 리얼리티를 부여하는 유희다. 네 번째 보드빌은 자막5에서다. 장정이 단단을 겁탈하는 장면에 이어 구식 학생복 차림의 건달들이 등장한다. 그들은 단단을 쳐다보며 키득거리고, 이번에도 한 사람씩 나서서 관객에게 자신들의 강간경험을 자랑하듯 들려준다. 이 장면도 촌극으로 진행된다. 강일의 대사 -"…긍게 여자애덜은 나가 필요허믄 은지든 가질 수 있는 고런 것이었지라."- 후 지문은 "강일, 들어간다. 달수와 강일, 병춘을 떠민다. 병춘, 신경질적으로 나선다."고 적는다.[40] 이 촌극은 또 다음 장 '자막6/살인'이라는 파국에 이르기 전, 잠시 극의 긴장을 늦추어주는 코믹 릴리프로도 기능한다.

그리고 죽은 장정이 영정 뒤에서 나와 자신의 삶과 죽음을 평가하고 가치를 부여하는 에필로그는 연극적 상상의 유희며, 또한 아버지 이씨의 노름친구들과 장정의 건달들이 동일 인물과 이름 그대로를 사용하는 다역 행하기도 연극적 유희를 그대로 노출하는 장치다. 이 모든 연극적 유희로서의 장치는 직선적이고 점층적인 서사에 있는

---

40 앞의 책, 113쪽.

〈남자충동〉 **291**

〈남자충동〉의 비극을 희극적인 가벼움과 유희적인 생동감에 있는 대중적인 보드빌로 변화시킨다.

2.3.3. 방언과 잦은 방백

인물들의 언어는 극 배경이 되는 전라도 목포 지방의 사투리를 실제와 같이 완벽하게 재현함으로써 현실 공간 목포의 지방색을 그대로 드러낸다. "거친 분위기와 가부장적 의식을 표현하는데 목포 사투리가 적합해서 선택"했다고 하는 작가는 이를 위해 전라도 태생임에도 목포방언을 새로이 공부했다.[41] 극 인물들의 실감나는 목포방언에다 밑바닥 인생을 생생하게 그려내는 거친 말투, 비어들과 욕설은 실제와 같은 인물들의 창조를 돕고, 허구적 극에 현실 같은 권위를 부여한다. 더욱이 주인공 장정이 실제 인물인 전라도 광주출신의 70년대 조폭두목 '조양은과 김태촌을 선배'[42]라 언급할 때는 극에 핍진감을 더한다.

극행동 진행은 직선적 시간의 흐름에 있다. 그러나 극 진행은 인물들의 잦은 방백에 의해 자주 멈추었다 다시 전개된다. 방백은 화자인 '나'와 청자인 '나' 사이의 내면화된 대화이며 독백의 한 형태다. 다만 방백은 대화중 담화이며, 독백은 대화상황에서 벗어난 담화다. 둘 다 관객과의 직접적인 대화이며, 이 때 극 진행은 정지된다. 〈남자충동〉의 잦은 방백은 영화적 기법의 연극화다. 이것은 마치 카메라가 전경(全景)에서 한 인물에 집중하는 클로즈업으로의 전환과 같다. 전경은 무대 위 극 인물들의 관계와 외적 행동을 그려내고, 방백은 한 인물의 내면을 동시에 클로즈업으로 병치하듯 내면을 표면화시키는 것이

---

41 김성희, 『한국 동시대 극작가들』, 306쪽, 각주 108.
42 조광화, 앞의 책, 1998, 71.

다. 방백은 또 무대 위 극 인물들 간의 대화에서 갑자기 그 방향을 바꾸어 극 밖의 관객과 직접 소통하는 순간, 느닷없는 인물들의 모습은 희화화가 되고, 무거운 비극은 희극적, 유희적이 된다.

2.4. 인물분석

• 장정

할아버지가 "튼튼허고 기운 좋은 으른 되라"[43]고 지어준 이름에서 그의 육체적 성격이 드러난다. 그는 자주 웃통을 벗고 운동하고, 호흡에 기운이 넘친다. 이름대로 몸은 성장하여 신체적인 힘은 강하나 "가부장제의 가장이 될 만한"[44] 정신적 어른은 되지 못한 사내다. 감옥에 다녀온 후, 2막에서의 그는 죄수머리에 탄력은 잃었지만 살은 올라 더 권위적으로 보이고, "평정을 잃고 신경질적"인 눈은 그의 불안한 정서를 대변한다.[45] 유정에 의하면 그는 잔인하고, 비위에 안 맞는 이들에게 폭력을 행사한다.[46] 더욱이 그는 지방 목포의 하위계층인 주변부 인물로서 강한 남성에 대한 욕망에 있고, 좋아하는 모델이 영화 〈대부〉의 알파치노라든가 일본 야쿠자같은 힘쓰는 사내들이기에, 가족과 조직의 위기 앞에서 그의 문제해결 방법이 폭력인 것은 육체적인 장정에게는 당연한 수순이다.

그에게 폭력과의 만남은 또 운명적이다. 초등학교 시절 그는 아버지에게 자주 구타당한다. 목포로 이사 온 후에는 맞은 다음 벽장에도 갇힌다. 벽장은 장정이 자신의 내면을 드러내는 공간이다. 그는 여기

---

43 앞의 책, 25쪽.
44 김성희, 『한국 동시대 극작가들』, 467쪽.
45 조광화, 앞의 책, 1998, 77쪽.
46 위의 책, 85쪽.

에서 야쿠자처럼 무릎을 꿇고 앉는다. 수없이 벽장에 갇힐 때 폭력 피해자로서의 독과 기분이 그에게 만들어 준 습관이다. 그는 그때 알게 된다. 육체적인 힘에서 자신감이 나오고 용기가 생긴다고. "심이 있으믄 안 당헌다! 심을 길어야겄다!"[47] 이사 온 목포집은 노름꾼 아버지 대신 생활전선에 나선 어머니가 마련한 것인데, 마침 일제 때 일본 야쿠자가 살던 집이었다. 어느 날 갇혀있던 벽장에서 그는 우연히 마룻바닥 밑에 놓여 있는 일본도를 발견한다. 폭력의 피해자인 그가 가해자가 될 수 있는 가능성은 이 우연한 일본도와의 만남에서 운명적으로 변한다. 더욱이 영화 〈대부〉는 그에게 폭력과의 운명적 인연을 확인시켜준다.

글고 봉게, 나가 요 벽장서 일본도를 찾은 거이 다 인연이여. 안그요, 일본 깡패믄 야쿠자고, 야쿠자믄 마피아나 한 가지 아녀? 긍게 나가 '알 파치노' 안 좋아하겄소, 인연이 깊은디. 어찌 아녀라!"[48]

〈대부〉의 브로마이드와 일본도, 두 오브제는 그에게 새로운 결정과 결단이 필요할 때마다 영향력을 행사한다. 그의 극행동이 크레센도로 나아가야 할 때 〈대부〉의 영상이나 주제곡, 브로마이드가 선행되고, 그것은 그에게 극행동 실현을 위한 내면적 열정을 증폭시킨다. 자막2의 경우, 가족 해체의 위기를 부르는 어머니 박씨의 이혼언급에서 브이티알에 〈대부〉의 영상이 나오고, 주제곡이 더욱 커지면 장정이 브로마이드 앞으로 가서 "패밀리, 조직, 가족에 해가 되믐 누구든 제거헌다 … 선택헐 일, 결단헐 일이 많어. 주사위 한번 더 던져 불

---

47 앞의 책, 26쪽.
48 위의 책, 27쪽.

어."라며 행동을 결단한다.

장정에게 강한 남성은 가부장제 신화를 의미한다. 장정은 유정에게 "남자헌티 제일 중요헌 게 … 가족이여, 패밀리여 … 그것들을 지키는 기 사내으 헐 일이여."⁴⁹라고 강조한다. 가족과 조직을 지켜내는 마피아의 보스 알파치노는 장정에게 '강한 남자'의 표상이며, 무능한 아버지 이씨를 "대체하는 영웅이자 모방욕망이 투사된 새로운 아버지"⁵⁰다. 장정이 '새로운 아버지되기'의 행동을 시작하는 목적은 가족 해체를 막고자하는 데에 있다. "가장이믄 가족을 지켜야제."⁵¹ 그가 아는 가족의 유대는 가장 중심의 수직적 위계질서에 있는 가부장체제에 있다. 그러므로 장정은 가부장체제의 전형을 보여주는 영화 〈대부〉의 알파치노 모방하기, 곧 가부장적 '대부'의 흉내 내기에 그의 전체 극행동이 있다.

그러나 그의 모방하기는 과장된 엄숙함과 가식적 진지함에 있다. 그가 원하는 모습과 실제 모습이 갖는 간극은 그의 존재를 희극적이면서도 또 비극적인 인물로 만든다. 장정은 팔득이에게 자신에 대해서 "냉혹헌 놈 … 차분차분허니 말함서 칼루 다 쑤셔 쌌는디 … 독사보다 더 무서분 놈이여 …"라고는 하지만 현실의 그는 "거친 호흡에 떨리는 손을 억제하며 간신히 칼집에 칼을 꽂는다."⁵² 그러기에 2막에서 신주같은 알파치노의 브로마이드가 단단의 옷가지들로 가려졌을 때, 장정이 실제로 진지해지는 순간조차도 그는 관객에게 희극적이 된다. "워미! '알파치노를 개려 부렀네 이."⁵³

---

49 앞의 책, 56쪽.
50 김성희, 「조광화 극에 나타난 오이디푸스 구조와 대중문화」, 139쪽.
51 조광화, 앞의 책, 1998, 49쪽.
52 위의 책, 67쪽.
53 위의 책, 81쪽.

가부장제 이데올로기란 인류의 역사와 사회가 남성들에게 무의식적이고 집단적인 환상으로 부여한 것이며, 장정은 그 조작된 신화 아래 억압받는 존재다. 차례로 가족을 잃어가는 비극적 파토스에 있음에도 불구하고, 주인공 장정은 죽은 후까지도 가부장제 이데올로기의 허상을 깨닫지 못한다. 장정의 극행동은 '가족을 위해서'로 알고, 또 그렇게 믿기에 시작되는 비극이며, 그 조작된 가부장제 이데올로기의 허상아래 파멸하는 그는 관객에게 남성적, 인간적 연약함을 인지케 한다.

가족을 지키지 못하는 아버지 이씨에 대한 반발과 저항에 있는 장정은 무능한 가장대신 집안을 보살피는 어머니 박씨에게는 고분고분하다. 그러나 박씨의 이혼과 가출은 장정의 여성에 대한 인식을 그대로 드러낸다.

> 엄니 한나 믿었는디. 엄니가 우리 집 다 살린 중 알었는디. 이자 봉께 원수는 엄니여. 나가 속아 부렀어. 엄닌 나 적이여. 여잔게, 엄니도 겔국 여잔게 … 어머니도 아녀. 우리 가족 망치는데 어머니 아니제. 웬수여! …[54]

그리고 아버지와 유정을 생각하며 스스로를 다독인다. "패밀리야 남자가 필요헌게."[55] 또 그는 자신이 감옥에 있는 사이 단단을 집으로 불러들여 함께 사는 유정에게도 "사내헌티는 가이내가 독이여, 독! 가이내 믿으믄 망혀. 허다못해 엄니도 배신 안 히었냐."[56] 라고 한다. 장정에게 여자란 가부장제의 수직적 위계질서에서 "… 거이 남자 알로 깔아 뭉개지게 되야 분"[57] 존재다. 그는 단단을 성폭행하기 전 말

---

54 앞의 책, 63~4쪽.
55 위의 책, 64쪽.
56 위의 책, 89쪽.
57 위의 책, 110쪽.

한다. "나헌티 애걸허랑게 그거이 여자여."[58]

그런 그에게 자폐아 달래만큼은 자신이 보호해야 할 가족이며 또 여자다. 장정이 폭력을 시작하는 건 달래가 동네 아이들에게 놀림 받을 때부터다. 달래가 카페에서 노래할 때 손님들 중 하나가 그녀를 놀리는 시늉에 그는 격분해서 유정을 혼낸다. 카페에서 달래에게 노래시키지 말라고. "(달래를 보이며) 저거 비냐? 조 불쌍한 거이 비냐고?"[59] 어머니 박씨가 장정이 달래를 끔찍히 위한다는 말에 그는 "필요 이상으로 강경하게" 반응한다. "어머니가 장사헌다고 떠맬낑께 돌봤제, 나가 그 빙신이 머가 좋다고 위헌단 말여라!"[60] 또 달수가 달래를 탐하려할 때도 그는 지나치게 격분해서 달수를 폭행한다. "나가 머 땜시 이리 흥분히었으까 … 감정조절도 못하고 …"[61] 그 일로 달수가 배신했다는 소식을 들을 때에도 그는 여전히 "달래 건들믄 죽어야제. 산 것도 감지덕진디 배신을 혀?"[62]라고 한다. 장정은 카페에서 노래를 금하게 한 달래에게 목걸이형 무선마이크를 선물한다. 그는 마이크에다 "니 아냐, 나가 우리 달래삔이 읎다."[63]라면서 그녀에게 마이크를 걸어준다. 이는 달래고개 신화와 연계된 장정의 무의식에 있는 근친상간적 욕망을 상징한다. 가장 사랑하고 보호하려했던 달래에게서 죽음을 맞는 주인공 장정은 폭력의 역설을 형상화하는 인물이다. 작가는 또한 이를 통해 신화적 원형성, 남성성과 여성성의 대립을 이끌어낸다.

---

58 앞의 책, 111쪽.
59 위의 책, 52쪽.
60 위의 책, 47쪽.
61 위의 책, 94~95쪽.
62 위의 책, 102쪽.
63 위의 책, 99쪽.

• 유정

심약한 인상에 소심하고, 베이스기타를 연주하며 노래를 만들고 음악을 좋아한다. 여성성이 강한 남자로 남성적인 형 장정과는 가부장제 위계질서의 남성과 여성의 위치와 같은 수직적인 관계에 있다. 장정의 조직원이 되길 원하지만 폭력적 담대함을 측정하는 가입시험에 실패하는 그에게는 여전히 자폐아 여동생 달래를 돌보는 여성적인 일만 주어진다.

강한 남자 컴플렉스에 있는 그에게 "심도 씨고, 용기 있고, 멋보덤 남자다운"⁶⁴ 형 장정은 이상형이다. 유정이 달래에게 만들어준 노래 또한 가부장제 이데올로기의 성차적 전형을 노래한다. "머이매 주먹 쥐고 어금니 앙 다물고 누구든 방해허믄 읊어 불어 머이매 멋져 가이내 이뻐".⁶⁵ 그러나 형이 아버지의 손을 자르면서 그것을 알게 된 유정은 변화하기 시작한다. 장정이 감옥에서 집으로 돌아온 후, 그가 집을 나가 단단과 함께하려 할 때에 장정은 그를 폭력적으로 위협한다. "니가 어디든 잘릴 것이여 가이네맹키 덜덜 떰시로 나헌티 거역헌다 그네." 그는 처음으로 장정의 권위와 폭력에 맞선다. "지미. 성은 씨벌새끼여!"⁶⁶ 장정이 단단을 겁탈하려 했음을 알았을 때 그는 칼을 들고 형을 찾는다. 여전히 두려움에 떨지만, 이때는 형의 호칭도 없이 장정의 가치를 매긴다. "넌 씨벌놈이여!"⁶⁷ 남성성과 여성성을 대변하는 형제 장정과 유정의 관계는 "혈연을 넘어선 사회적 의미"⁶⁸를 갖는다.

---

64 앞의 책, 54쪽.
65 위의 책, 51과 122쪽. 노래는 극 내용을 압축하며 청각적으로 이미지화한다.
66 위의 책, 107쪽.
67 위의 책, 119쪽.
68 김윤철, 앞의 책, 370쪽.

• 달래

어릴 때부터 노래를 잘 부르며 이상하리만큼 음악에 집중력을 보이는 자폐아다. 1막에서는 단발머리에 오빠들로부터 물려받은 남자아이 옷차림이나 2막에서는 여성의 성숙한 몸이 잘 드러나는 "화사한 치마"를 입는다. 그녀는 장사하느라 자신을 돌보지 못한 어머니 박씨에게 냉담하고 오히려 자신을 돌보는 장정과 유정을 따른다. 그녀의 특별한 집중력은 전체 극행동에 단단이 일러준 자신의 점괘를 반복하게 하고, 이는 관객에게 오누이의 비극을 부각시키며 비극적 에너지를 증폭시킨다. 그녀의 집중력은 결국 그녀로 하여금 달래고개의 '뻘건 뱀' 장정을 살해케 한다.

• 단단

재즈카페를 운영하는 여장 남자이며, 유정과는 연인이다. 점술을 보는 그녀(그)는 전체 극행동의 현실적 세계를 근친상간적인 남성성과 여성성의 신화와 연결하는 인물이며, "가부장제 이데올로기가 부여한 이분법적 성차나 역할모델, 여성의 타자화를 전복시키는 캐릭터"[69]다. 그녀(그)는 남성의 폭력적 세계를 비판하며, 그들의 "'강한 남성' 판타지에 깔려있는 불안, 즉, 남성성의 위축이나 훼손에 대한 공포를 지적"[70]한다. 단단은 유정에게 "지는 것도 참 행복한 일"이며, 베이스기타같이 드러나지는 않아도 다른 악기들을 감싸는, "있는 그대로의 네 모습을 사랑"하라고 한다. 그러나 정작 장정과 건달들의 폭력에 직면했을 때에는 유정에게 남성들의 폭력 그대로를 행하라고 하는 모순을 보인다.

---

69 김성희, 「조광화 극에 나타난 오이디푸스 구조와 대중문화」, 137~138쪽.
70 위의 논문, 138쪽.

• 아버지 이씨

무능력하고 무책임하며 이기적이다. 아내와 자식을 구타하는 폭력적인 가장이며, 집과 가족의 모든 것이 자신에게 속한 것이라고 하는, 가장의 권위와 허세만 남은 인물이다. 아내가 홀로 고생해서 마련한 집의 문서까지 맡기며 노름하고, 심지어 장정에게 손을 잘리는 순간에도 화투할 수 있는 손대신 발을 자르라고 한다. 가출한 아내를 찾았을 때도 "집에 가자고 박씨에게 갈쿠리를 치켜"[71]드는 여전히 폭력적인 모습이나, 장정이 자신에게 행한 범죄를 인정할 때는 처음으로 관용하는 아버지의 모습을 보여준다.

• 어머니 박씨

남편 이씨의 화투판을 뒤집고, 이씨에게 구타당하고, 주저앉아 우는 히스테릭한 모습이지만 아들 장정의 눈에 "바보 멍충이"[72]처럼 남편에게 당하고 산다. 가장대신 집안 경제를 책임지느라 자폐아 딸 달래를 돌볼 수 없어 딸의 마음을 잃게 된 것을 마음 아파한다. 이씨가 집문서까지 은행에 저당 잡힌 것을 알게 된 그녀에게 가장의 허세로 오히려 칼로 위협하는 남편을 보면서, 그녀는 아내로서의 인연을 끊어낸다. "저 냥반이 쥔 칼에 인연 한 가닥 남김없이 죄 끊어졌등갑다. … 일만 흐다 골벵만 얻은 세월, 다 끄쳐 부렀다"[73] 남편과 마찬가지로 힘만 쓰는 장정에게도 실망한 채, 이혼과 가출을 감행한다. 그러나 그녀는 가부장제 이데올로기로부터 자유로운 주체적 자아를 얻지 못하고 스님을 만나 다시 한 남자를 섬기는, 가부장제 이데올로기가

---

71 조광화, 앞의 책, 1998, 98쪽.
72 위의 책, 27쪽.
73 앞의 책, 33쪽.

체화된 인물이다.

• 노름친구 및 건달들
동일한 이름과 같은 성격을 지닌 인물들이다.

• 병춘
박씨가 부엌칼로 위협할 때 공격적으로 대응하는 달수, 강일, 승표와는 달리 침착하며 박씨를 진정시키려 애쓴다. 박씨에게 폭력을 행사하지 못한 이씨를 모두가 비아냥거릴 때도 그들을 저지하며 이씨를 말린다. 그는 집과 주위에서 무시당한 분풀이로 폭력을 시작했고 건달이 되었다. 폭력도구는 톱, 쇠파이프, 도끼다. 장정이 혼자 감옥에 간다고 했을 때 내심 안도하는 그는 의리가 부족하다. 결국 친구인 장정이 보스로서의 대접을 원하는 태도가 못마땅해서 후에 달수와 함께 장정을 배신한다.

• 강일
열다섯 살 때 친구들과 옆집 여고생 강간한 일을 학교 서클에서 자랑하며 영웅심을 갖는다. "긍게 여자애덜은 나가 필요허믄 은지든 가질 수 있는 고런 것이었지라."[74] 폭력도구는 자전거 체인이다.

• 승표
의도치 않게 사모하던 옆집의 예쁜 아줌마를 겁탈해서 자살하게 만든 과거가 있는데 그 일을 후회한다. 폭력도구는 강간할 때에는 칼이었고, 조직패들의 싸움에는 야구방망이다.

---

74 앞의 책, 113쪽.

● 달수

잘 살고 예쁘고 공부 잘하는 같은 반 여고생을 친구들과 성폭행한
과거가 있다. 그 경험으로 그는 여자들이 겉으로는 아닌 척 하지만
"강간당혀 봤이믄" 한다고 믿는다. 흥분하여 부엌칼을 든 박씨와 폭
력적인 이씨에게는 '마누라 하나 못 잡느냐'고 폭력을 부추기며 비아
냥거린다. 유정이 조직원이 되겠다고 할 때도 건달들 중 가장 먼저
웃어대고, 장정이 유정의 담대함을 시험하려 칼을 하나 요구할 때도
그가 제일 먼저 건네주는 것으로 보아 경망스럽다. 폭력도구는 사시
미칼이며, 낫은 장정에게 사용하려는 복수용인데 그의 잔인함을 드러
낸다. 달래를 향한 성적 욕망을 여과 없이 노출하는데서 동물적이고
충동적인 성향을 알 수 있다.

3. 희곡에 대한 질문하기

1) 작품 〈남자충동〉의 시대적 배경에는 폭력에 관한 사회적 사건
   과 대중문화의 영향이 있다. 어떤 사건들과 작품들이 있을까?
2) 〈남자충동〉에서 나타나는 포스트모더니즘적인 특징은?
3) 패로디와 패스티시를 정의해보고, 이를 통한 작품의 의도와 효
   과는 무엇인가?
4) 캠프적 상상력이란?
5) 〈남자충동〉의 예술성과 대중성을 설명해보라.

4. 공연

〈남자충동〉(극단 환퍼포먼스)은 조광화의 연출로 1997년 4월 동숭아트센터 소극장에서 초연되었다. 그해 10월에는 서울연극제 참가작으로 문예회관대극장에서, 2004년 3월에는 연극열전(악어컴퍼니)으로 동숭아트센터 동숭홀에서 재공연되었다. 모두 조광화의 연출이었다. 1997년 초연은 '예술성과 대중성이 융합된 드문 사례의 작품'[75]라는 평가와 함께 그해와 이듬해까지 많은 상을 수상했고, 관객과 평단에 극작가이자 연출가로서 조광화의 이름을 각인시켰다.[76] 더욱이 공연은 "이후 연극에 대중문화적 코드와 담론의 재생산에 지대한 영향을 미쳤다는 점에서 1990년대를 대표하는 연극"[77]으로도 언급되며 역사적 가치평가와 의미를 부여받았다.

1997년 초연과 2004년 공연에서는 주인공 장정 역에 안석환이, 1997년 서울연극제에서는 김세동이 맡았다. 1997년 공연을 보면,[78] 무대(손호성)는 마루가 놓인 일본식 집 내부의 단면이 일직선으로 관객과 마주한다. (관객석에서 볼 때) 좌측은 장정의 벽장이 있고, 이어 미닫이문이 있는 방이 중앙에 위치하며, 그 곁 우측에 거리골목을 두고 단단의 재즈카페가 있다.

장정의 벽장 옆에도 거리골목이 있는데, 이곳에서 장정에게 복수

---

75 김윤철, 「〈남자충동〉의 충격과 감격」, 동숭아트센터 연극열전 〈남자충동〉, 2004.3.12~4.18, 팸플렛.

76 서울연극제 4개 부문 수상과 한국평론가협회의 '올해의 연극 BEST3'에 선정되는 영예를 가져왔고, 또 작가에게 문화체육부의 '오늘의 젊은 예술가상'이 수여되었다. 이어 1998년 2월 동아연극상 4개 부문과 4월 백상예술대상 5개 부문을 수상했다.

77 김성희, 「조광화 극에 나타난 오이디푸스 구조와 대중문화」, 128쪽.

78 국립예술자료원에 있는 DVD 초연자료가 분실되어 본고는 1997년 10월 공연영상을 참고했다.

(2004년 공연, 조광화 제공)

하려는, 낫과 인형을 든 달수와 병춘의 극중극이 행해진다. 카페는 우측 공간과 더불어 장정네 가옥 단면 앞 전부를 사용한다. 베이스 기타와 비트, 〈대부〉 주제곡 등의 음악(황강록)과 사실적이지 않은 조명(구윤영)은 인물의 내면과 장면의 분위기를 함께 만들어낸다. 영화 느와르처럼 조명은 전체적으로 어둡고, 때때로 붉거나 파란 색의 조명을 쓴다.

장정과 건달들의 의상은 검은 색이 주를 이뤄 흰색바지와 빨간 난방의 유정과 대비되고, 이씨와 박씨, 달래는 브라운 계열로 일상적이며 평범하다. 2막에서 달래의 여성성은 밝아진 색상과 치마에서 드러난다. 카페의 탁자만 유일하게 붉은 천으로 덮여있어 무채색의 다른 공간과 구별되고, 현실과 신화를 연결시키는 공간의 붉은 색은 달래 고개의 붉은 뱀을 연상케 한다.

희곡의 첨삭 없이 진행되는 공연은 각 인물들만의 신체언어로 각이 선, 폭력적 남성성과 인물들의 성격을 시각적으로 확연케 만든다. 키가 작고 다부진 장정과 큰 키로 형에게 쩔쩔매는 유정의 대비, 자폐아의 특별한 신체언어를 만들어내는 달래, 장정의 겁탈 후 단단을 무대 중앙에 두고 그 뒤에서 행하는 건달들의 보드빌 장면에서 모두가 퇴장할 때, (희곡에는 없다)승표만은 단단에게 물건을 건네주는데, 이 행위는 성폭행을 자랑하는 다른 건달들과 달리 후회하는 승표의 인간적인 면을 잘 드러낸다. 죽은 장정을 그대로 영정이 되게 하는 연극적 유희의 에필로그에서는 조명이 장정보다 브로마이드의 알파치노를 더 환하게 비쳐준다. 이를 통해 연극 〈남자충동〉은 영화 〈대부〉의 패러디와 패스티시를 기표한다.

공연은 어두운 범죄의 무대공간임에도 불구하고 잦은 방백과 보드빌의 삽입으로 가벼운 연극적 유희의 공간으로 전환되어 관객을 시종일관 웃게 한다. 또 잘 알려진 〈대부〉의 주제곡이나 '목포의 눈물', 그리고 달래의 점괘를 관객에게 익숙한 대중가요에 담아내는 것 또한 대중친화적이다. 조광화 연출의 〈남자충동〉은 가벼운 오락의 상업적인 대중연극이 아니라, 폭력미화의 세태에서 가부장제 이데올로기의 허상이라는 "진지한 주제를 대중과 효과적으로 소통하는",[79] 대중연극의 성공을 보게 한다.

---

79 김윤철, 「성공적인 대중연극 〈남자충동〉을 보고…」, 『한국연극』 1997, 5월호, 한국연극협회, 55쪽.

‖ 참고문헌 ‖

1차 문헌

조광화, 『조광화희곡집』, 서울: 평민사, 1998.

조광화, 『조광화희곡집』, 서울: 푸른북스, 2012.

〈남자충동〉(1997년 서울 연극제) 영상 DVD

〈대부〉 1, 2, 3 영화 DVD

2차 문헌

김광길, 「신화 · 원형 비평이론의 제 양상에 대하여」, 『시민인문학』 9권, 경기대
　　　　인문과학연구소, 2001, 27~53쪽.

김성희, 「조광화 극에 나타난 오이디푸스 구조와 대중문화」, 『드라마연구』 27,
　　　　한국드라마학회, 2007, 125~155쪽.

＿＿＿, 『한국 동시대 극작가들』, 서울: 박문사, 2014.

김윤철, 「'96 하반기~97 상반기'의 한국 대표 희곡의 특징들」, 정진수 편, 『1997
　　　　한국대표희곡선』, 한국연극협회, 1997, 361~372쪽.

나병철, 『문학의 이해』, 서울: 문예출판사, 2000.

박은정, 『스토리텔링 인지과학 만나다』, 파주: 한국학술정보, 2010.

백현미, 「가부장제 신화 해체의 연극적 상상력-조광화의 〈가마〉와 〈남자충동〉
　　　　을 중심으로」, 『한국희곡의 지평』, 서울: 연극과인간, 2003.

서영채, 『인문학 개념정원』, 서울: 문학동네, 2013.

이영준, 「신화, 전설, 동화 속에 나타난 '낭만적 신화'와 '원형적 욕망'」, 『동화와
　　　　번역』 26호, 2013, 241~265쪽.

이인순, 「남자충동의 드라마투르기적 분석」, 『드라마연구』 49, 한국드라마학
　　　　회, 2016, 165~195쪽.

전동열, 「포스트모더니즘과 대중성의 문제-한국의 포스트모더니즘 수용 양상
　　　　에 대한 비판적 고찰」, 『독일언어문학』 제18집, 2002, 239~258쪽.

파비스, 빠트리스, 신현숙 · 윤학로 옮김, 『연극학 사전』, 서울: 현대미학사,
　　　　1999.

하경봉, 「일본 셰익스피어 공연사 연구」, 중앙대 석사학위논문, 2002.

Böhme, Gernot, "Für eine ökologische Naturästhetik. Ein Gespräch." In:
Florian Rötzer(Hrsg.) *Digitaler Schein. Aesthetik der elektronischen
Medien*, Frankfurt/ Main, 1991, 475～490.

Burkert, Walter, *Greek Religion*, translated by John Raffan, Cambridge:
Harvard Uni. Press 1985.

Lorenz, Otto, *Kleines Lexikon literarischer Grundbegriffe*, München 1992.

Pfister, Manfred, *Das Drama*, München: Fink, 9. Aufl. 1997.

리뷰

김윤철, 「성공적인 대중연극 〈남자충동〉을 보고…」, 『한국연극』 1997, 5월호,
한국연극협회, 54～56쪽.

박돈규, '남자충동', 비극으로 치닫는 남성의 폭력', 『조선일보』, 2004.4.6.
http://www.playdb.co.kr/magazine/magazine_temp_view.asp?kindno=3&
no=22

신아영, '연극의 새로운 세대, 30대 연극을 주목한다-극작가 조광화를 중심으로',
『공연과 리뷰』, 1997.11, 104～112쪽.

박근형의 〈너무 놀라지 마라〉

이은경

1. 작가와 작품

박근형(1963~)은 파격적인 상상력과 치열한 현실인식을 기반으로 자신만의 독특한 미학을 구축한 우리의 대표적인 극작가 겸 연출가이다. 이미 이름 자체가 브랜드가 된 그의 작품은 어렵지 않다. 관객을 가장 중요하게 고려하여 쉽게 풀어가는 방식을 지향하기 때문이다. 하지만 결코 가볍지 않다. 식상하지 않은 이야기 속에 비판적 사회인식과 삶에 대한 성찰을 담아내기 때문이다.

그는 고등학교를 졸업하고, 1983년 기국서 연출이 중심인 극단 76에 배우로 입단했지만 배우가 아무나 되는 것이 아니라는 것을 깨닫고 곧 스태프로 방향을 선회했다. 1989년 부조리극 〈습관의 힘〉(토마스 베른하르트 작)으로 연출활동을 시작했으며, 신인연출가에게 작품을 내놓는 작가 · 번역가를 만나기 힘들어 극작에도 관심을 갖기 시작했다.

〈춘향 1991〉(1991)부터 본격적으로 극작과 연출을 병행했는데, 이후 〈아스피린〉(1994), 〈만두〉(1998), 〈쥐〉(1999)를 거쳐 〈청춘예찬〉(1999)으로 평단과 관객 모두에게 주목받기 시작했다. 1999년 극단 골목길을 창단하고, 〈대대손손〉(2000), 〈집〉(2003), 〈삼총사〉(2003),

〈선착장에서〉(2005), 〈경숙이, 경숙아버지〉(2007), 〈돌아온 엄사장〉
(2008), 〈너무 놀라지 마라〉(2009), 〈만주전선〉(2014) 등 돋보이는
작품을 연이어 발표하며 자신만의 스타일을 확실하게 구축했다.

　박근형의 작품은 일상의 의미를 재발견하게 한다는 점에서 높게
평가되고 있다. 개인의 삶에 초점을 맞추고, 일상의 미시서사를 담아
내는 일상극의 열풍을 주도적으로 이끌었다. 해체적이며 수행성이
강조된 글쓰기를 통해 일상의 어두운 그늘, 가족신화 속의 허구를 세
밀하면서도 냉정하게 묘사해왔다. 극적 환상을 구현하기 위해 인위
적으로 논리성과 필연성을 부여하는 대신 모호한 인물, 우연한 사건
전개, 상황의 논리에 얽매이지 않는 대사, 에피소드식 장면구성 등을
통해 비정형화된 일상을 제시한다. 현실세계를 사실적으로 그리는
것처럼 보이지만 익숙한 일상을 낯설게 비틀어서 거리두기의 미학을
구현한다. 이를 통해 '우리의 일상생활이 자본주의적 착취와 억압, 소
외가 구체적이고도 전면적으로 드러나는 장소라는 것을 보여주는
것'¹이다. 현실의 은폐된 이면을 끄집어내어 관객에게 일상에 대한 비
판적 성찰과 자각을 유도한다.

　30년 넘게 연극활동을 하면서 변치 않고 견지하는 것은 사회의 부
조리에 대한 문제의식이다. 활동 초기에 발표한 〈춘향 1991〉은 수배
중인 운동권 학생 이야기이고, 〈아스피린〉은 진통을 참지 못해 아스
피린을 상습 복용하는 사람들 이야기로 우리 사회의 병리현상 자체
에 주목했다. 하지만 점차 가족모티브를 통해 '개별적 개인의 삶보다
는 가족 단위의 삶을 특별히 부각시키면서, 가족의 외부보다 가족 내
부의 문제에 집중하고 있다.'²

---

　1 앙리 르페브르, 박정자 역, 『현대세계의 일상성』, 기파랑 2006, 274쪽.
　2 김숙경, 「박근형 연극에 나타난 가족 이데올로기에 대한 비판적 인식」, 『한국연극
학』 제48호, 2012, 86쪽.

그의 작품 속 인물들은 이기적이고, 비도덕적이다. 자신들만의 포만감을 위해 모자의 인육을 먹는 가족은 화목한 분위기에서 미래를 꿈꾼다(〈쥐〉). 아들은 아버지에게 욕설과 함께 폭력을 행사하고, 아버지는 자신의 폭력 때문에 눈이 먼 전처에게 거짓말로 돈을 뜯어낸다(〈청춘예찬〉). 남편은 자신만의 삶을 찾아 유랑하고, 아내는 남편이 데리고 온 남자의 애를 출산한다(〈경숙이, 경숙아버지〉). 마을사람들은 정신지체 여자를 집단 성폭행하고, 여자의 가족은 오히려 딸을 부끄럽게 여긴다(〈선착장에서〉). 여자는 시동생의 애를 낳고, 남자는 아버지 장례비를 훔쳐간다(〈너무 놀라지 마라〉). 이러한 인물들이 가족이란 외피를 두르고 살아가는 모습은 끔찍하지만 그들을 전적으로 미워할 수 없다. 작품 속에 깔린 사회현실과 인간 본성에 대한 인식 때문이다. 자본논리에서 소외된 주변부 인생의 고단함과 절망을 통해 최소한의 인간적 예의조차 차릴 수 없는 현실의 리얼리티를 담아낸다.

박근형의 작품 속에는 일상적인 단문의 대사, 질박한 사투리와 거친 욕설, 그악하게 행동하는 인물들, 비극적 현실과 희극적 장면의 충돌, 과장과 희화화로 인한 그로테스크 기법이 어우러져 비루한 현실 속에 와해되는 가족의 모습을 생생하게 묘사한다. 더 나아가 일상적 삶의 표면 밑에 흐르고 있는 비일상적인 역사의 구조를 담아냄으로써 일상성의 비일상성을 그려내고 있다.[3]

〈너무 놀라지 마라〉는 가족신화의 이기적이고, 배타적인 속성을 날카롭게 폭로하는 작품이다. '가족은 사회적인 모든 분리를 조화시키는 유토피아 또는 위안의 장소이며, 무역사적이고 무시간적이며 따라서 영원하고, 본래적이고 자연적인 것'[4]이라는 관습적인 믿음을 전

---

3 김성희, 「한국 일상극의 글쓰기와 공연방식」, 『드라마연구』 제31호, 2009, 47쪽.

복시킨다. 가족이 사회를 구성하는 기본단위인데, 사회의 모든 부조리 속에 유토피아가 된다는 것은 논리의 모순이다. 사회가 변화하기 위해서는 가족 내부로부터의 변화가 필요하다. 그렇기에 박근형이 일관하는 가족모티프의 핵심은 비틀리고, 왜곡된 가족을 통해 가족신화의 허구성을 비판하는 것이다. 이를 위해 가부장제와 이의 기반이 되는 모성신화마저 무참하게 전복시켜 왜곡된 가족관계가 어디까지 추락할 수 있는지를 극단적으로 보여준다.

2. 희곡 읽기

2.1. 줄거리

오래 전 어머니가 도박 빚에 몰려 불륜을 저지르고, 집안의 푼돈까지 챙겨서 가출한 이후, 가족의 삶은 와해되었다. 아버지는 무기력하게 낚시터에서 소일하고, 둘째는 외출도 못하고 집안에서만 생활하고 있다. 경제력 없는 아버지와 영화에 미쳐서 가족을 외면한 형을 대신해 며느리는 노래방 도우미로 생계를 책임지고 있다. 친구의 장례식장에서 소복 입은 채 문상객을 맞는 어머니의 모습을 보고 충격 받은 아버지는 늦은 저녁 며느리의 술주정을 받아주다 화장실 천장에 목을 매고 자살한다.

남은 가족은 형이 귀가한 이후로 아버지의 장례식을 미룬 채 일상을 살아간다. 노래방으로 출근하는 며느리와 여전히 변비로 고통 받으며 밖으로 나가지 못하는 둘째의 삶은 죽음의 악취가 더해졌을 뿐

---

4 권명아, 『가족이야기는 어떻게 만들어지는가』, 책세상, 2000, 76쪽.

큰 변화가 없다. 며느리가 둘째를 외출하게 하려고 회유하지만 실패하고 출근한다. 둘째는 늘 그랬던 것처럼 혼자 집에 남는다. 아버지는 목이 아프다며 자신을 내려달라고 애원하지만 아무도 그의 말에 귀 기울이지 않는다.

영화감독인 형이 오랜 만에 아버지의 부음을 듣고 귀가한다. 둘째는 형이 집안의 모든 문제를 해결해 줄 것이라 믿으며 반가워하지만 형에게 가족은 이기적 욕망의 방해물에 불과하다. 자신이 찍고 있는 영화 〈제3의 방랑자〉에 대해 자랑하면서도 아버지나 둘째의 요구는 철저하게 외면한다. 영화가 성공하면 그 때 들어주겠다며 회유하지만 아무도 그 말을 믿지 않는다. 결국 자신을 인정하지 않는 둘째에게 분노를 퍼부은 형은 다시 집을 나간다.

며느리가 집으로 노래방 손님을 데리고 와서 〈전설의 고향〉을 상상하며 육체관계를 맺고, 이를 지켜보는 둘째는 질투한다. 아내를 만나야 한다는 핑계로 다시 귀가한 형과 며느리는 오랜 만에 만난 부부임에도 격식을 갖춘 채 인사를 나눈다. 노래방 주인의 권유로 집을 나가 독립하겠다는 며느리의 제안을 형이 흔쾌하게 받아들인다.

그리고 새롭게 등장한 손님의 존재로 인해 부부관계의 균열이 구체적으로 드러난다. 형은 노래를 좋아한다는 핑계로 며느리를 노래방에 소개시켰고, 매춘에 나선 며느리의 입장을 두둔한다. 손님에게도 예의바른 태도를 취한다. 그 과정에 근친상간의 과거까지 드러난다. 둘째가 형이 부재하는 동안 며느리의 잠자리로 기어들었고, 딸을 출산하자 외국으로 입양 보냈다. 둘째는 화장실의 환풍기를 고쳐주겠다는 손님의 제안에 급격하게 호감을 갖고, 집 열쇠까지 내어준다.

손님이 나간 후, 며느리는 형에게 자신의 진심을 이야기한다. 환상에 머물지 말고 삶의 리얼리티가 살아있는 영화를 찍으라고 하지만 형은 며느리의 절규를 외면하고 집을 나가려 한다. 그러자 며느리는 진짜 영화를 보여주겠다고 울면서 노래 부르며 가위로 자신의 배를 찌른다. 피를 흘리며 쓰러지는 며느리를 보고도 형은 아버지가 장례식비로 남겨놓은 돈을 훔쳐서 집을 떠난다.

텅 빈 집에서 둘째는 변비 때문에 화장실에 앉아 과거 어머니와 함께 갔던 동물원 소풍을 추억한다. 아버지는 여전히 화장실 천장에 목이 매달린 채 내려달라고 애원한다.

2.2. 희곡의 특징

2.2.1. 악취의 공간

이 작품에서 중요한 극적 공간은 '악취 나는 집'이다. '캄캄하고 드러워 죽겠는 집구석'에서 생활하는 인물들은 정신적으로 황폐하고, 비윤리적이다. 안식처가 될 수 없는 집에서 벗어나고 싶어 하지만 죽음으로도 벗어나지 못한다. 탈출구 없는 삶에 지친 인물들의 절망과 무력감이 작품 전체에 드리워 있다.

희곡에서의 공간은 자세한 설명 없이 '거실'이라고 설정되어 있지만 공연에서는 남루해 보이는 집의 거실을 극사실적으로 재현한다. '남루한 것은 무대에 올려서는 안 된다는 연극인들의 자기검열을 깬[5] 박근형다운 공간이다. 왼쪽에 안방으로 들어가는 문이 있고, 정 중앙에는 화장실이 위치한다. 오른쪽에는 작은 싱크대와 찬장이 놓여있고, 그 옆으로 외부로 나가는 문이 있다. 수건이 걸려 있는 옷걸이, 실제로 물이 나오는 수도꼭지, 신발장, 의자 등이 배치되어 사실성을 강조한다. 하지만 자세히 들여다보면 원본 없는 복제인 시뮬라르크[6]

---

5 『조선일보』, 2008.12.27.
6 시뮬라르크에 대한 자세한 설명은 김성희 논문 「박근형의 연극미학과 연출기법」(『드라마연구』 제36호, 2012), 76쪽 참조.

에 불과하다. 일반적으로 화장실이 집안 중앙에 위치하고, 바로 옆에 부엌이 있으며, 씽크대에서 세수하고, 찬장을 술병으로 채워놓고, 노래방 탬버린을 벽장식으로 걸어놓는 집은 없다. 결국 〈너무 놀라지 마라〉의 무대는 실재처럼 재현되어 있지만 실제로는 얼마나 실재와 다른가를 환기시킨다. 이와 같은 실재와 가상, 희극과 비극, 사실과 부조리, 일상과 그로테스크가 혼재하여 현실과 비현실의 경계를 흐리는 박근형의 전략은 '재현(再現)'에서 그 '재'를 제거하고 현실 혹은 삶을 스스로 상상하게 만들기[7] 위한 것이다. 관객은 거리두기를 통해 왜곡된 현실을 스스로 성찰하여 '참여자로서의 관찰자'가 된다.

무대전환 없이 모든 사건이 집 안에서 전개된다. 〈제3의 방랑자〉 〈전설의 고향〉 같은 초현실적 장면은 조명의 변화와 찬장·신발장을 통해 인물이 등장하는 것으로 처리된다. 환풍기가 고장 나고, 누구도 환기의 노력을 기울이지 않아서 악취가 쌓이는 설정은 순환(소통)이 되지 못하는 가족의 현실을 상징하는 장치다.

무릎이 나오고, 헤진 내복을 입은 채 다리를 절면서 변비의 고통에서 벗어나기 위해 화장실에서 낑낑거리며 많은 시간을 보내는 둘째로 인해 악취의 감각은 더욱 강조된다. "악취 나는 공기를 공감각적으로 유지하기 위해서, 공기가 바뀌는 기능을 하는 무대전환이 이 극에서 거의 이루어지지 않는다."[8] "공감각이란 시각이나 청각 등 감각체계에서만 연유하는 것이 아니라, 그것을 넘어서 현존하는 몸의 접촉상태도 함의한다. 이것은 감각적, 감정적 접촉, 즉 정서를 생성시키는 기능을 한다."[9] 그렇기에 '화장실 냄새, 송장 냄새, 몸 썩는 냄새'처럼 악취에

7 레지스 드브레, 정진국 역, 『이미지의 삶과 죽음』, 시각과 언어, 1994, 79쪽.
8 김정숙, 「박근형의 연극의 몸성, 공간성 그리고 주체」, 『한국연극학』 제43호, 2011, 70쪽.
9 뵈메, 김정숙의 앞의 논문 70쪽에서 재인용.

대한 공감각적 표현들이 반복되면서 '화장실과 냄새에 대한 집착이 얼마나 집요한 지 공연 도중에 악취가 느껴질 정도'[10]가 된다.

2.2.2. 겹치는 인물

박근형은 의도적으로 역할이나 이미지가 겹치는 인물들을 배치한다. 외부인인 남자를 제외하고, 아버지·형·며느리·둘째 외에 설명으로만 존재하는 어머니와 간난아이가 한 가족이다. 개별적인 존재로 등장하지만 어머니와 며느리, 아버지와 형, 그리고 입양된 아이와 둘째는 같은 인물이라고 해도 과언이 아니다.

이 작품의 남성들은 부성을 상실한 인물들이다. 노래방 도우미로 활동하는 며느리에게 집안경제를 맡겨버리고 무기력하게 낚시로 소일하는 아버지, 영화를 핑계로 집에 들어오지 않는 형, 밖으로 외출조차 못하는 둘째 모두 가장의 의무로부터 도피해 가장으로 존재하지 못하는 인물들이다.

화장실 천장에 목을 매단 아버지는 위치상으로는 가장 높은 곳에 있지만 실제적으로는 죽은 인물이다. 화장실에 매달려 끊임없이 자식들에게 내려달라고 요구한다. 하지만 어느 누구도 그의 말을 귀담아 듣지 않고, 심지어 그 소리가 듣기 싫다며 테이프로 눈을 막아버린다. 극 초반에 자살한 아버지는 자식의 삶에 전혀 영향을 미치지 못할 뿐만 아니라 그의 절박한 애원조차 무시당한다. 형은 비윤리적이며, 이기적인 인물이다. 영화판에 남아있기 위해 가장의 책무를 방기하고, 매춘하는 아내를 묵인하며, 심지어 아버지와 아내의 죽음조차 외면한다.

아버지는 천부의 것이 아니라 선택하고 승인함으로써 만들어지는

---

10 김명화, 『한겨레신문』, 2009.1.20.

것이다.[11] 모성처럼 자식의 출생과 함께 자연스럽게 발현되는 것이 아니라 부성은 인간의 문명화 과정에서 학습되어진다. 아버지는 자식들의 사회화를 담당하는 정신적 지주로서 존재해왔다. 하지만 현대에서 아버지는 물질적 존재로 전락했다. 교육의 주체가 아니라 생활의 주체로 변화하면서 물질만능에 의한 '동물적 삶'[12]으로 퇴행했기 때문이다. 박근형은 부성의 상실로 인한 퇴행적 삶을 비판하며 관객의 거리두기를 위해 엽기적이고, 비상식적인 가족의 모습으로 충격을 준다.

가부장사회의 강력한 존재기반은 모성이데올로기이다. 아이의 출산과 양육의 중요성을 강조하고, 여성이 해야 할 일과 하지 말아야 할 일에 대한 규정은 사회를 지탱하는 중심 이데올로기가 되었다. 여성은 가족이란 영역에서만 의미를 갖는다. 하지만 〈너무 놀라지 마라〉 속 여성에게는 모성이 부재하다. 어머니와 며느리는 무기력하고 이기적인 남편을 대신해 가장 역할을 수행한다. 도덕이나 윤리에서 벗어나 성(性)을 재화와 환치하고, 자식의 양육보다 자신의 욕망이 앞선다. 현실을 감당할 수 없으면 가출·자살이라는 파괴적인 선택을 한다. 이들에게 자식은 감당할 수 없는 존재이며, 무능력한 남편은 부재하는 것과 마찬가지다. 이 작품에서 관습적인 어머니는 더 이상 존재하지 않는다.

또한 입양된 딸과 은둔형 외톨이 둘째는 부녀관계이지만 자신의 정체성조차 잃어버렸다는 점에서 데칼코마니 같은 존재이다. 태어나자마자 이탈리아로 입양되어 가족에게 잊혀지고, 언어조차 잃어버렸을 딸은 어디에도 속하지 못하는 경계인으로 존재할 수밖에 없다. 둘

---

11 전성희, 「박근형 희곡의 아버지 혹은 부성의 부재와 상실의 의미」, 『드라마연구』 제33호, 2010, 292쪽.
12 전성희, 위의 논문, 298쪽.

째 역시 어머니의 가출 이후 삶의 주체성을 잃어버려 외출마저 불가
능해 모든 것을 의존하는 유아적 삶을 살고 있다.

2.2.3. 아이러니에 의한 그로테스크

이 작품을 관통하는 극적 원리는 극단적 아이러니에 의한 그로테
스크이다. 그로테스크는 관습적인 미학과 도덕을 전복하고 새로운
인간주체의 회복을 의도하는데, 상식적인 상태를 벗어난 극단의 과장
은 전형적인 특징이다. 화장실에 매달린 아버지 시체, 절름거리는 둘
째의 몸 등 불구의 몸을 전시하여 '육체의 하부'[13]를 부각한다. 죽음과
불구의 이미지는 생명력과 생식력이 넘치는 신체와의 선명한 대비를
이룬다.

모성의 부재, 부성의 상실로 뿌리부터 와해된 가족은 허울뿐인 관
계 속에 모래알처럼 존재한다. 불륜이나 매춘 같은 비윤리적 행위도
거침없이 행하고, 자기합리화를 통해 스스로의 무책임을 가리려고 하
며, 상황이 여의치 않으면 자살처럼 극단적인 선택도 불사한다. 이들
에게는 죽음조차 무감각하다. 광고지 전단 뒤에 싸인펜으로 유서를
쓰고, 상조업체에서 다 해주는 장례식에는 친구들 하나 없으며, 벽제
에서 화장하면 모든 게 끝난다. 심지어 장례식을 감당하기 어려우니
아버지에게 '형 들어온 다음에' 죽으라고 요구한다. 자살한 아버지의
얼굴을 보고는 평화롭다거나, 얼굴색이 좋아졌다며 자의적으로 해석
한다. 이와 같은 비상식이고, 과장된 설정을 통해 일상에서 간과했던
일상의 이면에 관심을 갖도록 한다. 왜곡과 전도를 오히려 정상처럼
느껴지도록 묘사하여 부조리한 삶의 리얼리티가 강조된다.

---

13 김홍희, 「미국 페미니즘 비디오 미술연구: 나르시즘과 그로테스크를 중심으로」,
홍익대 박사학위논문, 1997, 284쪽 참조.

2.3. 장면 구성

이 작품은 희곡뿐만 아니라 실제 공연에서도 정확한 장면 구분이 이루어지지 않는다. 사건이 인과관계에 의해서 필연적으로 구축된 것이 아니라 시간 순서에 따라 느슨하게 연결된 에피소드 구성을 취한다. 인물의 등퇴장을 중심으로 암전과 사건의 전환이 이루어진다.

아리스토텔레스가 플롯을 '비극의 생명과 영혼'이라고 평가했듯이, 주제를 위해 어떤 사건들을 어떻게 배열할 것인가와 관련된 구성방법이 바로 플롯이다. 이 작품의 플롯은 발단→ 전개→ 절정→ 결말에 이르는 4단 구성으로 이루어졌다. 사건의 전환을 추동하여 진행시키는 중심 전환점이 3개 존재하는데, 아버지의 자살, 형의 귀가, 며느리의 자살이 그것이다. 그리고 사건이 전개되기 위해서는 인물들의 극행동이 필요한데, 단순하게는 인물의 등퇴장에서부터 크게는 작품 전체를 관통하는 극행동까지 다양하다.

1막(발단)
1장)

- 중심사건 : 환풍기가 고장 나 똥냄새 가득한 거실에서 사건이 진행된다. 아버지는 손톱 깎고 면도를 하며 죽음을 준비한다. 도박 빚을 몸으로 갚다 가출한 아내를 그리워하며, 낚시로 소일하던 그는 광고지 전단 뒤에 싸인펜으로 '너무 놀라지 마라'는 짧은 유서를 남기고 자살한 당구장 친구의 죽음에 대해 언급한다. 밥 안 먹고 맛살만 먹어 만성변비에 시달리는 둘째는 몇 년 동안 집 밖에 나가지도 못한 채 많은 시간을 화장실에 앉아서 배변을 위해 고군분투한다.

- 인물의 극행동 : 아버지는 자살을 준비한다. / 둘째는 심한 변비에서 벗어나려고 화장실에서 애쓰고 있다.

2장)

- 중심사건 : 만취해서 귀가한 며느리는 영화감독 남편 대신 가장 역할을 하기 위해 노래방 도우미로 나가서 겪는 애환을 풀어놓으며 주정한다. 이러한 며느리를 지켜보다 아버지는 화장실로 들어가 목매 자살하고, 둘째가 이를 목격한다.

- 인물의 극행동 : 며느리는 노래방 도우미로 가족의 생계를 책임지고 있는 자신이 얼마나 힘든지 가족이 알아주기를 바라며 주정한다. / 아버지는 자살한다. / 둘째는 아버지의 자살에 충격 받는다.

2막(전개)

1장)

- 중심사건 : 아버지의 장례식을 형이 돌아온 후로 미루고, 가족은 일상을 살아간다. 화장실에 매달린 아버지 시체는 내려달라 조르고, 남은 가족은 이를 외면한다. 며느리는 출근 준비하느라 분주한데, 집에 혼자 있기 싫은 둘째는 자꾸만 칭얼댄다. 며느리는 카운슬러가 되어 밖에 외출하라고 둘째를 설득하지만 결국 실패한다. 화가 난 며느리가 출근한다.

- 인물의 극행동 : 아버지는 자식들이 장례 치르기를 원한다. / 며느리는 둘째가 밖으로 나가 일상적인 세상을 경험하기 원한다. / 둘째는 형수가 출근하는 대신 자신과 함께 있어주기를 원한다.

2장)

- 중심사건 : 변비 때문에 고통스러운 둘째와 내려달라고 보채는 아버지가 함께 화장실에 있다. 둘째는 목 아파 죽겠다는 아버지 시체 눈에 테이프를 붙여 버린다. 아버지는 자신이 자살한 이유를 밝힌다. 당구장 친구 장례식장에서 집 나간 아내를 만났는데, 흰 소복을 입은 그녀가 눈물 흘리며, 자신과 맞절을 올리는 모습에 충격을 받았기 때

문이다.

- 인물들의 극행동 : 아버지는 화장실에 매달린 자신을 내려달라고 요구하며 자살 이유를 밝힌다. / 둘째는 아버지의 요구를 회피하기 위해 아버지 시체 눈에 테이프를 붙인다.

3막(절정)

1장)

- 중심사건 : 귀가한 형이 자신의 SF영화 〈제3의 방랑자〉에 대해 둘째에게 설명하면서 영화감독으로서의 자긍심을 드러낸다. 악의 제국이 세상을 지배하는 미래에 지하세계를 떠돌던 방랑자가 계시를 받고 구원자의 역할을 수행한다. 하지만 배신의 음모 속에 방랑자가 죽음의 위기에 처한 순간 하늘이 열리고 검은 제국에 의해 쫓겨난 하류족의 후예들이 반격을 시작한다는 내용의 영화다. 황당하고 진부한 내용에 맥락도 맞지 않은 영화지만 형은 강한 자신감을 드러낸다.

- 인물의 극행동 : 귀가한 형이 영화감독으로서의 자신감을 드러낸다. / 둘째는 형의 기분에 맞추며 화장실 환풍기를 고쳐달라고 부탁한다.

2장)

- 중심사건 : 아버지의 죽음을 애도하던 형제는 아버지의 죽음에 대해 각자의 이유를 찾으려 한다. 둘째는 형에게 환풍기 고쳐주고, 장례식 치러주길 기대하지만 형은 영화 촬영으로 바쁘다는 이유를 내세우며 책임을 회피한다. 그러자 형제의 묵은 갈등이 폭발한다. 둘째는 형의 무능력과 뻔뻔함에 대해 비난하고, 형은 둘째가 며느리에 대해 갖는 비틀린 애정을 폭로한다.

- 인물의 극행동 : 둘째는 형의 무책임함을 비난한다. / 형은 형수를 향한 둘째의 욕망을 비난한다.

3장)

- 중심사건 : 며느리와 노래방 손님인 남자가 함께 집에 들어온다. 두 남녀는 욕정을 드러내며 서로를 원한다. 며느리는 가상의 이야기인 〈전설의 고향〉을 통해 자신의 욕망을 토로한다. 이때 둘째가 등장하여 이들의 분위기를 깬다. 화가 난 며느리는 백화점 카드 한 장 없이 버스카드로만 버티는 어려운 현실을 토로하며 눈치 없이 끼어든 둘째를 나무란다.

인물의 극행동 : 며느리는 육체적 욕망을 드러내고, 현실적인 어려움을 토로한다. / 둘째는 형수와 남자의 관계에 질투를 느낀다. / 남자는 며느리에게 욕정을 느낀다.

4장)

- 중심사건 : 며느리와 형이 오랜 만에 만난다. 철저하게 예의를 갖춘 가식적인 대화 속에 아내의 외도마저 회피하는 형의 파렴치함이 드러난다. 남자와 며느리의 외도가 명확하게 드러나도 형이 의도적으로 외면하자 둘째가 비겁하다고 비난한다. 이 과정에 며느리와 둘째가 근친상간으로 아이를 낳아 이탈리아로 입양했다는 사실도 밝혀진다. 남자는 기괴한 가족의 모습을 보고도 '우리랑 같애 내집 같애'라고 당연시하고, 환풍기를 고쳐주겠다는 제안으로 둘째의 호감을 얻는다.

- 인물의 극행동 : 며느리와 형은 상대방에게 비상식적일만큼 예를 갖추며 본심을 감춘다. / 둘째는 이들의 가식적인 태도를 비난한다. / 남자는 엽기적인 가족의 모습을 당연하게 받아들이며 환풍기를 고쳐주겠다고 약속한다.

5장)

중심사건 : 며느리가 모처럼의 술자리를 제안하여 온 가족이 함께 한다. 술을 나눠 마시며 며느리는 외로움을 토로하지만 형은 외면하

고 나가려 한다. 그러자 참고 있던 며느리의 진심이 분출한다. 현실이 아닌 환상만을 좇는 형에게 썩은 냄새가 진동하는 현실을 직시하라고 요구한다. 이를 형이 거부하자 아내는 절망을 느끼고 노래를 부르며 가위로 자신의 배를 찔러 자살한다. 이 모습을 보고도 형은 외면하고, 아버지의 장례비만을 챙겨 집을 나간다.

- 인물의 극행동 : 며느리는 남편에게 외로움을 토로하고, 현실을 직시하라며 자살한다. / 형은 아내의 죽음에도 장례비를 훔쳐서 집을 나간다.

4막(결말)

- 중심사건 : 한 달 동안 화장실에 매달려 있는 아버지는 고통을 호소하며 내려달라고 요청한다. 화장실에서 배변을 위해 애쓰는 둘째는 과거 가족소풍 갔을 때의 어머니를 추억하며 그리움을 토로한다. 소풍에서 게맛살을 처음 만났다는 사실이 밝혀지면서 둘째가 게맛살에 집착하는 이유가 모성부재 때문임이 드러난다.

- 인물의 극행동 : 목 매달린 아버지는 여전히 내려달라며 고통을 호소한다. / 둘째는 여전히 배변을 위해 화장실에서 애쓰고 있다.

2.4. 인물 분석

등장인물의 일관된 공통점은 비도덕적이며, 병적인 정신상태에 놓여있다는 것이다. 정신적·육체적으로 불구가 된 것은 가족관계의 기본 전제인 모성이 부재하고, 부성을 상실했기 때문이다. 이로 인해 등장인물 모두 개인적 트라우마가 존재하여 상식적이며 정상적인 삶이 불가능하다.

어머니 : 모성부재로 인한 도박·불륜·가출

극에는 등장하지 않고, 인물들의 설명으로만 존재하는 어머니는 이 가족이 해체되는 결정적인 계기를 제공한다. 어머니는 도박 빚을 빌린 당구장 주인과 캬바레 다니고, 벚꽃놀이 다니다 바람나서 가출한 인물이다. 어머니의 가출로 등장인물 모두는 현실에 뿌리내리지 못하고, 고통스런 삶을 살아간다. 결국 어머니는 모성신화에서 강조하는 희생과 헌신 대신 도박·성욕 같은 개인적 욕망이 앞선 인물로 묘사된다.

그녀가 도박에 빠진 이유는 명확하게 설명되지 않는다. 아버지는 아내에 대한 원망이 있을 법 한데도 자신의 장례식에 혹여 오지 않을까 기대할 만큼 미련을 갖고 있다. 이런 점에서 아버지를 '미운 사람'으로 생각하는 어머니의 도박·불륜·가출로 이어지는 선택이 아버지의 문제로 인한 것이 아닌지 추측하게 된다.

어머니는 가족 모두에게 트라우마를 남겼다. 아버지가 자살한 원인이고, 둘째가 외출 못하게 된 이유이며, 형에게는 저주의 대상이다. 특히 둘째에게 부재한 어머니를 대체하는 존재가 형수이다. 가출할 때도 가족에 대한 최소한의 연민조차 보이지 않는다. "새벽에 우리 다 잘 때 내 결혼자금이랑 아버지 통장하고 니 돼지 저금통도 가져가셨잖아"(47)[14]라는 형의 대사처럼 자신만 생각하는 이기적인 인물이다.

가족 간 어머니에 대한 기억은 다양하다. 아버지에게는 연민의 대상이다. "나중에 네 엄마가 고생 많았지. / 돈 대신 몸으로 빚 때웠나 보더라"(8) 기억하고, "혹시라도 소식 듣고 네 엄마 나타나면 너무 다그치지 말라"(10)고 당부한다. 둘째에게는 그리움의 대상이다. "왜 화장

---

14 박근형의 희곡집 『너무 놀라지 마라』(지식을만드는지식, 2014)에서 인용. 이후 희곡 인용은 해당 페이지만 표기함.

실만 가면 엄마 생각이 나죠?"(98) "그때 엄마 참 예뻤는데 / 햇살 아래 양산 들고 저쪽에서 터벅터벅"(98)하던 어머니를 추억하지만 "설마 엄마가 오겠어, 미운 사람 죽었는데"(10)라며 어머니의 부재에 대해 아버지를 탓한다. 형에게는 저주의 대상이다. 동생 부양의 책임을 자신에게 떠넘기고 가출한 존재이기에 최소한의 애정도 드러내지 않는다.

아버지 : 우울증과 무기력증

아버지는 우울증으로 인한 무기력증을 앓고 있다. 우울증은 생화학적 요인이나 유전적 요인도 있겠지만 사랑하는 사람과의 이별, 경제적 문제, 강한 스트레스 등의 환경적 요인에 의해 많이 발병한다. 핵심 증상은 우울감과 삶에 대한 흥미 및 관심 상실이며, 자살이 가장 심각한 증상이다.

아버지는 "죽기보다 가기 싫은 곳도 없는 돈에 택시 타고"(34) 갈 만큼 손해 보는 삶을 살아온 인물이다. 도박 빚에 내몰린 어머니 때문에 운영하던 기원이 날아가면서 백수가 된다. 하루하루를 낚시터에서 소일하는 아버지는 가장으로서의 권위를 상실한 지 오래다. 불륜을 저지르고 가출한 아내를 다그치지도, 가장의 책임감도 보여주지 못한다. 며느리는 그 앞에서 주정하고, 매춘한다는 사실을 감추지 않는다. 함께 사는 가족과의 일상적인 대화조차 제대로 나누지 못한다.

무기력한 아버지는 가족에게 부정적인 존재이다. 어머니는 '미운 사람'으로 생각하고, 둘째는 아버지를 "지독히 싫은 아버지 송장 냄새, 같이 있기도 쳐다보기도 싫고 얘기하는 것도 지긋지긋(11)"해 한다. 며느리는 '밥 차려주는 사람' 정도로 인식하고, 형에게는 죽음에 의해서만 환기될 정도로 거의 존재감이 없다.

부성을 상실한 아버지는 결국 자살한다. 하지만 자살한 이유에 대해 제대로 이해하는 가족은 없다. 며느리는 "내가 아버님 차려 준 밥

안 먹어서 그랬다"(22)고 생각하고, 둘째는 "며느리의 알콜중독된 모습 더 이상 못 보겠다"(50)고 자살한 것으로 믿는다. 진실은 아버지의 육성을 통해 드러난다. 집나간 마누라를 당구장 친구 장례식 장에서 만난 충격 때문에 자살한 것이다. 아내에 대한 미련이 있던 아버지가 아내의 부재를 인정할 수밖에 없는 상황이 되자 삶을 포기한 것이다.

그는 몸을 단정히 하고, 장례비용을 미리 마련하는 등 죽음을 준비한다. 너무 길게 살았다며 '이쯤에서 인생 잘라 내고 싶었'(11)던 아버지는 자식들에게 상조업체에 전화하고, 벽제에 가서 화장하는 정도의 수고를 기대한다. 하지만 가족 모두 아버지의 소박한 바람을 외면한다. 화장실에 매달린 채 자신의 죽음을 계속 환기시키지만 어느 누구도 귀 기울이지 않는다. 형이 오면, 영화 제작이 끝나면 등 덧붙여지는 지체의 이유 속에 그의 몸은 점차 훼손된다.

'힘들어 죽겠다(21) → 목 아파 죽겠다 / 목 부러지겠다(32) → 목 빠지겠다 / 허리 부러지겠어(73) → 목 아파 죽겠다(한달 뒤)'로 그의 고통은 증가하고, 눈과 코에서 진물이 흐른다. 죽음의 존엄성을 훼손당하고, 썩어가는 냄새로만 환기되는 그의 모습은 부성을 상실한 아버지의 비극적 초상이다.

둘째 : 거식증, 공황장애, 그리고 만성변비

거의 전 장면에 등장하는 둘째는 항상 화장실, 환풍기, 게맛살에 집착한다. 밥은 안 먹고 최소한의 게맛살만 아껴 먹어 심각한 만성변비에 시달린다. 이러한 거식증(신경성 식욕부진)의 원인은 다양하지만 어머니로부터의 심리적 독립이 중요 원인이다.

그의 중심 행위는 화장실에서 배변하기 위해 노력하는 것이며, 화장실과 게맛살은 어머니와의 추억을 떠올리게 하는 대상이다. 화장실은 어머니와 교회 다니고, 소풍 갔던 추억을 환기시키는 공간이고,

김밥에 들어간 게맛살은 햇살 아래 양산 들고 걷던 예쁜 어머니의 모습을 연상케 하는 대상이다. 그렇기에 화장실과 게맛살에 집착하는 것은 모성부재로 인한 트라우마 때문이다.

깊은 바다 속에 군림하는 문어에 대한 환상을 가지고 있지만 실제로는 의식주 모두를 형수에게 의존하는, 유아기 상태에서 한 걸음도 나아가지 못했다. 오이디푸스 콤플렉스에 벗어나지 못한 무기력한 존재로 화장실에 매달린 아버지가 내려달라고 요청하자 입 대신 그의 눈을 테이프로 가려버린 것은 무의식의 반영이다. 모성에 대한 욕망은 형수한테 투사되어 독수공방에 외로워하는 형수의 잠자리에 파고든다. 형수의 머리카락을 모으고, 형보다 '남자'의 존재에 예민하게 반응하며 질투심을 드러낸다.

어머니가 가출하고 형수가 집에 들어온 이후, 오랜 동안 외출 못하는 공황장애를 앓고 있다. 공황장애는 예상치 못하게 발현하는 극단적인 불안 증상이 특징이다. 밖에 나가려고만 해도 어지럽고, 토할 것 같아서 둘째는 아예 외출할 엄두를 내지 못한다. 공황장애 환자의 경우 대부분 증상 발생 전 강한 스트레스 상황을 경험하는 것으로 알려져 있는데, 둘째는 어머니의 가출로 인한 충격이 원인이다. 배설과 환기가 안 되는 집에서 벗어나지 못하고 만성변비에 시달린다는 것은 소통단절의 가족관계를 상징적으로 보여준다.

그가 유일하게 자부심을 드러내는 것은 일기장이다. 일기장에는 하루하루의 기록뿐만 아니라 상상의 결과물, 창조적 영감이 담긴 작품들로 가득하다고 믿는다. 가족 누구에게도 독립된 인격체로 인정받지 못하고, 행동력이 결여되어 있어 스스로를 "밖에도 못나가는 병신"(56)이라고 자조하지만 그 누구보다 현실인식은 구체적이다.

"내 일긴 단순한 하루하루의 기록이 아니야 / 거기엔 내가 살아온 이야기만 있는 게 아니라 / 도박 빚에 쫓겨 다니는 어머니의 구질구질한 인생과 / 어떤 실없는 인간이 영화 한답시고 엄마의 애인들에게 / 구걸하며 돈 빌러 다니는 얘기가 사방에 쓰여 있어 / 또 그 실없는 인간의 부인이 밤마다 독수공방 / 자기 방 벽지를 긁어 대며 내는 신음 소리도 다 적어봤다니까"(36~37)

둘째가 무엇인가 해결하려고 행동하면 상황은 더 악화된다. 아버지의 고통을 회피하려고 아버지의 눈에 테이프를 붙인다. 앞을 못 보는 것은 아버지의 고통에 전혀 도움이 안 된다. 악취를 없앴다고 집 안에 에프킬라를 뿌린다. 환기도 안 되는 공간에 에프킬라를 뿌리는 것은 죽음을 자초하는 우둔한 행동이다. 문제해결을 가족에게 요청하지만 이마저도 실패한다. 배변도 못하고, 고장 난 환풍기도 고쳐지지 않는다. 그렇기에 형도, 형수도 없는 집에서 죽은 아버지의 시체와 함께 살아가야 하는 절망적 결말을 맞는다.

며느리 : 애정결핍과 조울증
며느리는 영화에 미친 남편, 무능력한 시아버지, 외출도 못하는 시동생을 부양하기 위해 노래방 도우미로 일한다. 실제로는 매춘까지 하고 있다. 만취한 그녀는 가방에 노래방책과 마이크를 넣어 귀가하고, 집에는 다양한 탬버린을 비치하고 있다. 그녀에게 집이란 안정과 휴식의 공간이 아니라 여전한 노동의 공간이다. 그렇기에 손님을 집에서도 받는다.

남편의 부재가 그녀의 삶을 잠식하고 있다. 백화점 카드 하나 없이 버스카드만 있고, 차비가 아까워 무서운데도 첫차로 귀가할 수밖에 없는 경제적 어려움은 그녀를 지치게 한다. 빈방에 들어가며 '여보 나 왔어 여보!'라고 인사할 만큼 외로움도 극심하다. 〈전설의 고향〉

장면에서 정욕 때문에 남성을 유혹하는 장씨 부인은 그녀의 욕망이 투사된 인물이다. 그런데 장씨 부인과 사랑을 나눈 선비가 처참한 시신으로 발견되는 결말로 미루어 욕정을 좇는 것에 대한 자책감과 자신을 이렇게 만든 남편에 대한 분노가 공존하고 있다.

그녀의 도덕적 가치관은 왜곡되어 있다. 남편의 부재 속에 '페르시아 고양이 수놈'처럼 자신의 가슴으로 파고드는 둘째와의 근친상간으로 여자아이를 출산하여 외국으로 입양 보냈다. "젊은 게 노래방 혼자 와서 아줌마 둘씩 불러다 놓고 노는"(69) 남자는 싸가지가 있는 것이고, "내 손님 왔으면 눈치껏 내 방 빼 줘야 되는 거"(71)가 사람 사는 예의라고 생각한다.

가족의 생계를 책임지고 있지만 가족 구성원으로 온전하게 받아들여지지는 못한다. 시아버지는 며느리를 '남'이라고 생각할 정도로 거리감을 두고, 남편은 '삶이 다 거짓말'인 존재로 인식하며, 시동생은 술독에 빠진 알콜중독자로 평가한다. 가족에게 며느리의 존재의미는 분명하다. 남편 대신 가장의 역할을 수행하고, 시동생에게 생필품인 관장약과 게맛살을 사다주며, 아버지의 장례식을 마무리하는 등 현실적 필요에 의해 존재한다. 그렇기에 며느리가 자신의 목소리를 내면 더 이상의 효용성이 없다.

그녀가 진실로 원하는 것은 남편과 함께 "우리 앞날과 우리들의 아이, 그리고 소망에 대해 얘기 하는 것"(93)이다. 하지만 소박한 소망도 불가능하다. 이들에게 '우리'는 없고, 개인만 있기 때문이다. 현실에 대한 불만으로 조증과 울증을 오가는 그녀의 심리상태는 매우 불안하다. 대체로 기분이 고양되어 있으나 사소한 일에 분노를 표출하고, 과격한 행동을 서슴지 않는다. 〈전설의 고향〉을 상상하며 욕정을 표현하던 모습과 울면서 형 앞에서 자해하는 모습은 삶과 죽음만큼이나 극단적으로 대비된다. 둘째를 외출시키려고 카운슬러를 자처하

며 회유하다 실패하자 욕설을 퍼부으며 분노하는 모습 역시 대조적
이다.

그녀가 조울증에 걸린 결정적인 이유는 자신에게 희생만을 요구하
는 현실에서 벗어날 희망이 없기 때문이다. 현실을 마주하지 않고 영
화 속으로 도피하는 남편에게 낭만적 희망으로 채워진 가짜 영화가
아니라 현실을 직시한 진짜 영화를 만들라고 요구한다.

 "나도 모르지 하지만 확실한 건 / 그건 당신 아버지 눈에서 흘러내리
 는 고름 같은 / 그리고 어디선가 헤매고 있을 어머니의 맨발 같은 그런
 걸 거야 / 희망이나 꿈은 아닐 거야"

그리고 진짜 영화를 보여주겠다면서 가위로 배를 찔러 자해한다.
하지만 절망으로 무너지는 그녀의 모습을 보고도 남편은 외면하고,
집을 떠난다. 결국 그녀의 죽음마저도 헛된 희생으로 남는다.

형 : 현실회피와 허언증

형은 이 작품에서 가장 문제적 인물이다. 최소한의 윤리의식도 없
고, 과장과 거짓으로 상대방을 설득하려는 허언증이 있다. 타인의 사
랑과 관심, 동정심을 유발하기 위해 자신의 상황을 과장하고 부풀려
서 얘기하는 행동인 허언증은 주로 어린 시절 부모에게 사랑을 못
받았거나, 심한 박탈감을 경험한 경우에 발병한다. 자신의 결혼자금
을 훔쳐서 가출한 어머니와 가족의 보호막이 되어주지 못한 무기력
한 아버지로 인해 상처받은 그는 불구의 동생까지 책임지게 된 현실
을 받아들이지 못하고 회피하기 위해 영화판으로 도망쳤다.

오랜 만에 아버지의 장례식을 치르기 위해 귀가하지만 영화 제작
이 바쁘다는 핑계로 장례를 미룬다. 집 사주겠다는 허풍으로 환풍기

를 고쳐달라는 동생의 부탁을 모면하려 한다. 아내의 외삼촌이 영화 관련 회사의 제작부장이란 말에 눈멀어 결혼하고, 현실적인 책임을 떠넘기기 위해 아내를 노래방에 소개할 만큼 최소한의 윤리의식도 없다. 아내의 죽음까지 외면한 그가 끝까지 챙기는 것은 아버지가 장례식 비용으로 남겨 둔 돈이다.

아내의 매춘 상대인 남자에게도 예의를 차릴 만큼 허위의식으로 가득한 그가 자신 있게 말하는 것은 영화감독으로의 역량이다. 촬영이 한창이라는 SF영화 〈제3의 방랑자〉는 실제로 제작 중인지 모호하다. 설명할 때마다 영화배경이 3009년, 3013년, 3014년으로 바뀌고, 이야기구조도 영웅서사의 대중영화를 짜깁기한 것에 불과하다. 영화 속에 세상을 구원하는 영웅을 등장시키는 것은 아마도 현실을 타개하여 자신의 가족을 구원하고 싶은 무의식적 욕망이 투사된 것으로 보인다. 하지만 구원의 방랑자를 죽음의 위기에서 벗어나게 하는 것은 하늘(신)의 뜻이다. 결국 현실에서의 구원은 신의 의지에 달린 것이니 인간인 자신이 할 수 있는 일이 없다는 자기합리화에 머문다.

대중이 어리석기 때문에 자신의 영화가 흥행할 것이라고 자신하지만 이는 대중이 현명하다면 그의 작품은 흥행하지 못할 것이라는 말과 다르지 않다. 허풍을 떨지만 실제로는 아버지가 남긴 장례비용을 훔쳐갈 만큼 다급하다. 이런 행동으로 미루어 그가 말한 대부분은 거짓일 가능성이 크다. 그의 삶에서 유일한 진실은 가족에 대한 분노이다. 아내는 거짓말쟁이고, 동생은 "귀신같은 스토커 새끼, 밖에도 못 나가는 병신"(57)일 뿐이다. 엄마를 저주하며 살아왔고, "네 아버지"(59)라는 대사에서도 알 수 있듯이 아버지에 대한 감정은 남과 크게 다르지 않다.

3. 질문하기

지금까지 〈너무 놀라지 마라〉를 전반적으로 분석하였다. 이러한 분석은 다음과 같은 질문을 통해 더 명확하게 이해될 것이다.

1) 이 작품의 주제는 무엇인가?
2) 사건을 추동하는 전환점은 무엇이며, 이를 통해 사건이 어떻게 변화하는가?
3) 이 가족을 해체시키고, 심신을 불구로 만든 이유는 무엇인가?
4) 각 인물의 성격을 가늠케 하는 극행동은 무엇인가?
5) 이 작품의 중심공간인 '거실'이 상징하는 바가 무엇인가?
6) 공연에서 목을 맨 아버지가 매달려 있는 화장실을 무대 중심에 놓은 이유는 무엇인가?
7) 며느리가 남편에게 진심으로 원한 것은 무엇인가?
8) 노래방 손님인 '남자'가 수행하는 극적 역할은 무엇인가?
9) 제목인 〈너무 놀라지 마라〉가 의미하는 것은 무엇인가?
10) 마지막 장면에서 화장실에 함께 남은 아버지와 둘째의 미래는 어떠할지 상상해보자.

4. 주요공연

〈너무 놀라지 마라〉는 2009년 극단 골목길에 의해 산울림소극장에서 초연되었다. 박근형이 쓰고 연출한 이 공연은 그 해 동아연극상 작품상과 연출상, 대한민국 연극대상 작품상·여자연기상(장영남)·남자신인연기상(김주완), 한국연극평론가협회 선정 '올해의 연극 베스트3', 월간『한국연극』선정 '2010 공연베스트7'에 선정되면서 작품성을 인정받았다. 그리고 수차례 재공연[15]이 이어졌다.

이 공연에 대한 평들을 살펴보면 '비루한 현실에 대한 비판의식 외에 연출가와 배우가 혼연일체가 된 리듬과 템포, 탄탄한 구성이 돋보인다',[16] '기형적이고 파괴적인 가족관계에서 뽑아내는 처절한 블랙유머와 역설적인 가족애가 일품이다'[17] '요즘처럼 삶이 팍팍할 때 주목받곤 하는 '가족의 신화'도 여지없이 까발린다'[18] '낭떠러지 끝에서도 변하지 않는 인간의 삶이 만들어내는 잔인한 리얼리티가 살아있다'[19] 등 표현은 다양하지만 왜곡된 가족을 통해 부조리한 현실의 리얼리티를 생생하게 담아냈다는 점을 긍정적으로 평가하고 있다.

---

15 자세한 공연연보는 뒤의 부록을 참고할 것.
16 『동아일보』, 2009.12.30.
17 『문화일보』, 2009.06.23.
18 『세계일보』, 2009.01.21.
19 우수진, 「가족, 그 폭력적 공간의 리얼리티」, 『공연과 리뷰』 제64호, 2009, 176쪽.

‖ 참고문헌 ‖

1차 문헌
박근형, 희곡집『너무 놀라지 마라』, 지식을만드는지식, 2014.

2차 문헌
권명아,『가족이야기는 어떻게 만들어지는가』, 책세상, 2000.
김성희,「한국 일상극의 글쓰기와 공연방식」,『드라마연구』제31호, 2009.
_____,「박근형의 연극미학과 연출기법」,『드라마연구』제36호, 2012.
김숙경,「박근형 연극에 나타난 가족 이데올로기에 대한 비판적 인식」,『한국연극학』제48호, 2012.
김정숙,「박근형의 연극의 몸성, 공간성 그리고 주체」,『한국연극학』제43호, 2011.
김홍희,「미국 페미니즘 비디오 미술연구: 나르시즘과 그로테스크를 중심으로」, 홍익대 박사학위논문, 1997.
우수진,「가족, 그 폭력적 공간의 리얼리티」,『공연과 리뷰』제64호, 2009.
전성희,「박근형 희곡의 아버지 혹은 부성의 부재와 상실의 의미」,『드라마연구』제33호, 2010.
레지스 드브레, 정진국 역,『이미지의 삶과 죽음』, 시각과 언어, 1994.
앙리 르페브르, 박정자 역,『현대세계의 일상성』, 기파랑, 2006.

네이버 관련 자료
『동아일보』(2009.12.30)
『문화일보』(2009.06.23)
『세계일보』(2009.01.21)
『조선일보』(2008.12.27)
『한겨레신문』(2009.01.20)

부록 : <공연 연보>

● (초연) 2009년 1월 2일~2월 1일 / 산울림 소극장 / 산울림 연극 연출가 대행진
   캐스팅 : 장영남 - 아내 / 이규회 - 시아버지 / 김영필 - 남편 / 김동현- 남자 /
김주완 - 시동생

● 2009년 7월 3일~7월 26일 / 산울림 소극장 / 극단 산울림 40주년 초청
   캐스팅 : 장영남 - 아내 / 이규회 - 시아버지 / 김영필 - 남편 / 김동현- 남자 /
김범석 - 남자 (더블) / 김주완 - 시동생

● 2009년 11월 11일~11월 15일 / 아르코 예술극장 소극장 / 서울국제공연
예술제 국내초청작
   캐스팅 : 장영남 - 아내 / 이규회 - 시아버지 / 김영필 - 남편 / 김동현 - 남자 /
김주완 - 시동생

● 2010년 2월 12일~3월 7일 / 산울림 소극장
   캐스팅 : 장영남 - 아내 / 이규회 - 시아버지 / 김영필 - 남편 / 김주완- 시동생 /
이호응 - 남자

● 2010년 7월 17일~7월 19일 / 일본 도쿄아고라극장 / 베세토 연극제 초청작
   2010년 7월 24일~7월 25일 / 일본 돗토리새의극장 / 베세토 연극제 초청작
   캐스팅 : 장영남 - 아내 / 이규회 - 시아버지 / 김영필 - 남편 / 김동현- 남자 /
김주완 - 시동생

필자 소개

이선형
김천대학교 상담심리학과 교수. 연극을 통한 치유 방안을 모색하고 있다.
저서로는 『어린왕자와 떠나는 치유여행』(2016), 『영화 속 인간심리』(2016), 『샘
아저씨』(2015), 『연극은 무엇을 위해 존재하는가』(2013) 등이 있으며, 논문으로
는 「〈왕의 남자〉에 나타난 연극의 치료적 기능 연구」(2015) 등이 있다.

서지영
중앙대학교, 「2003년 페터 바이스 초기드라마 연구」로 박사 학위취득, 상명대학교
등 출강. 관심분야는 연극평론 및 드라마투르기 활동, 드라마투르기 이론연구
이다.
공저로는 『장면구성과 인물창조를 위한 희곡읽기』, 논문으로는 「극장드라마투
르그의 소통기능과 생산가치」, 「드라마투르그의 역사와 정치 사회적 기능」, 「한국
무대의 독일 기록연극」, 「총체연극의 의미와 양상」 등이 있다.

장지연
고려대학교 박사, 한국외국어대학교, 서경대학교, 고려대학교 출강, 드라마투
르그.
공저로는 『장면구성과 인물창조를 위한 희곡읽기』(피란델로 편, 2014), 『동시대
연출가론』(2010) 등이 있고, 역서로는 피란델로의 『산의 거인족』(2015), 『피란
델로 희곡선』 1과 2(개정판, 2015), 골도니의 『여관집 여주인(2002)』, 다리오 포
의 『실수로 죽은 사내』(어느 무정부주의자의 사고사, 2002) 등이 있으며, 그 외 논
문들이 있다.

하형주
청운대학교 연기예술학과 겸임교수, 상명대학교 연극학과 출강. 연극평론가, 드라
마투르그. 관심분야는 19세기와 21세기 연극예술론과 연출미학이다.
저서로는 『21세기 연극예술론』(2016)과 『동시대연출가론』(2007, 공저), 『한국
현대연출가연구』(2013, 공저) 등이 있으며, 논문으로는 「침묵의 미학적 글쓰기」,
「쥬네극에서의 '이미지'의 미학적 의미」, 「포스트모던 연극의 새로운 극작술과 그
한계」, 「포스트모던 연극에 대한 반성과 한국연극의 미학적 지평」 등이 있다.

최영주

한국예술종합학교 예술연구소 연구교수. 관심분야는 연출가 미학, 드라마투르기이다.

저서와 공저로는 『드라마투르기란 무엇인가』(저서), 『셰익스피어란 이름의 극장, 문화』(저서) 그리고 『동시대 연출가론 1, 2』(공저), 『연출가의 기술』(번역), 『루틀리지 드라마투르기 참고서』(번역) 등이 있으며, 논문으로는 「인터미디어 드라마투르기의 실천 가능성」, 「우스터 그룹의 다이올로직 드라마투르기」, 「조사와 연구를 통한 공연 텍스트 구성하기」 등이 있다.

남지수

경기대학교 박사후연구원이며 동국대학교, 서울예술대학, 서울과학기술대학교 등에 출강. 동시대 다큐멘터리 연극경향에 특별히 주목하며 연구를 수행중이다. 논문으로는 「남아프리카공화국 버바텀 연극의 특수성」(2016), 「'뉴다큐멘터리 연극' 연구: 사실과 허구의 경계 허물기」(2015), 「'자기 이야기하기' 연극에서 나타나는 디에게시스의 연기 수행방식」(2015), 「얀 라우어스 공연의 탈서사적 특징들」(2012), 「사라 캐인의 텍스트와 트라우마」(2009) 등이 있다.

김성희

한양여대 문예창작과 교수. 연극평론가. 관심분야는 '한국 역사극의 문화적 재현', 그리고 '한국신화 및 역사적 소재의 연극화'이다.

저서로는 『한국 동시대 극작가들』(2014), 『한국연극과 일상의 미학』(2009), 『한국 현대극의 형성과 쟁점』(2007) 등이 있으며, 논문으로는 「오태석의 탈근대 역사극: 역사의 현재화와 대안적 역사쓰기」, 「역사극의 탈역사화 경향: 역사의 유희와 일상사적 역사쓰기」 등이 있다.

김향

성결대학교 파이데이아학부 조교수이자 연세대학교 공연예술연구소 전문연구원이고 외래교수. 연극평론가, 드라마투르그. 한국 현대 희곡/연극공연 연구를 기반으로 창극공연을 연구하면서 융합적 문화콘텐츠에 관심을 기울이고 있다. 논문으로는 「창작 판소리의 문화콘텐츠로서의 현대적 의미-이자람의 〈사천가〉와 〈억척가〉를 중심으로」(『판소리연구』제39집), 「오태석 연출 〈템페스트〉에서의 '영토'와 '번역'의 문제 연구」(『드라마연구』제48호), 「창극 〈적벽가〉들의 '이면'과 연출적 감수성」(『판소리연구』제40집), 「창극의 예술적 특질과 '이면론'」(『한국연극학』제60호), 세 번째 공연평론집으로는 『유희와 치유』(연극과인간, 2016) 등이 있다.

이인순
독일 뮌헨대학교 연극학박사. 인하대학교 출강, 연극평론가, 드라마투르그, 국립
예술자료원 책임연구원 역임. 관심분야는 연극미학과 드라마투르기적 분석·공
연분석이며, 후자를 위한 집필에 있다.
저서로는 『Shakespeare-Inszenierungen in Korea seit 1970』(뮌헨, 2008)이 있
고, 논문으로는 「〈햄릿〉의 드라마투르기적 분석」(2008), 「〈로미오와 줄리엣〉의
드라마투르기적 분석 및 공연분석」(2010), 「공연분석: 오스터마이어의 〈햄릿〉」
(2014), 「〈남자충동〉의 드라마투르기적 분석」(2016) 등이 있다.

이은경
숙명여자대학교 박사. 명지전문대, 서울예대 출강, 연극평론가.
저서로는 『수산 김우진연구』(2004), 『한국희곡의 사회인식과 공연성』(2004) 등
이 있고, 논문으로는 「한국의 거리극연구」(2011), 「죽음과 노년에 대한 문학적 연
구」(2012), 「한국 다큐멘터리 연극에 관한 연구」(2013) 등이 있다.